ÄGYPTEN

EINE GEOGRAPHISCHE LANDESKUNDE

VON

FOUAD N. IBRAHIM

unter Mitarbeit von

BARBARA IBRAHIM

Mit 26 Abbildungen und 25 Tabellen im Text
sowie 12 Fotos im Anhang

WISSENSCHAFTLICHE BUCHGESELLSCHAFT
DARMSTADT

Die Deutsche Bibliothek – CIP-Einheitsaufnahme

Ibrahim, Fouad N.:
Ägypten: eine geographische Landeskunde;
mit 25 Tabellen im Text / von Fouad N. Ibrahim.
Unter Mitarb. von Barbara Ibrahim. – Darmstadt:
Wiss. Buchges., 1996
(Wissenschaftliche Länderkunden; Bd. 42)
ISBN 3-534-03471-6
NE: GT

Bestellnummer 03471-6

Gedruckt auf säurefreiem und alterungsbeständigem Offsetpapier
Satz: Setzerei Gutowski, Weiterstadt
Druck und Einband: VDD – Darmstadt
Printed in Germany
Schrift: Garamond, 9.5/11

ISSN 0174-0725
ISBN 3-534-03471-6

INHALT

Anmerkung: Arabische Begriffe, soweit es sich nicht um Namen handelt, erscheinen im Text in Kursivschrift.

VERZEICHNIS DER TABELLEN

VERZEICHNIS DER ABBILDUNGEN

VERZEICHNIS DER BILDER IM ANHANG

1. ÄGYPTEN ALS ENTWICKLUNGSLAND

Viele Erscheinungen sprechen dafür, Ägypten als ein Land des Übergangs von einem Entwicklungsland zu einem Schwellenland zu betrachten. Es verfügt über einen relativ hohen technologischen Entwicklungsstand sowie über ein beachtliches Bildungspotential, das es ihm erlaubt, Millionen von Akademikern und Fachleuten in die arabischen Länder zu entsenden, wo sie zu deren Entwicklung beitragen; die Agrarwirtschaft vermeldet Flächenerträge, die zu den höchsten der Welt gehören; es gab bereits früh einen Industrialisierungsansatz (1815); Ägypten entwickelte auf der Basis von einheimischem Erdöl und Erdgas eine erfolgreiche Energiewirtschaft, und es besitzt eine gut ausgebaute Infrastruktur sowie einen funktionierenden Dienstleistungssektor, insbesondere in der Tourismusindustrie. Seit 70 Jahren gibt es im Lande eine parlamentarische Demokratie mit einem Mehrparteiensystem. Diese Errungenschaften unterschiedlicher Art sind das Ergebnis fast 200jähriger Anstrengungen, die während der Regierungszeit Mohammed Alis (1805–48) begannen, der es sich zum Ziel gesetzt hatte, Ägypten zu einem modernen Staat nach westlich-europäischem Vorbild zu entwickeln.

Das Land weist dennoch heute eine Reihe von Merkmalen auf, die für Entwicklungsländer kennzeichnend sind. Es handelt sich hierbei in erster Linie um strukturelle sozial-ökonomische Mißstände, über die auch die glanzvollen Fassaden der Hochhäuser am Nil in der Hauptstadt und eine moderne Metro, die Luxusferienanlagen am Roten Meer oder der Hochstaudamm von Assuan nicht hinwegzutäuschen vermögen. Einige kritische Stimmen im Lande weisen offen auf die Probleme hin (s. Haikal 1995; Ismail 1988; Zaki 1993). Am heftigsten werden folgende Entwicklungsprobleme diskutiert:

1. Die zunehmende Schmälerung der Ernährungsbasis:

Trotz der Bemühungen des Staates, einerseits die Ernährungsbasis der Bevölkerung durch Landgewinnungsmaßnahmen in Wüstengebieten zu erweitern und andererseits die Geburtenkontrolle zu propagieren, klafft die Schere zwischen der Bevölkerungszahl und der verfügbaren Landnutzungsfläche immer weiter auseinander (vgl. Abb. 1). Von den 1940er Jahren bis zu den 1990er Jahren schrumpfte die pro Kopf der Bevölkerung verfügbare Landnutzungsfläche auf ein Drittel. Gleichzeitig entwickelte sich Ägypten von einem Nahrungsmittel exportierenden zu einem Nahrungsmittel importierenden Land. 1994 flossen 6 Mio. t Importgetreide ins Land, von denen 5 Mio. t Weizen waren, der zum Hauptnahrungsmittel in Ägypten wurde. Das Wei-

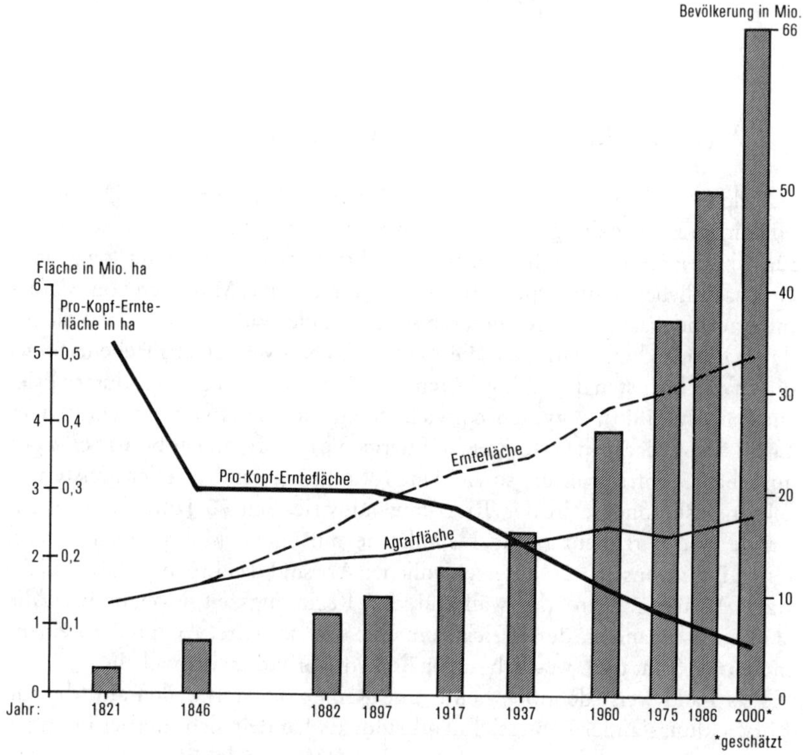

Abb. 1: Die Diskrepanz zwischen Bevölkerungszunahme und Agrarpotential (Entwurf: F. Ibrahim 1996; Zeichnung: J. Feilner; Angaben nach Said 1993, S. 217).

zendefizit hat erhebliche Dimensionen erreicht und belastet die Volkswirtschaft sehr (vgl. Abb. 2).

2. Der Rückgang der Wachstumsrate der Wirtschaft:

Die Tatsache, daß die ägyptische Landwirtschaft nicht in der Lage ist, die Ernährung der Bevölkerung zu sichern, hätte nicht so schwerwiegende Konsequenzen, wenn die Defizite durch ein entsprechendes Wachstum der anderen Wirtschaftszweige ausgeglichen würden. Die Wachstumsrate der ägyptischen Wirtschaft insgesamt zeigt jedoch einen steilen Abfall seit der Mitte der 1980er Jahre (vgl. Abb. 3). Während die offiziellen Sprachorgane der Regierung die großen Errungenschaften im Bereich der Landgewinnung und der Entwicklung der Industrie in den Neuen Städten rühmen, kam es in der Tat zu einer dramatischen Verschlechterung der Lage der ägyptischen Wirtschaft. Zu deren Ursachen gehören das Fehlen einer konsequenten Wirtschaftsplanung, der weitgehende Wegfall der Unterstützung durch die erdölreichen Staaten,

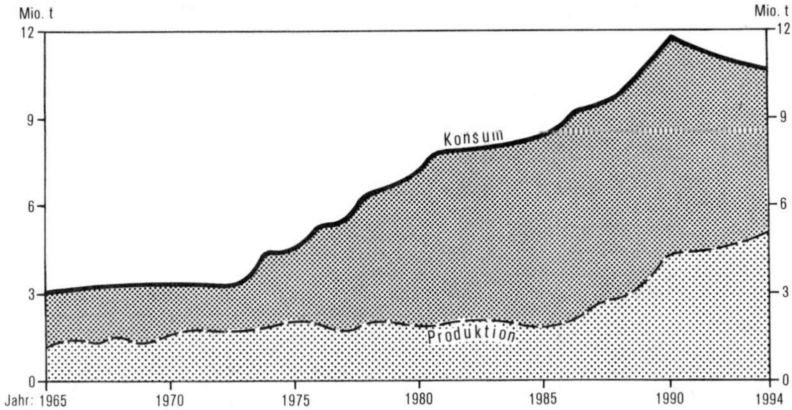

Abb. 2: Das Weizenloch Ägyptens (Entwurf: F. Ibrahim 1996; Zeichnung: J. Feilner; Quellen: Sadowski 1991; CAPMAS, Statistical Year Books, Egypt 1989–1994).

nachdem Ägypten den Kriegszustand mit Israel beendete, und ebenfalls die strukturellen Probleme, die nach der Liberalisierung der Wirtschaft im Zuge der Anwendung des von der Weltbank verordneten Strukturanpassungsprogramms ab 1991 besonders deutlich hervortraten.

3. Der Zusammenbruch des öffentlichen Wirtschaftssektors:

Die sozialistische Politik Nassers führte zu einer starken Expansion des öffentlichen Wirtschaftssektors und zu einer drastischen Schwächung des Privatsektors. Trotz der Reprivatisierungs- und Liberalisierungsbemühungen Sadats und Mubaraks ist der öffentliche Sektor immer noch überdimensioniert. Noch Ende der 1980er Jahre konzentrierten sich mehr als 70% der jährlichen staatlichen Investitionen auf den öffentlichen Sektor, in dem ca. 80% aller Arbeitnehmer des formellen Industriesektors Beschäftigung fanden und der mit ca. 85% an dessen Produktion beteiligt war. Wie in anderen sozialistischen Ländern mit staatlich gelenkter Wirtschaft wies der öffentliche Wirtschaftssektor in Ägypten eine sehr schwache Leistung auf. Er erbrachte Ende der 1980er Jahre weniger als 1% Rendite. Hinzu kamen eine hohe Verschuldung, Mißmanagement, Korruption innerhalb des Verwaltungsapparates, Überbesetzung der Arbeitsplätze, geringe Qualität der Produkte und Absatzschwierigkeiten für diese.

Die ersten Versuche der Wirtschaftsliberalisierung bestanden in neugegründeten Privatfirmen mit hoher staatlicher Kapitalbeteiligung, den Joint Ventures, die sich schon bald als Fehlschlag erwiesen (Ismail 1988, S. 25). Die an ihnen beteiligten Privatpersonen waren in der Regel einflußreich oder kapitalkräftig und vorrangig daran interessiert, von der Korruption des Staatsapparates zu profitieren. In vielen Fällen wurden die staatlichen Fördermittel

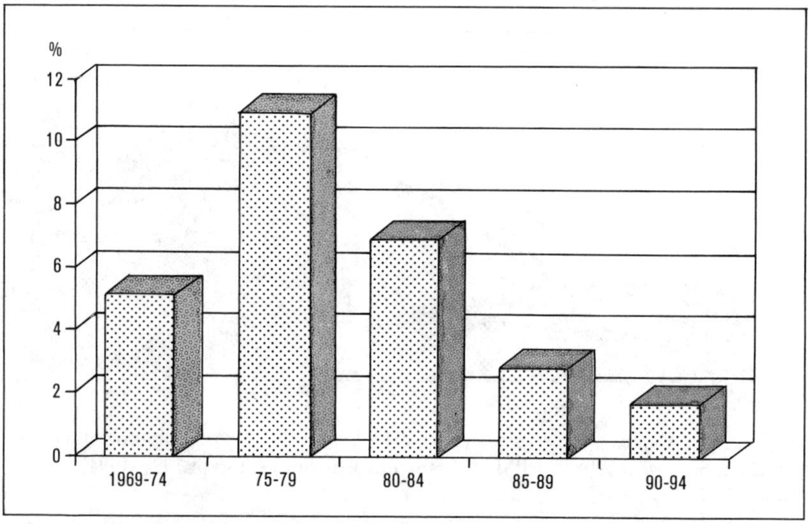

Abb. 3: Der Rückgang der Wachstumsrate der ägyptischen Wirtschaft 1969–1994 (Entwurf: F. Ibrahim; Zeichnung: J. Feilner; Quelle: Werte nach Haikal 1995, S. 14–16).

ebenso wie die zahlreichen Vergünstigungen mit Profit ausgeschöpft und die Unternehmen dann dem Staat als Wirtschaftsruinen überlassen.

4. Die überhöhten Auslandsschulden:

1990 betrugen die Auslandsschulden Ägyptens 46,1 Mrd. US-$. Das waren 60% mehr als 1982 (Länderbericht 1993, S. 118). Der Staat sah sich verschiedene Male außerstande, den Schuldendienst hierfür zu leisten, der mehr als 50% der Devisenerlöse des Landes ausmachte. Die Zunahme der Auslandsschulden ist hauptsächlich darauf zurückzuführen, daß sich das Defizit der Handelsbilanz in der gleichen Zeitspanne um 239% erhöhte. Die weitere Öffnung des ägyptischen Marktes durch das GATT-Abkommen von 1994 führte zu einer Verstärkung dieser Entwicklung.

5. Die Zunahme der Arbeitslosigkeit:

Zwischen 1960 und 1992 wuchs die Arbeitslosenrate in Ägypten von 2,5% auf 20% (Länderbericht 1993, S. 72). Der Anteil der Arbeitslosen ist insbesondere unter den Akademikern und den Fachschulabsolventen sehr hoch und macht nach Haikal (1995, S. 18) 1,8 Mio. überwiegend junger Leute aus. Sie stellen ein großes, jedoch ungenutztes Potential dar, für dessen Entstehung der Staat enorme Summen an Ausbildungskosten aufbrachte. Eine geschlechtsspezifisch differenzierte Darstellung zeigt einen starken Unterschied: 1986 waren 40,6% der Frauen arbeitslos gegenüber 10% der Männer (Zaki 1993, S. 125).

Im Zuge der Umsetzung des Strukturanpassungsprogramms der Weltbank zur Sanierung der ägyptischen Wirtschaft begann der Staat, Stellen im öffentlichen Sektor einzusparen, welcher 1993 über 5 Mio. Personen beschäftigt hatte (CAPMAS 1994a, S. 300). Die Verringerung der Zahl der Beschäftigten ist jedoch zwingend notwendig für eine Sanierung dieses Sektors, in dem eine starke Überbesetzung herrscht, welche die Arbeitseffizienz drastisch herabsetzt. Die zahllosen schlecht bezahlten Angestellten im Staatsdienst besitzen eine geringe Arbeitsmoral; Bestechlichkeit sowie Veruntreuung von Geldern und Sachmitteln sind weit verbreitet. Mit der Privatisierungswelle setzte eine weitere Freisetzung von Arbeitskräften aus dem öffentlichen Wirtschaftssektor ein. Den Käufern der durch den Staat abgestoßenen unrentabel arbeitenden Betriebe ist deren Sanierung ohne eine Beseitigung der Überbeschäftigung nicht möglich. Man schätzt die Zahl der durch diesen Umformungsprozeß der Wirtschaft entlassenen Arbeitskräfte auf 400000.

6. Die Zunahme der Armut:

Die Lebenshaltungskosten in Ägypten weisen von Jahr zu Jahr eine sprunghafte Steigerung auf. Zwischen 1983 und 1993 erhöhten sie sich um 424% in ländlichen Gebieten und um 494% in Städten (CAPMAS 1989a, S. 251f. und 1994a, S. 296f.). In der gleichen Zeitspanne verringerte sich das Bruttosozialprodukt zu Marktpreisen je Einwohner um 9%, so daß es lediglich noch 610 US-$ ausmachte (Haikal 1995, S. 17). Berücksichtigt man dabei die Tatsache, daß es sich hier um einen Durchschnittswert handelt, so erkennt man, daß das tatsächliche Einkommen der unteren Klassen sehr gering sein muß.

7. Die soziale Disparität:

In der gleichen Zeit, während deren die Masse der Bevölkerung stark verarmte, wuchs die soziale Disparität. Seit dem Beginn der Abkehr von der sozialistisch orientierten Politik in den 1970er Jahren durch Sadat und den Übergang zu einer Wirtschaftspolitik der offenen Tür verbreitete sich die Korruption im Lande. Es bildete sich eine Schicht meist auf Kosten der weiter verarmenden Massen rasch und in der Regel illegal zu Geld Gekommener. Haikal machte 1995 eine Aufstellung der Spitzengruppe dieser Neureichen in Ägypten (vgl. Tab. 1).

In diese Statistik der Multimillionäre wurden Ägypter, die in den arabischen Erdölstaaten Vermögen gebildet haben, sowie die Besitzer von Immobilien, wie etwa den riesigen Hochhäusern in Kairo und Alexandria, die unter gewissen Eigentumsbeschränkungen stehen, nicht aufgenommen. Als Hinweis auf die soziale Disparität in Ägypten erwähnt Haikal (1995, S. 21) die Tatsache, daß Ägypten trotz seines geringen Pro-Kopf-Bruttosozialprodukts 1993 weltweit eine Spitzenposition einnahm bezüglich des Anteils von Mercedes-Benz-Fahrzeugen an der gesamten Zahl der Fahrzeuge im Lande.

Der hier gegebene kurze Überblick über die wichtigsten Entwicklungsprobleme Ägyptens zeigt deutlich, daß die Zukunft des Landes nicht allein davon abhängen wird, ob sein Naturpotential in Wert gesetzt wird, sondern vielmehr

Tab. 1: Personen in Ägypten mit Vermögen von 5–200 Mio. US-$ (ca. 1990)

Zahl der Personen	Vermögen in Mio. US-$
70000	5–10
2800	10–15
350	10–30
220	30–50
150	50–80
100	80–100
50	100–200

Quelle: Haikal 1995, S. 20.

davon, ob es gelingen wird, die Wirtschafts- und Sozialpolitik des Landes grundlegend zu reformieren und der Korruption Herr zu werden. Deshalb ist auch bei einer länderkundlichen Behandlung Ägyptens wie der vorliegenden diesen strukturellen Problemen und den durch sie hervorgerufenen sozialen Spannungen besondere Beachtung zu schenken.

2. PROBLEME EINER WACHSENDEN BEVÖLKERUNG AUF ENGEM RAUM

2.1 Zur Frage der ägyptischen Identität

Das Bild der Europäer von Ägypten und seinen Bewohnern ist starr. Das Land ist in ihrer Vorstellung eine riesige Wüste, die nur von der schmalen Nilstromoase unterbrochen wird, und gleichzeitig das Land der Pharaonen, der Erbauer der Pyramiden. Seine heutigen Bewohner werden hingegen als Araber eingeordnet, die zunächst in kriegerische Auseinandersetzungen mit Israel verwickelt waren, sich dann mit diesen aussöhnten und heute durch die islamisch-religiösen Eiferer, die sich unter ihnen befinden, von sich reden machen.

Die Wahrnehmung der Ägypter von ihrem Land und von sich selbst unterscheidet sich hiervon wesentlich. In ihrer Vorstellung war bis in die jüngste Vergangenheit hinein die Wüste praktisch nicht existent. Ihre traditionellen Lebensräume bestehen aus dem intensiv genutzten immergrünen Agrarland – dem Land der Fellachen – einerseits und aus dem dichtbesiedelten und aktiven städtischen Raum andererseits. Erst in unseren Tagen beginnen die Ägypter, sich in einem deutlichen Ausmaß die Wüste nutzbar zu machen.

Fast alle Ägypter gehören ursprünglich dem Volk der Fellachen an, für die das Niltal bislang den Bereich des Lebens und die Wüste denjenigen des Todes bedeutete. Für die Fellachen sind die Wüstenbewohner, die sie als *„'arab"*, d.h. Beduinen bezeichnen, Fremde.

Die Ägypter haben heute eine komplexe Identität. Je nach gegebener Situation betonen sie die eine oder die andere Facette ihrer Persönlichkeit. Am häufigsten unterscheiden sie zwischen der ländlichen Bevölkerung der *fellahiin* (Sg. *fellah*) und der „zivilisierten" städtischen Bevölkerung, die ihre Identität meist nach Städten bestimmt (z.B. *masrawi* = ein Mann aus Kairo; *iskandarani* = ein Mann aus Alexandria). Man unterscheidet auch deutlich zwischen Unterägyptern (*baharwa*, Sg. *bahrawi*) und den als rückständig geltenden Oberägyptern (*sa'ayda*, Sg. *sa'idi*). Die geographische Grenze zwischen beiden verschob sich während der letzten Dekaden mit dem zunehmenden Einfluß Kairos südwärts. Die Dialektgrenze liegt heute etwa 200 km südlich von Kairo in der Provinz El-Minya, während diejenige der anderen kulturellen Merkmale etwa 400 km südlich von Kairo im Gebiet von Asyut liegt. Auf einer höheren Ebene unterscheidet man in Ägypten zwischen den eigentlichen Ägyptern, den an ihrer andersartigen Kleidung erkennbaren „Arabern“ (s. o., Beduinen) und den dunkelhäutigeren Nubiern. Sprachliche Unterscheidungsmerkmale treten heute allmählich zurück, da sich die Randgruppen in dieser Hinsicht assimilieren, wenn sie unter anderen Ägyptern leben und da sie verstärkt dem Einfluß der Medien unterliegen. Nicht zuletzt ist auch die Religionszugehörigkeit ein wichtiges Identitätsmerkmal. Hier differenziert man nach *„muslim“* (Pl. *muslimiin*) und *„qibti“* (Pl. *aqbat* = Kopten), und in den Personalausweisen findet sich ein entsprechender Vermerk über die muslimische oder christliche Eigenschaft ihrer Besitzer.

Daß die Ägypter heute auch eine arabische Identität besitzen, ist hauptsächlich auf die Propaganda des Staatspräsidenten Nasser zurückzuführen, der in den 1950er Jahren aus politischen Gründen zu einem Pan-Arabismus aufrief, dessen Basis er in einer Gemeinsamkeit von Sprache, Religion und Geschichte sah, und dem es vorübergehend auch gelang, unter den verschiedenen Völkern des Nahen Ostens ein Zusammengehörigkeitsgefühl zu erzeugen. In Ägypten hatten allerdings noch bis 1952 ein Königtum sowie eine Aristokratie osmanischer Herkunft bzw. Prägung geherrscht, die sich in der Regel des Türkischen als Umgangssprache bedienten, und die beiden wichtigsten Parteien jener Zeit, El-Wafd und Es-Saad, leiteten ihre Namen nicht aus der islamisch-arabischen Geschichte, sondern aus dem Kampf des ägyptischen Volkes gegen die britische Kolonialmacht ab. Die Namen der beiden größten Banken des Landes (Bank Misr = „Bank Ägyptens“; Ägyptische Nationalbank) wiesen ebensowenig wie der Name der größten Zeitung (Al-Ahram = „die Pyramiden“) auf eine Bedeutung des arabischen Elements im Lande hin. Durch die von Nasser verfügte Einsetzung des Arabischen Nationalismus als Unterrichts- und Prüfungsfach in allen Schulen wurde mehr als nur eine Generation von Ägyptern geprägt, bis 1967 infolge der arabischen Niederlage im Krieg gegen Israel die Ideologie zusammenbrach und Ägypten sich unter dem seit 1970 amtierenden Staatspräsidenten Sadat auf einen auf das eigene Land gerichteten Nationalismus zurückzog, was darin Ausdruck fand, daß der Staat von „Vereinigte Arabische Republik“ in „Ägyptische Arabische Republik“ und die Einheitspartei von „Arabische Sozialistische Union“ in „Nationalpartei“ umbenannt wurden. Diese Politik erreichte einen Höhepunkt, als Sadat durch Unterzeichnung des Camp-David-Abkommens Israel offiziell anerkannte und dadurch der Bruch mit den arabischen Staaten besiegelt war, die Ägypten des Verrats an Palästina bezichtigten, es aus der Arabischen Liga ausschlossen – in die es erst nahezu zehn Jahre später wieder aufgenommen wurde – und deren Sitz von Kairo nach Tunis verlegten. 1991 spielte Ägypten im Golfkrieg eine Schlüsselrolle, als es sich auf die Seite der USA stellte und gegen Saddam Hussein Position bezog, obwohl dessen Land Millionen ägyptischer Gastarbeiter beherbergte. Die Meinung hierüber in Ägypten war nicht ungeteilt. So kritisierte u. a. M. H. Haikal (1992) das Verhalten der USA und ihrer arabischen Verbündeten im Golfkrieg, und wie die Stimmung im Volke zur Frage der arabischen Einheit seinerzeit war, zeigt der Erfolg einer Satire mit dem Titel „Auf arabisch gesagt", die über zwei Jahre lang in einem Kairoer Theater vor fast ständig ausverkauftem Haus aufgeführt wurde und in der dargestellt wird, wie die Araber der Golfstaaten die ägyptischen Gastarbeiter in ihren Ländern geringschätzen und wie Sklaven behandeln.

Die ägyptische Historikerin N. A. Fouad (1973) erkannte in den 1970er Jahren die Identitätskrise ihres Volkes und verlangte, daß die neuere Geschichte des Landes neu geschrieben werde, damit diese endlich aus ägyptischer und nicht länger aus arabischer Sicht erscheine.

Zum Thema „Die Identität Ägyptens" veröffentlichte der ägyptische Geograph G. Hamdan (1980–1984) ein vierbändiges Werk, in dem er als deren Hauptbestandteile die afrikanische, die asiatische, die mediterrane und die Nil-bezogene Komponente identifiziert. Er spricht von einer „Arabisierung" der Ägypter, der er jedoch eine ebenfalls deutlich nachzuweisende „Ägyptisierung" der Araber gegenüberstellt. M. Hanna, der sich in seinem Buch ›Die sieben Säulen der ägyptischen Identität‹ (1989) mit dem gleichen Thema befaßt, nennt mit dem pharaonischen, dem griechisch-römischen, dem koptisch-christlichen und dem islamischen Bestandteil vier historische Elemente, die durch drei geographische, nämlich die Zugehörigkeit zur arabischen Welt, zum Mittelmeerraum und zu Afrika, ergänzt werden. Er versucht, mittels seiner Säulentheorie – bei der er keine Wertung nach Wichtigkeit oder Nachhaltigkeit vornimmt – das Bild eines Volkes zu zeichnen, das trotz kultureller Vielfalt eine Einheit bildet.

Der u. a. nach Wirth (Wirth und Mensching 1989) stärkste aller Einflüsse ist derjenige, welchen Hamdan „Europäisierung" nennt. Dieser Einfluß auf Ägypten begann bereits im 19. Jahrhundert mit Mohammed Alis Orientierung an Europa und setzte sich mit der Kolonisierung des Landes durch die Engländer fort. Als einziges anerkanntes Schulsystem wurde in Ägypten und in den übrigen arabischen Ländern das europäische eingeführt – je nach herrschender Kolonialmacht das französische oder das englische bzw. durch Missionare beide nebeneinander (siehe z. B. Victoria College, American College, École de Notre-Dame). Einheimische Schulen, wie etwa die Koranschulen, wurden völlig verdrängt. Die christlichen Missionen trugen zur Entfremdung der Ägypter von ihrer eigenen Kultur insbesondere dadurch bei, daß sie deren ursprüngliches Christentum – das trotz schwieriger Zeiten überdauert hatte – durch ein Christentum europäischer Prägung ersetzten, da eine Missionierung von Muslimen bei Todesstrafe verboten ist und sich die Bemühungen der Kirchenvertreter lediglich auf die christlichen Kopten beziehen konnten. Im gesamten kulturellen Sektor war französischer Einfluß vorherrschend: Theater-, Radio- und Kinoprogramme waren häufig direkte Übernahmen der entsprechenden Vorbilder.

In den Augen der meisten Einheimischen existierten zwei gegensätzliche

Kulturen in ihrem Lande: einerseits eine fortschrittliche westliche (*afrangi*) Kultur, andererseits eine rückständige traditionelle (*baladi*) Kultur. Wie wenig man in der Lage war, mit der eigenen Identität zu leben, zeigt das Verhalten eines jungen Ägypters aus der Zeit nach dem Zweiten Weltkrieg, der nach erfolgreich abgeschlossenem Auslandsstudium ein höheres Amt in einem Kairoer Ministerium bekleidete und sich voller Scham über die Bloßstellung erschoß, nachdem sein im Dorf lebender Vater ihn traditionell wie ein Fellache gekleidet im Büro besucht hatte.

Im 20. Jahrhundert wurde diese Einstellung durch die rasche Technisierung aller Lebensbereiche in Europa und Amerika verstärkt. Die Ägypter sahen sich meist bewundernd einer Welt voller Radios, Kinos, Telefone, Fernseher und Autos gegenüber. Die durch den Besuch von Schulen der beschriebenen Art westlich vorgeprägten jungen Städter bildeten eine immer größer werdende Schicht, die zur Übernahme der westlichen materiellen Kultur neigte. Hand in Hand damit vollzog sich eine weitere Distanzierung von der eigenen traditionellen Kultur. Obwohl Teil der Vergangenheit des eigenen Volkes die pharaonische Hochkultur war, ohne die die europäische Kultur sich nicht in der bekannten Weise hätte entwickeln können, schien sie nicht Grund genug für ein entsprechendes Selbstwertgefühl, und man besann sich selten auf sie. So waren es die Europäer, die die Ägyptologie als Wissenschaft begründeten, und die Bewunderung der Ägypter für die altägyptische Kultur entwickelte sich erst sekundär.

Bei der Hochschätzung der modernen westlichen und gleichzeitiger Verachtung der traditionellen orientalischen Kultur handelt es sich um eine Übernahme des Bildes, wie es sich aus dem Blickwinkel der meisten Europäer darstellte (vgl. die Beschreibung Ägyptens durch die Begleiter Napoleons, die sich den Anstrich der Wissenschaftlichkeit gibt, in der Tat aber die Verachtung der ägyptischen endogenen Kultur durch ihre Verfasser widerspiegelt). Die Ägypter übernahmen dieses Fremdbild und verinnerlichten es, so daß sie in ihrer Identität fremdbestimmt waren.

Dieses allgemeine Gefühl der Minderwertigkeit bestand fort, auch als gegen Ende des letzten Jahrhunderts eine nationale Bewegung erwachte und 1922 die Unabhängigkeit Ägyptens erkämpft worden war. Der junge, neu entstandene Staat kopierte in seinem Aufbau und in seiner Verfassung europäische Muster. So erhielt Ägypten eine konstitutionelle Monarchie und ein Parlament mit zwei Kammern mit einer Versammlung der Scheikhs und einer Abgeordnetenversammlung in Anlehnung an das britische Ober- und Unterhaus. Die 1923 von König Fouad proklamierte Verfassung orientierte sich an derjenigen Belgiens von 1830/31 (Kramer 1977, S. 212). Noch Jahre nach Beendigung der Kolonialherrschaft blieben Englisch und z. T. auch Französisch die Sprachen der Wissenschaft und der Kultur sowie die häuslichen Umgangssprachen in vielen Familien der Oberschicht.

Eine deutlicher spürbar werdende Rückbesinnung auf die eigene nichteuropäische Kultur setzte erst mit dem Beginn des Nasserschen Panarabismus in den 1950er Jahren ein. Mit der Gründung des Staates Israel kurze Zeit zuvor (1948) war im arabischen Raum ein als fremd und existenzbedrohend empfundenes Element entstanden, was dem arabischen Nationalismus starken Auftrieb gab. Die verlorenen Kriege gegen Israel sowie die Streitigkeiten der arabischen Staaten untereinander führten jedoch in der Folgezeit bei den meisten Ägyptern zu einer Desillusionierung.

So war der Boden bereitet für eine Verstärkung der in den 20er Jahren dieses Jahrhunderts einsetzende Rückbesinnung auf den Islam. Diese islamische Renaissance bildete die Grundlage für eine neue und umfassendere Identität, denn die Welle der Islamisierung, die auch die Politik betraf, schloß nicht nur die arabischen Staaten ein, sondern auch den Iran, Afghanistan, Pakistan, Indonesien, die Türkei und letztlich auch die südlichen asiatischen Teile der damaligen Sowjetunion und Bosnien.

Erst jetzt kam es zu einer Wende in der Einstellung gegenüber der westlichen Kultur und zu einer Ablehnung des westlichen Wertesystems sowie zu einem Aufruf der Massen durch die Religionsführer zu einer Rückbesinnung auf die Grundsätze des Islams als vermeintlicher Grundlage einer gemeinsamen Kultur in einer Form, die gemeinhin heute als islamischer Fundamentalismus bezeichnet wird.

Unter dem Einfluß der Fundamentalisten erhob die ägyptische Volksversammlung (Parlament) durch Artikel 2 der heute gültigen Verfassung den Islam zur Staatsreligion und bestimmte, daß fortan die Grundsätze der islamischen Scharia die erste Quelle der Gesetzgebung zu sein habe, so daß eine Reihe von entsprechenden Gesetzesänderungen und staatlichen Weisungen erfolgte, um dem Rechnung zu tragen.

Trotz der verbreiteten und teils auch sehr aggressiv geäußerten Ablehnung der westlichen Kultur ist dennoch keine Trennung von der westlichen materiellen Kultur und Zivilisation erfolgt, wie supermoderne Waffen und Autos, Fernsehschüsseln auf den Dächern, das regelmäßige Tätigen von Großeinkäufen durch die Begüterten in Paris und London (s. Harrods) und die Orientierung am westlichen Modediktat sowie die bereitwillige Übernahme von High Tech und Vergnügungswesen zeigen. So ist die Situation heute im wesentlichen durch den Zwiespalt zwischen dem Willen zur Rückbesinnung auf Eigenes auf der einen Seite und auf der anderen Seite durch die fortbestehende Verhaftung mit der westlichen Kultur und Zivilisation – von der man sich trotz anderslautender Beteuerungen nicht zu lösen bereit ist – geprägt.

Eine Studie der Namensgebung für Kinder seit der Jahrhundertwende (Ibrahim 1992, unveröffentlicht) zeigt eine Phase besonders häufiger Übernahme europäischer Namen zur Kolonialzeit und eine zeitweilige Rückbesinnung auf pharaonische Namen bei den Kopten sowie heute eine Bevorzugung eindeutig islamischer Namen bei den Muslimen und eine Wiederbelebung traditioneller koptischer Namen bei den christlichen Familien der Mittelklasse.

2.2 Die Rolle der Frau in der ägyptischen Gesellschaft – zwischen Tradition, Emanzipation und Religion

Auch die Mehrheit der ägyptischen Frauen befindet sich gegenwärtig in einem deutlichen Prozeß der Identitätssuche, doch nimmt er bei ihnen eine spezielle Ausprägung an. Die große Masse von ihnen, in Dörfern lebende Fellachenfrauen, allen Geburtenkontrollkampagnen der Regierung zum Trotz meist immer noch an europäischen Verhältnissen gemessen zahlreiche Kinder gebärend, die für die arbeitsintensive Feldbestellung bei geringem Mechanisierungsgrad der Landwirtschaft wichtige Helfer sind, wird heute mit einem Frauenbild in dem allgegenwärtigen Fernsehen konfrontiert, das wenig mit ihrer eigenen Lebensrealität gemein hat. Unter dem starken wirtschaftlichen und gesellschaftlichen Druck, dem sie unterworfen sind, manifestieren sich bei den ländlichen Frauen in der Regel zwar noch keine Verhaltensänderungen, doch ist eine innere Auseinandersetzung unvermeidlich. Man schätzt, daß etwa 70% der Ägypterinnen entweder Fellachinnen sind oder vom Land in die Städte zugewandert.

Gebildete Städterinnen, die als Lehrerinnen oder in Büros tätig sind, stehen deutlicher unter westlichem Einfluß, in jüngster Zeit unterliegen sie gleichzeitig den dazu in scharfem Kontrast stehenden Forderungen der religiösen Führer nach einer Orientierung ihrer Lebensweise an den Grundsätzen der islamischen Religion, was für die Frauen in erster Linie ein Zurückdrängen aus der Öffentlichkeit sowie eine Unterordnung unter ein streng patriarchalisches System bedeutet. Die Handlungsoptionen der muslimischen Frauen reduzieren sich durch letztere deutlich, und es besteht für sie bereits heute ein sozialer Zwang, auch durch das äußere Erscheinungsbild – islamische Kleidung – die innere Einstellung zu signalisieren.

Die forcierte Integration der ägyptischen Frauen in die moderne Arbeitswelt der Industriebetriebe in der sozialistischen Phase unter Nasser veränderte das Leben vieler von ihnen und kann neben der Reislamisierung als stärkster Einfluß auf den Wandel ihrer Rolle in der Gesellschaft in jüngerer Zeit betrachtet werden. Viele der ärmeren städtischen Frauen, insbesondere solche, die im informellen Sektor tätig sind, sind ökonomisch von ihren Männern unabhängig bzw. ernähren ihre Familien ganz überwiegend. Zur Situation der auf dem Lande lebenden ägyptischen Frauen ist zu sagen, daß hier zumindest bis in die Mitte des 20. Jahrhunderts hinein der Rahmen, in dem Frauen sich bewegten, weitgehend durch die starke Arbeitsüberlastung bei gleichzeitiger Dominanz der Männer im privaten wie auch im öffentlichen Leben gekennzeichnet war. Dennoch galt die *fellaha*, die Fellachenfrau – die zu keiner Zeit verschleiert war (vgl. el Saadawi 1991, S. 176) –, als relativ selbstbestimmt, zum Beispiel dadurch, daß sie häufig auch als Marktfrau auftrat, die selbst zu Fuß und ohne Begleitung, ihre Erzeugnisse wie Gemüse oder Lebendgeflügel in einem Korb auf dem Kopf, in den nächstgelegenen Ort transportierte und stundenlang dort verweilte und auch den Verkauf der Erzeugnisse selbständig tätigte. Wegen der Armut der Familien war sie – auch bei Muslimen – in der Regel die einzige Ehefrau ihres Mannes und hatte, insbesondere wegen der großen Kinderliebe der ägyptischen Männer, meist einen hohen Stellenwert für ihn. Dies schließt nicht aus, daß die vielen Negativschilderungen der Situation der Frauen in den ägyptischen Dörfern, wie sie heute von ägyptischen Frauenrechtlerinnen besonders in Europa publiziert werden, ebenfalls ihre Berechtigung haben. Die traditionelle Rolle der Frau ist ohne Frage auch in Ägypten durch Unterordnung in einer von Männern bestimmten Gesellschaft gekennzeichnet, was praktisch keinen Raum für ein selbstbestimmtes Frauenleben, aber viel Konfliktstoff bietet, besonders wenn Gewaltanwendung im Spiel ist. Unterschiede zwischen muslimischen und christlichen Fellachinnen waren traditionellerweise vermutlich so gut wie nicht existent, doch liegen zu diesem Thema kaum Untersuchungen vor.

Gleichzeitig mit den frühen Bestrebungen in Ägypten zur nationalen Unabhängigkeit entstand Anfang des 20. Jahrhunderts unter westlichem Einfluß eine starke Bewegung unter gebildeten Frauen der Ober- und oberen Mittelschicht zu einer Befreiung der Ägypterin aus ihrer unterprivilegierten Rolle, so daß es 1923 zur Gründung einer ägyptischen Sektion der Internationalen Feministischen Union kam. Anläßlich des nationalen Frauentages 1995 in Ägypten beklagte die Enkelin der berühmten Feministin der zwanziger Jahre Hoda Schaarawi – die seinerzeit demonstrativ den Schleier, den Städterinnen damals trugen, als verhaßtes Symbol der Unterdrückung abgelegt hatte –, daß die gesamte arabische Welt sich heute dem saudi arabischen Gesellschaftsmodell zugewandt habe. Sie führte aus, daß auf der Arabischen Halbinsel durch den gemeinhin bewunderten Luxus dort spezielle sozio-ökonomische Bedingungen herrschten. Während die Frauen dort zwar keinerlei Grundrechte besäßen, verfügten die meisten jedoch über das nötige Geld, sich eine gewisse Freiheit zu erkaufen, während die Ägypterinnen zur Abhängigkeit von ihren oft wenig verdienenden Männern verdammt seien, ohne etwas dagegen unternehmen zu können (vgl. Höber-Kamel 1995, S. 57). Nur vereinzelt sind auf der akademischen Ebene in Ägypten heute Stimmen von Männern zu hören, die darauf verweisen, daß ein solchermaßen religiös motiviertes Gesellschaftsbild, das man den Frauen aufzwinge, einer ökonomischen und sozialen Entwicklung, wie sie sich jüngst in einigen asiatischen Staaten vollzog, entgegensteht. Es wurde die Forderung erhoben, im Interesse einer Gesamtentwicklung Ägyptens die als quasi-mittelalterlich bezeichneten Strukturen aus dem sozio-ökonomischen Bereich wieder zu beseitigen (a.a.O.). Angesichts des hohen Bildungsstandes, den insbesondere viele städtische Ägypterinnen heute erreicht haben, erscheint dieser Hinweis wichtig. Noch erwartet allerdings die ägyptische Gesellschaft generell auch von ihren hochqualifizierten berufstätigen Frauen, daß sie Familie und Haushalt einen hohen Prioriätsgrad einräumen. Weder Singles noch kinderlose verheiratete oder Karrierefrauen erscheinen akzeptabel, und das Bild der westlichen emanzipierten Frau wird auch unter Christinnen allgemein abgelehnt. Ägypterinnen aller Gesellschaftsschichten sind jedoch oft erstaunlich stark und selbstbewußt. Die verbreitete Arbeitsmigration der ägyptischen Männer (vgl. Abschnitt 2.6) hat sie teils recht unvermittelt zu zeitweiligen Haushaltsvorständen gemacht, und es gibt bislang noch viele Beispiele insbesondere tüchtiger Akademikerinnen, die auch in der Berufswelt und im öffentlichen Leben eine bedeutende Rolle spielen, wenn sie sich auch politischer Aktivität weitgehend enthalten. Die gegenwärtige regressive Entwicklung, die die Rolle der Frau in der ägyptischen Gesellschaft betrifft, ist aus westlicher Sicht zu bedauern.

Auch die gegenwärtigen wirtschaftlichen Probleme Ägyptens bleiben nicht ohne Folgen für die Frauen, denn ihr Anteil an der großen Zahl Arbeitsloser ist hoch (vgl. Kapitel 1). So reduziert sich auch aus diesem Grunde der Aktionsradius vieler junger Frauen der Mittelschicht, die Schulen und eine Berufsausbildung abgeschlossen haben, auf den engen Familienkreis. Hinzu kommt, daß es häufig von den konservativen Familien – christlichen ebenso wie muslimischen – nicht gewünscht wird, daß Töchter, Verlobte oder Ehefrauen einer Arbeit nachgehen, bei der es zu regelmäßigen unkontrollierten Kontakten mit fremden Männern kommt. Wegen der beengten Wohnverhältnisse in den Städten, wo in der Regel junge Familien darauf angewiesen sind, die Wohnung mit der älteren Generation zu teilen, ist die Lage der Frauen heute besonders prekär, da aus den dargestellten Gründen ihren außerhäuslichen Aktivitäten, etwa im Bereich der Freizeitgestaltung, wie sie für Europäerinnen eine Selbstverständlichkkeit darstellen, enge Grenzen gesetzt sind.

Ebenfalls durch in der Wirtschaft begründete, allerdings andersartige Faktoren verschlechterte sich auch die Situation der Fellachenfrauen merklich: Sie trugen bislang in ganz entscheidendem Maße zum Familieneinkommen bei, etwa indem sie Geflügel aufzogen oder im Gemüseanbau besonders erfolgreich waren. Ihre Möglichkeiten werden hier durch moderne Entwicklungen beschnitten, wie etwa die hochsubventionierten Kapitalanlagen der Geflügelmast und der Eierproduktion sowie der modernen Gemüsekulturen in Gewächshäusern oder unter riesigen Plastikfolien. Es bleibt zu hoffen, daß der gegenwärtige Trend der Reduzierung der Handlungsoptionen der ägyptischen Frauen sich in Zukunft nicht weiter fortsetzen, sondern eher umkehren wird, denn sie stellen ein nicht zu unterschätzendes Potential für das Land dar.

2.3 Die Nachfahren der Pharaonen als Minderheit heute – die Kopten

Die ägyptische Bevölkerung besteht, wie bereits in Abschnitt 2.1 dargestellt, aus einer muslimischen Mehrheit und einer christlichen Minderheit, überwiegend Kopten. Es waren jedoch auch die Vorfahren der heutigen ägyptischen Muslime in aller Regel koptische Christen. Im Laufe der dreizehn Jahrhunderte währenden islamischen Herrschaft, in denen den Christen ein wechselhaftes Schicksal widerfuhr, das teils von relativer religiöser Toleranz mit lediglich wirtschaftlicher Benachteiligung, teils auch durch Anwendung physischer Gewalt geprägt war, nahmen viele Ägypter die islamische Religion an. Zu der lange Zeit währenden wirtschaftlichen Benachteiligung gehörte der Zwang zur Entrichtung einer Kopfsteuer (*djisya*, von *djasaa* = Strafe), die die Nicht-Muslime zu entrichten hatten. Wegen der fiskalischen Bedeutung dieser Maßnahme bestand kein Interesse daran, die gesamte Bevölkerung zu Muslimen zu machen. Für diejenigen, die die Gelder zu zahlen hatten, bedeutete es angesichts der immer wieder auftretenden Hungersnöte im Lande, daß sie oft keine Alternative hatten, als ihren Glauben abzulegen. Größere Revolten der Fellachen im Nildelta im 8. und 9. Jahrhundert gegen die Zwangszahlungen wurden blutig niedergeschlagen und die Kirchen der Aufständischen zerstört. Auch heute erfolgen Übertritte zum Islam aus wirtschaftlichem und sozialem Druck infolge der islamistischen Tendenzen im Lande.

Wie dargestellt, sind Muslime und Kopten ethnisch gleichen Ursprungs und durch ihre Physiognomie nicht voneinander zu unterscheiden. Während es jedoch bei den Muslimen koptischen Ursprungs im Laufe der Zeit teils zu einer Vermischung mit eingewanderten Bevölkerungsgruppen wie Arabern, Türken und Mameluken aus verschiedenen Teilen Asiens kam, sind die heutigen Kopten ethnisch relativ unvermischt, so daß man sie als die direktesten Nachfahren der alten Ägypter betrachten kann. Die arabischen Eroberer bezeichneten die Bevölkerung Ägyptens als *qibt*, d.h. Ägypter (nach dem griechischen Wort aigyptos). Im Laufe der Zeit erfuhr das Wort eine Einschränkung, so daß es nur noch für die einheimischen Christen verwendet wurde. Die koptische Sprache, das größtenteils in griechischen Buchstaben geschriebene demotische Altägyptisch, findet heute nur noch in der Liturgie der koptischen Kirche Verwendung, nachdem bereits im 10. Jahrhundert die Kirche gezwungen worden war, auch Arabisch in den Gottesdiensten zu verwenden. Als Umgangssprache wurde Koptisch nach und nach aufgegeben, bis es im 15. Jahrhundert völlig durch Arabisch ersetzt worden war. In der Kunstgeschichte wird die ägyptische Volkskunst der römischen und der früharabischen Zeit als koptische Kunst bezeichnet, deren Einflüsse sich auch in den frühislamischen Moscheen Ägyptens finden. So waren auch die Architekten mancher Moscheen, wie z.B. der berühmten Ibn-Tulun-Moschee in Kairo, selbst Kopten, und in zahlreichen Moscheen finden sich christliche Motive, da man Kirchen zu zerstören pflegte, um die wertvollen Granit- und Marmorsäulen zum Moscheebau zu verwenden.

Der Bruch der koptischen Kirche mit der Kirche Roms erfolgte im Jahre 451 n. Chr. auf dem Konzil von Chalcedon, auf dem die Gott-Mensch-Natur Christi Streitpunkt war, aus vordergründig religiösen, in der Tat aber aus politischen Gründen, die auf dem Verhältnis zwischen Ostrom und seiner ägyptischen Kolonie beruhten. Die koptische Kirche, die viele Gemeinsamkeiten mit der römisch-katholischen, aber auch mit anderen orthodoxen Kirchen hat, hat viele frühchristliche Elemente bewahrt und besitzt ihren eigenen Papst sowie zur Ehe verpflichtete Priester und ein auch heute wieder sehr aktives Mönchtum. Koptischer Einfluß war in der Zeit des frühen Christentums prägend. So taten sich die Theologen und Philosophen von Alexandria besonders bei der Klärung schwieriger theologischer Fragen hervor. Das von dem hl. Athanasius dem Apostolischen, Papst von Alexandria, im 4. Jahrhundert verfaßte große Glaubensbekenntnis findet noch heute weltweit Verwendung. Ägypten gilt als die Wiege des christlichen Mönchtums. Zwischen dem 3. und dem 5. Jahrhundert wurde in den Wüsten Ägyptens durch die koptischen Asketen St. Paulus von Theben (Anba Pola), St. Antonius den Großen, St. Pachomius, St. Makarius den Großen, St. Schenute u. a. das Mönchtum begründet. In der zweiten Hälfte des 20. Jahrhunderts erfuhr die koptische Kirche eine Wiederbelebung, für die drei bedeutende Persönlichkeiten dieser Zeit verantwortlich waren: Papst Kyrillos VI. (1959–1971), als Asket und Wundertäter bekannt, sein Nachfolger Papst Schenude III. (ab 1971), der die Kirche straff organisierte, sowie Bischof Athanasius von Beni Suef (ab 1963), der einen Orden im sozialen Dienst aktiver Nonnen stiftete und damit eine alte Tradition wiederbelebte und auch im Ausland große Anerkennung fand.

Die tatsächliche Zahl der in Ägypten lebenden Kopten ist nicht bekannt. Staatliche Statistiken nennen einen Anteil von 6% an der Gesamtbevölkerung. Die nicht-offiziellen Angaben der Kirche selbst belaufen sich auf 20%. Zur groben Orientierung kann man einen Mittelwert von 13% annehmen. Die staatlichen Angaben sind mit Gewißheit zu niedrig angesetzt. So besteht einerseits ein Interesse daran, die Bedeutung dieser Minderheit als gering darzustellen, um die Stellung Ägyptens innerhalb der islamischen Welt nicht zu gefährden, andererseits ist man auch nicht bereit, dem Verlangen der Kopten nach einem legitimen Anteil an den Sitzen im Parlament, den höheren Positionen im Staatsapparat und den Studienplätzen Rechnung zu tragen. So führt es unter den Christen immer wieder zu Irritationen, daß die für sie bereitgestellten Anteile an den Studienplätzen vielfach viel zu gering sind: 2% bei den begehrten Polizei-, Marine- und Militärakademien und völliger Ausschluß von der berühmten Al-Azhar-Universität, die bereits seit 1961 auch über säkulare Fachrichtungen wie z. B. Medizin und Geowissenschaften verfügt, und den im ganzen Land verbreiteten Al-Azhar-Schulen (insgesamt 3529 Schulen

1993/94). Dies wird insbesondere deshalb als ungerecht empfunden, weil die Errichtung und Unterhaltung dieser Institutionen aus Steuergeldern erfolgt, die alle Bürger in gleicher Weise aufzubringen haben.

Das Bild der räumlichen Verteilung der koptischen Bevölkerung über das ganze Land spiegelt ihre jahrhundertelange Verfolgung bzw. Benachteiligung wider. Schon früh war Oberägypten ihr Rückzugsgebiet, als das Nildelta von Christenverfolgungen heimgesucht wurde. So beträgt der Anteil der Kopten nach offiziellen Angaben heute im Nildelta 1%, in El-Minya 20%, in Asyut 10% und ca. 5% in den anderen Gouvernoraten. Seit dem 19. Jh. waren die koptischen Fellachen stark an der Migration nach Kairo und Alexandria beteiligt, wo sie den Schutz der Anonymität suchten, denn die christlichen Minderheiten in den Dörfern sind nicht erst in jüngster Zeit Zielscheibe fanatischer Muslime. Sie litten auch unter der Willkür der lokalen Verwalter. Der Stadtteil Schubra im Norden Kairos bildet die stärkste Konzentration von Christen in der Stadt. Seine Physiognomie ist durch eine große Zahl von Kirchen sowie von Läden mit christlichen Namenszügen und Heiligenbildern geprägt. Die gegenwärtige Berufsstruktur städtischer Kopten unterscheidet sich nur wenig von derjenigen städtischer Muslime. Der traditionelle Ruf der Kopten als Handwerker, als Steuereinzieher sowie als Schreiber im Staatsdienst gehört der Vergangenheit an. Einst hatten viele Kopten durch die guten Schulen der koptischen Kirche sich als Finanzverwalter im Staatsdienst qualifizieren können. Heute ist das Bildungsgefälle weitgehend ausgeglichen. Der hohe Anteil der im mittleren Staatsdienst tätigen Kopten erklärt sich gegenwärtig aus der Tatsache, daß im mittleren öffentlichen Dienst sehr niedrige Gehälter gezahlt werden, so daß diese Positionen wenig attraktiv sind. Andererseits erfordert die erfolgreiche Ausübung von Berufen in der freien Wirtschaft seit der Einführung der staatlichen Lenkung in der Wirtschaft, die bis heute in den entscheidenden Bereichen andauert, gute Beziehungen zum Staatsapparat, um Aufträge und Genehmigungen zu erhalten. Als Angehörige einer Minderheit besitzen die Kopten hier wesentlich geringere Chancen.

Obwohl viele Kopten aufgrund ihrer Religion eine gewisse Affinität zur christlich-abendländischen Welt besitzen, beteiligten sie sich in vorderer Front an dem Kampf gegen die britische Kolonialmacht am Anfang des 20. Jahrhunderts. Außerdem waren sie zu jener Zeit überproportional in der politischen Partei Al-Wafd vertreten, die das parlamentarische System in Ägypten aufbaute. Während der Nasser-Zeit (ab 1952) wurden jedoch die Kopten systematisch von der politischen Szene Ägyptens beseitigt. Die Berufung von 10 Kopten als Parlamentsmitgliedern und 1–2 Ministern (in unbedeutenden Ministerien) durch den Staatspräsidenten dient einer Alibifunktion, um zu demonstrieren, daß keine Diskriminierung der Minderheit stattfindet. Ähnliches gilt für die Kandidatur Boutros Ghalis für das Amt des UN-Generalsekretärs, wobei man die hohe Einschätzung seiner Fähigkeiten in aller Welt bei der Nominierung nutzte, um einen ägyptischen Kandidaten durchzusetzen.

2.4 Die Nubier – ein Volk ohne Heimat

Nubien war einst ein Land hoher Kultur und konnte auf eine 4000jährige Geschichte zurückblicken, als es in den Fluten des sich allmählich auffüllenden Reservoirs des Sadd el-Ali versank. Das gesamte Volk der Nubier wurde einer Zwangsumsiedelung unterworfen: Für die 50000 sudanesischen Nubier wurde Land in Khaschm el-Girba am Atbara bereitgestellt, für die 70000 ägyptischen Nubier bei Kom Ombo (vgl. Abschnitt 6.4.4.3). Die Vertreibung des nubischen Volkes aus seiner Heimat begann bereits mit dem Bau des ersten Assuan-Staudammes im Jahre 1902 und seiner Erhöhung im Jahre 1930.

Die Nubier, die dunkelhäutiger sind als die meisten übrigen Ägypter, werden den Äthiopiden (früher: Hamiten) zugeordnet und sprechen zwei verschiedene Sprachen. Die ägyptischen Nubier gehören in der Mehrzahl der Sprachgruppe der Kenus an und wurden einst von den Ägyptern wegen dieser andersartigen Sprache als *barabra* (Sg. *barbari*) bezeichnet. Seit langem pflegten die nubischen Männer als Arbeitsmigranten nach Kairo und Alexandria zu gehen, wo sie traditionell als Diener oder Türhüter und insbesondere auch als Köche bei reichen Städtern, vor allem Diplomaten und Ausländern Anstellung fanden. Das Personal der traditionsreichen Touristenhotels bestand überwiegend aus Nubiern, die wegen ihrer Sauberkeit und Ehrlichkeit sehr geschätzt sind. Heute ist der durchschnittliche Bildungsgrad der Nubier höher als derjenige der übrigen ägyptischen Bevölkerung, und sie gehen allen Arten von Tätigkeiten nach, obwohl ihr Beschäftigungsanteil im Gastronomiesektor nach wie vor hoch ist. Insbesondere in Assuan und Abu Simbel sind sie im Tourismusgeschäft dominierend. Auch nach ihrer Ansiedelung in Kom Ombo dauert die Abwanderung der Nubier nach Kairo unvermindert an, so daß sie zum Teil auf ihren Ländereien Fellachen aus dem Niltal beschäftigen und selbst städtischen Tätigkeiten nachgehen, während ihre Frauen vor Ort verharren, den Betrieb aufrechterhalten und sich um die Restfamilie kümmern. Seit geraumer Zeit gibt es Bestrebungen unter den Nubiern, sich auch aus politischen Gründen Rechte an den Ufern des Assuan-Stausees zu sichern, doch ist die Ansiedelung von Menschen dort aus Furcht vor einer Verunreinigung des Seewassers bislang nur sehr zögernd in Angriff genommen worden und unter Experten heftig umstritten.

Die Beziehungen der Nubier zu den übrigen Ägyptern sind immer noch durch ein gewisses Maß an Rassismus beeinträchtigt, wie generell in Ägypten der Hautfarbe eine besondere Beachtung geschenkt wird und allein Hellhäutigkeit dem gängigen Schönheitsideal entspricht. Zudem besitzt die Bezeichnung *barabra* immer noch die alten Konnotationen mit der Sklaverei, da sie auch für Sklaven verwendet wurde. Die Nubier ihrerseits betrachten sich als zivilisierter als die *sa'ayda* Oberägyptens.

2.5 Die Beduinen – die Bewohner der randlichen Wüsten

Die zahlenmäßige Erfassung der Beduinen in Ägypten ist schwierig, da der für sie verwendete Begriff *arab* sowohl für die Hirtenvölker als auch ganz allgemein für Bevölkerungsgruppen arabischer Herkunft verwendet wird, die eine Stammesordnung besitzen. Vollnomaden ohne festen Wohnsitz gibt es heute in Ägypten nicht mehr. 1907 bezeichneten sich 5,6% der ägyptischen Bevölkerung, d.h. 635000 Personen, selbst als *arab*. Davon waren knapp 100000 wandernde Beduinen, d.h. Voll- oder Halbnomaden. Vor zwei oder drei Jahrhunderten war der Anteil der Beduinen größer. Sie waren die Herren der Wüste und überfielen schwer bewaffnet Fellachendörfer und Wüstenklöster, raubten und mordeten. In Oberägypten, fernab der Zentralverwaltung in Kairo, war ihre Macht besonders groß. Ihre Siedlungen liegen heute meist am Rande des Niltales und tragen in den Namen das Präfix „Beni", d.h. „Söhne von", wie beispielsweise Beni Hasan und Beni Hilal. Allerdings finden sich auch nicht-beduinische Siedlungen mit diesem Merkmal. Der größte Teil der Nachkommen der ehemaligen Nomaden ist heute bereits in die ägyptische Bevölkerung integriert und hat sich assimiliert. Die Zahl der eindeutig als Beduinen einzuordnenden und auch Weidewirtschaft praktizierenden Personen dürfte heute maximal 50000 betragen. Die meisten von ihnen gehören Gruppen an, die zu verschiedenen Zeiten von der Arabischen Halbinsel her zugewandert sind, wie die Bewohner Sinais sowie die Awlad Ali an der westlichen Mittelmeerküste. Andere sind afrikanische Ethnien, wie die Ababda und die Bischariyiin, die eine kuschitische Sprache sprechen und im Grenzgebiet zum Sudan in der Östlichen Wüste leben. Die Beduinengruppen der Oasen Siwa, Bahariya und Farafra sind ebenfalls endogen und gehören Berberethnien an.

Die Politik der ägyptischen Verwaltung zielte von jeher auf eine Befriedung der Wüstenbewohner und auf ihre Assimilation mittels Seßhaftmachung und Umsiedelung. Heute unternimmt man verstärkt Bemühungen um die Beduinen in den Grenzgebieten, um sich deren Loyalität bei Grenzstreitigkeiten mit Israel, Libyen oder dem Sudan zu sichern. So werden auf Sinai Neulandgebiete an die Beduinen vergeben und im Gouvernorat Marsa Matruh für Angehörige des Stammes der Awlad Ali Entwicklungsmaßnahmen wie Schulbau, Trinkwasserversorgung und Landbesitzsicherung finanziert. Auch im Zusammenhang mit dem Grenzstreit zwischen Ägypten und dem Sudan, der Mitte der 1990er Jahre um das Gebiet von Halayeb am Roten Meer entbrannte, nachdem in dieser Region Rohstoffvorkommen nachgewiesen worden waren, wurden durch die ägyptische Regierung dort neue Schulen, Krankenhäuser und Straßen gebaut.

Die alte wechselseitige Animosität zwischen den Beduinen und den übrigen Bewohnern des Landes besteht fort, und die *arab* werden von den anderen nicht als Ägypter anerkannt. Die wirtschaftliche Lage vieler Angehöriger dieser nomadischen Gruppen ist allerdings sehr gut, da sie insbesondere im Grenzgebiet zu Libyen, aber auch auf Sinai vielfältige Möglichkeiten zum Waffen-, Rauschgift und sonstigen Warenschmuggel besitzen, denn sie bewegen sich immer noch relativ ungehindert und häufig bewaffnet über Staatsgrenzen hinweg, und ohnehin machen die Stammesgrenzen an diesen nicht Halt.

2.6 Die Bevölkerungsentwicklung und -mobilität

Die historische Bevölkerungsentwicklung Ägyptens spiegelt die jeweilige politische und wirtschaftliche Situation des Landes wider. Man schätzt die Bevölkerung zur Zeit um 1300 v. Chr., d. h. gegen Ende der pharaonischen Epoche, auf 9 Mio. Menschen, die in rund 22000 Siedlungen wohnten (Schamp 1977, S. 409). Ein solcher Wert wurde erst 3200 Jahre später, gegen Ende des 19. Jahrhunderts, wieder erreicht. Während der Zeit der persischen Besatzung, um 450 v. Chr., betrug die Bevölkerungszahl lediglich noch ca. 3,5 Mio. Sie stieg dann wieder an, so daß sie im Jahre 50 n. Chr. gegen Beginn der römischen Herrschaft schätzungsweise 7,5 Mio. betrug; als diese zu Ende ging, im Jahre 600 n. Chr., war sie wiederum auf ca. 6 Mio. gesunken. Die arabisch-osmanische Zeit war in Ägypten durch Kriege und wirtschaftlichen Verfall geprägt. Als Napoleons Wissenschaftler im Jahre 1798 ihre Beschreibung des Landes abfaßten, schätzten sie die Bevölkerung auf lediglich noch 2,46 Mio. Mit der Zeit Mohammed Alis endeten die chaotischen Verhältnisse in Ägypten, und es setzte eine fortschrittliche Entwicklung sowie eine Zeit relativer Stabilität ein. Die Bevölkerungszahl verdoppelte sich bis zum Jahre 1846 auf 4,476 Mio. Während der britischen Kolonialzeit beschleunigte sich das Bevölkerungswachstum, so daß sich die Bevölkerungszahl in den 35 Jahren zwischen 1882 und 1917 von 6,804 Mio. auf 12,751 Mio. nahezu verdoppelte. In der Folgezeit betrug der Verdoppelungszeitraum 40 Jahre (1960: 26,085 Mio.) und verkürzte sich dann auf knapp 30 Jahre (1995: ca. 62 Mio.). Nachdem die Bevölkerungswachstumsrate in den 1980er Jahren 2,8% betragen hatte, sank sie 1990/95 auf 2,2%, was als Erfolg der dekadenlangen Kampagnen zur Propagierung der Geburtenkontrolle verbucht wurde. Sicherlich spielten jedoch auch andere Faktoren dabei eine Rolle, wie etwa die zunehmende Urbanisierung, die wachsende Zahl berufstätiger Frauen sowie die Verschlechterung der Wohnraumsituation und die hohe Inflationsrate, die zur Verarmung der Massen führte.

Eine getrennte Betrachtung der Geburten- und Sterberaten für die neuere Zeit ergibt folgendes Bild: Von 1965/70 bis 1990/95 sank die Geburtenrate von 41,8 auf 29,1 pro 1000 Einwohner. Im gleichen Zeitraum sank auch die jährliche Sterberate von 15 auf 7 pro 1000 Einwohner. Trotz dieser als positiv zu beurteilenden Entwicklung stehen Ägypten aus demographischen Gründen in den kommenden 20–30 Jahren schwerwiegende Probleme ins Haus, denn wie die Bevölkerungspyramide zeigt, waren 1990 39,4% der Bevölkerung jünger als 15 Jahre, und der Anteil der Personen im Reproduktionsalter (20–45 Jahre) lag mit 36% relativ hoch. Die Lebenserwartung bei Geburt stieg zwischen 1960/65 und 1985/90 für die Männer von 46 auf 58 und für die Frauen von 49 auf 60 Jahre. Dennoch war der Anteil der über 60jährigen mit 6,2% verhältnismäßig gering.

Die Bevölkerung Ägyptens konzentriert sich in der Nilstromoase. In Wüstengebieten, die ca. 96% der Staatsfläche ausmachen, lebt nur etwa 1% der ägyptischen Bevölkerung, meist punkthaft auf die Oasen verteilt. Bei einer Bevölkerung von ca. 62 Mio. heute und einer bewohnten Fläche von ca. 35 000 km^2 errechnet sich eine tatsächliche durchschnittliche Bevölkerungsdichte von ca. 1770 Einw./km^2, was einen einmaligen Wert in einem Agrarland dieser Größe darstellt. Mit dem weiteren Wachstum der Bevölkerung verringert sich die Ackernahrung pro Kopf (vgl. Abb. 1). Auf die Erntefläche (das ca. 1,9fache der Landnutzungsfläche) bezogen bedeutet dies eine Verringerung von 5280 m^2 im Jahre 1821 auf 1950 m^2 im Jahre 1917 bzw. auf 806 m^2 im Jahre 1995. Bei einem Vergleich der Bevölkerungsdichte der verschiedenen Gouvernorate Ägyptens sind die unterschiedlichen Anteile städtischer Bevölkerung sowie der Wüstengebiete zu berücksichtigen. Man kann jedoch allgemein feststellen, daß 1990 die im zentralen Nildelta gelegenen Gouvernorate El-Qalyubiya mit 2838 Einw./km^2, El-Gharbiya mit 1610 Einw./km^2 und El-Minufiya mit 1600 Einw./km^2 wesentlich dichter besiedelt sind als die randlich gelegenen Gouvernorate El-Beheira mit 355 Einw./km^2 und Kafr esch-Scheikh mit 574 Einw./km^2. In Oberägypten sind die Gouvernorate Sohag mit 1742 Einw./km^2 und Asyut mit 1581 Einw./km^2 am dichtesten besiedelt.

Die Verstädterung nimmt auch in Ägypten ständig zu. 1897 betrug der Anteil der städtischen Bevölkerung an der Gesamtbevölkerung lediglich 13,6%. Bis 1947 war er auf 28,8% gestiegen und wuchs bis 1990 auf 46,7% an. Allein die beiden städtischen Agglomerationen Kairo und Alexandria beherbergten rund 57% der städtischen Bevölkerung des Landes. Der hohe Urbanisierungsgrad ist im wesentlichen das Ergebnis der rapiden Zuwanderung in die Städte seit dem Beginn des 20. Jahrhunderts. Stieg der Anteil der städtischen Bevölkerung an der Gesamtbevölkerung zwischen 1897 und 1907 um lediglich

0,1%, so stieg er in der darauffolgenden Dekade bereits um 6,3%. Die Wanderungsrichtung zeigt, daß Kairo Zuwanderer aus allen Landesteilen stark anzieht, während Alexandria zu allen Zeiten den stärksten Zustrom aus dem benachbarten Gouvernorat El-Beheira erfuhr. Die Anziehungskraft der Sueskanalstädte und der neuen Fremdenverkehrsorte an den Küsten des Roten Meeres für Migranten ist wesentlich schwächer. Zeitweilig spielte auch Assuan eine Rolle als Zielgebiet für Migranten. Dabei war der Bau des Hochstaudammes und der nachfolgende Ausbau der Industrie sowie des Fremdenverkehrs dort von Bedeutung.

Traditionelles Abwanderungsgebiet Ägyptens ist Oberägypten, wo außerhalb der Landwirtschaft nur in sehr begrenztem Umfang Arbeitsplätze zur Verfügung stehen.

Seit einigen Dekaden versucht man, dem ständig wachsenden Bevölkerungsdruck auf Groß-Kairo durch Dezentralisierung in den Bereichen der Industrie, des Fremdenverkehrs sowie des Hochschulbaues zu begegnen. Bislang ist den Bemühungen wenig Erfolg beschieden. Insbesondere junge Leute hoffen ihr Glück bevorzugt in den Millionenstädten zu finden. Kairo bietet vor allem für Hochqualifizierte vielfältigere Möglichkeiten als die anderen Großstädte einschließlich Alexandrias. Auch für weniger qualifizierte Arbeitskräfte bieten Kairo und Alexandria mehr Möglichkeiten und auch höhere Löhne als die Gouvernoratshauptstädte. Hinzu kommt die Tatsache, daß letztere, obwohl sie Großstädte sind, immer noch bezüglich ihres Angebotes an Gütern, Dienstleistung, Kultur und Freizeitangeboten einen ländlichen Charakter aufweisen.

Die Zuwanderung nach Groß-Kairo hat sich seit 1976 stark verlangsamt. Tabelle 23 zeigt, daß der Anteil Groß-Kairos an der Gesamtbevölkerung von 1937 bis 1976 ständig zunahm, seither jedoch mit rund 20% etwa konstant blieb. Die Situation in Alexandria stellt sich ähnlich dar. Für die gegenwärtige Stagnation der Zuwanderung gibt es verschiedene Gründe, in erster Linie sind jedoch die Verknappung der Beschäftigungsmöglichkeiten sowie der starke Anstieg der Wohnungsmieten bzw. -preise hierfür verantwortlich. Bei der Familiengründung ist heute in der Regel die Wohnraumbeschaffung das gravierendste Problem. Galt die Nachfrage des Vaters der Braut früher dem Vermögen bzw. dem Arbeitsverhältnis des jungen Mannes, der um die Hand seiner Tochter anhielt, so steht hier heute das Vorhandensein einer Wohnung im Mittelpunkt der Sorge. Ein weiterer Grund für die Stabilisierung des Anteils Groß-Kairos an der Gesamtbevölkerung des Landes ist die relativ starke Abwanderung aus der Stadt ins Ausland. Qualifikationsniveau und Finanzkraft vieler Arbeitnehmer sind dort überdurchschnittlich, was die Migration ins Ausland erleichtert.

Die Welle der verstärkten Abwanderung ins Ausland setzte in den 1960er Jahren ein. Seinerzeit wanderten mehrere 100000 Akademiker insbesondere in die USA, nach Kanada und Australien aus. Der Anteil der Kopten unter den Migranten in diese Länder war besonders hoch. Parallel dazu verstärkte sich die Migration von Arbeitskräften, insbesondere von Lehrern, in die arabischen erdölproduzierenden Staaten.

Die Zahl der heute im Ausland lebenden Ägypter ist nicht genau zu erfassen. Schätzungen für die 1990er Jahre gehen von 2,5 bis 4 Mio. Personen aus. Die Zahl unterliegt jedoch starken zeitlichen Schwankungen entsprechend der jeweiligen politischen Lage. So kehrten allein während des Golfkrieges 1991 ca. 1 Mio. ägyptische Gastarbeiter aus dem Irak zurück. Auch die wirtschaftliche Krise in den Golfstaaten seit Mitte der 1980er Jahre sowie die Verschlechterung des Verhältnisses zwischen Ägypten und Libyen zwangen Tausende ägyptischer Arbeitsmigranten zur Heimkehr. Stellte die Arbeitsmigration für Ägypten durch die hohen Rücküberweisungen von im Ausland verdienten Geldern wirtschaftlich einen bedeutenden Positivposten dar, so verschärfte sich durch die Remigration der Arbeitskräfte seit Beginn der 1990er Jahre das Problem der Arbeitslosigkeit wesentlich. Ein beachtlicher Teil der Arbeitsmigranten waren auch Fellachen, die vor allem im Irak in der Landwirtschaft arbeiteten. Sie brachten nach ihrer Rückkehr, wie auch andere Migranten, sowohl Geld als auch Innovationen ins Land. Allerdings durften die im Zusammenhang mit dem zweiten Golfkrieg aus dem Irak vertriebenen Ägypter ihre Ersparnisse nicht in Devisen umtauschen, um sie auszuführen, als die irakische Währung 1991 nahezu wertlos wurde.

3. VON DER FREMDHERRSCHAFT ZUR SELBSTBESTIMMUNG – EIN ABRISS DER GESCHICHTE ÄGYPTENS UNTER NEUEREN GESICHTSPUNKTEN

Wie bereits in Abschnitt 2.1 dargestellt, ist die heutige Identität der Ägypter nicht endogen oder durch die ruhmreiche pharaonische Vergangenheit, sondern durch Fremdherrschaft geprägt. Das Ergebnis ist ein gebrochenes Selbstbild, mangelnder Stolz auf die eigene Kultur und die allzu bereitwillige Übernahme und Hochschätzung von Fremdem – teilweise heute gleichzeitig von westlich-europäischem und östlich-arabischem.

Die einheimische ägyptische Bevölkerung wurde mehr als 3000 Jahre lang wechselnder Fremdherrschaft unterworfen, die sie zum Opfer von Verachtung, Diskriminierung und Ausbeutung machte. Bereits in der 19. Dynastie (1306–1224 v. Chr.) hatten asiatische Gruppen ihre Macht im Lande fest etabliert (vgl. Helck 1977, S. 100ff.). Diese wurden von den Libyern abgelöst, denen die Nubier als Herrscher (713–636 v. Chr.) und schließlich die Assyrer folgten. Von 525–332 v. Chr. – mit einer kurzen Unterbrechung, als die Libyer wiederum die Macht ergriffen – herrschten die Perser am Nil. Nach der Eroberung Ägyptens durch Alexander den Großen im Jahre 332 v. Chr. regierten die Ptolemäer das Land, die ihre eigene Sprache und Kultur pflegten, so daß die altägyptische Kultur zur Bedeutungslosigkeit verkam. Nach der Niederlage Kleopatras und dem Sieg des Augustus im Jahre 30 v. Chr. wurde Ägypten römische, später byzantinische Provinz. Die Tatsache, daß es zur Kornkammer Roms wurde, bedeutete für Ägypten, daß diese Zeit durch eine Ausbeutung der Fellachen und eine rigide Kontrolle durch die von den Römern eingesetzten Zöllner und anderen Beamten bestimmt war. Die bereits sehr früh christianisierten Ägypter waren auch durch die Christenverfolgungen durch die römischen Kaiser besonders betroffen. So starben unter Diokletian (284–305 n. Chr.) mehrere hunderttausend Kopten den Märtyrertod, und das christliche Byzanz verfolgte nach dem Kirchenschisma von Chalcedon im Jahre 451 n. Chr. die ägyptischen Christen, weil sie Anhänger ihrer nationalen Kirche blieben, in welcher sich eine Verschmelzung von endogenem Gedankengut mit der christlichen Botschaft vollzogen hatte. Das christliche Gedankengut war den Ägyptern insofern nicht fremd, als in ihm viele Elemente älterer ägyptischer religiöser Vorstellungen fortbestehen.

Als im Jahre 642 die Araber das Land eroberten, hofften die Ägypter, daß sie nun von dem Joch der Byzantiner befreit werden würden. In der Tat ging es aber in seiner Funktion als Kornkammer nahtlos in den Besitz der islamischen

Khalifen über und unterstand zunächst den Khalifen von El-Madina, dann den Umayyaden von Damaskus und schließlich den Abbasiden von Baghdad. Auch nach der Verselbständigung Ägyptens unter den Abbasiden waren alle Herrscher Ausländer, die ihre eigenen Soldaten ins Land mitbrachten. Besonders scharf war der Gegensatz zwischen der regierenden Klasse und dem Volk zur Mamelukenzeit, als die Ägypter meist nicht-arabisch sprechenden Herrschern asiatischer Kultur unterworfen waren. Gegen die Fremdherrschaft der Araber erhoben sich die Ägypter 725–733 und 832. Beide Aufstände wurden blutig niedergeschlagen und führten zu einer Verstärkung der Repressalien der Abbasiden gegen das Volk.

Mit der Eroberung Ägyptens durch Sultan Selim I. im Jahre 1517 begann die 400jährige verhängnisvolle türkische Herrschaft über Ägypten. Als Napoleon Ägypten eroberte, befand sich das Land in einem Zustand völligen Verfalls, und die Bevölkerungszahl war auf einen Tiefststand gesunken. Die Franzosen wendeten bei ihrer Verfolgung der Mameluken vielfach auch gegen die Fellachen Gewalt an, brannten ganze Dörfer nieder und vergewaltigten die Frauen. Die Zeit der Mohammed-Ali-Dynastie brachte Ägypten ein gewisses Maß an Selbständigkeit, doch drückten die Herrscher, die ihre eigene Kultur und Sprache besaßen, dem Land den Stempel einer unverkennbar osmanischen Prägung auf. So gesehen bedeutete die britische Kolonialzeit für die Ägypter kein völlig unbekanntes Joch, und in mancher Hinsicht war die Situation für das Volk erträglicher als zuvor.

Als Ägypten 1922 die Unabhängigkeit errang, ging die Jahrtausende währende Fremdherrschaft zu Ende, und die Ägypter konnten endlich ihre Geschicke selbst in die Hand nehmen. Nicht Nassers Revolution von 1952 markiert den Wendepunkt und den Beginn der Selbstbestimmung in der ägyptischen Politik, sondern der Volksaufstand von 1919, durch den die Unabhängigkeit herbeigeführt wurde. Bezeichnenderweise war das Symbol dieser Erhebung der Halbmond mit dem Kreuz, das die Einheit des ägyptischen Volkes, von Muslimen und Christen verkörpern sollte. Es folgte die Einführung einer konstitutionellen Monarchie, die zu einer politischen Reife gedieh, die bis heute nicht übertroffen worden ist. Die formale Beendigung des britischen Protektorats über Ägypten wird von manchen Historikern als bloße Farce bezeichnet, weil die Vorrechte Großbritanniens weitgehend unangetastet blieben und auch die durch König Fuad eingeführte Konstitution und das auf ihr basierende parlamentarische Regierungssystem keine echte Demokratie gewährleisteten. Es läßt sich jedoch nicht leugnen, daß seinerzeit ein in Ägypten bis dahin unbekannter Prozeß der Demokratisierung eingeleitet wurde, während die Präsenz britischer Soldaten am Sueskanal und der Zusammenschluß mit dem Sudan die Interessen der Einheimischen relativ wenig tangierten. Für die Fellachen, d.h. für die Masse der Bevölkerung, hatte nach 3000 Jahren endlich eine Zeit des Friedens, der Sicherheit und der Souveränität des Gesetzes begonnen, wenn es auch nicht gelang, die alten feudalen Strukturen aufzubrechen. Erst durch Nassers Sozialismus konnten der Feudalismus auf dem Land und der Großkapitalismus in der Stadt überwunden werden, und auch dies nur um den Preis des Verlustes der schwer erkämpften Demokratie und der Einführung einer auf das Militär gestützten Parteidiktatur. Das neue staatlich gelenkte Wirtschaftssystem erwies sich wie in anderen sozialistischen Ländern in der Folgezeit in Ägypten ebenfalls als untauglich, und die verlorenen Kriege im Jemen und gegen Israel zehrten die mageren Ressourcen des Landes auf.

Unter Sadat (1970–1981) wurde das Mehrparteiensystem wieder im Lande eingeführt und mit Hilfe der USA 1979 ein Friedensabkommen mit Israel getroffen. Seine Zeit ist zudem durch die Einführung der Politik der wirtschaftlichen Öffnung gekennzeichent, wodurch eine Ära des unkontrollierten Kapitalismus eingeleitet wurde, deren Gewinne infolge der starken Ausbreitung der Korruption dem Lande nicht zugute kamen. Sadat, der während der Nasser-Zeit Beauftragter für die Pflege der Zusammenarbeit mit den anderen islamischen Ländern war, begünstigte die Wiederbelebung des Islamismus, so daß die unter Nasser systematisch verfolgte und nahezu aufgelöste Muslimbruderschaft (Al-Ikhwan al-Muslimun) wiedererstarkte, viele Mitglieder aus dem Exil nach Ägypten zurückkehrten und sich neue, noch radikalere islamische Gruppen (u. a. Al-Gama'at Al-Islamiya) bilden konnten. Obwohl diese weiterhin offiziell verboten waren, erstreckten sich ihre Aktivitäten auf das ganze Land, und ihre Aktivisten eroberten die Industriebetriebe, Schulen und insbesondere die Hochschulen und erließen ihre politischen Aufrufe in den Freitagspredigten von den Kanzeln der staatlichen Moscheen. Sie beanspruchten als gottgegeben das Recht auf alleinige politische Macht im Lande und ermordeten im Jahre 1981 Sadat.

Mubarak, Sadats Nachfolger im Amt, setzte die von Sadat eingeleitete Innen- und Außenpolitik fort. Unter seiner Regierung erreichte die Korruption im Lande bis dahin ungekannte Dimensionen. Auch er konnte die Islamisten nicht dadurch beschwichtigen, daß er sich ihnen gegenüber als tolerant erwies. Als sie auf unmißverständliche Weise ihre Machtansprüche stellten, indem sie diese durch Mordanschläge gegenüber Regierungsmitgliedern und Touristen unterstrichen, sah er sich schließlich gezwungen, mit der Verhaftung von bis zu 6000 Islamisten zu reagieren. Die Folge waren Morddrohungen und ein Attentatsversuch gegen Mubarak während der Afrika-Gipfelkonferenz in Addis Abeba im Jahre 1995. Wegen innenpolitischer Instabilität im Lande besteht seit der Sadat-Zeit der Ausnahmezustand, so daß die Pressefreiheit stark beschnitten ist und Ägypten einem Polizeistaat gleicht. Wie in anderen arabischen Staaten ist der Demokratisierungsprozeß ins Stocken geraten, und es herrscht heute eine verschleierte Diktatur, obwohl das Volk bereits zu Beginn dieses Jahrhunderts eine funktionierende Demokratie genoß.

4. DIE NATURRÄUMLICHEN POTENTIALE

4.1 Die geologisch-morphologischen Strukturen (vgl. Abb. 4)

4.1.1 Ein Abriß der Erdgeschichte Ägyptens

Der Grundsockel Ägyptens und des gesamten afrikanischen Kontinents war in der frühen Erdgeschichte Teil des Urkontinents Gondwana, der erst im Jura auseinanderbrach. Das Grundgebirge Ägyptens ist zwei verschiedenen präkambrischen Blöcken zuzuordnen: Während die östliche Gebirgskette dem Nubischen Schild angehört, der während der panafrikanischen Konsolidierungsphase angefügt wurde, ist das südliche Grundgebirge des Jebel Uweinat/Gilf Kebir dem älteren präpanafrikanischen Ostsahara-Kraton zuzurechnen (Luger et al. 1990, S. 122).

Vom Kambrium bis zum Karbon fand marine und terrestrische Sedimentation im Westen der Libyschen Wüste statt. Voraussetzung dafür war die vorherige Absenkung des Gebietes und die Bildung eines Grabensystems, das sich vom Syrte-Becken bis Darfur (Sudan) erstreckte. Im Karbon jedoch wölbte sich das Gebiet des heutigen Südägypten auf, vermutlich infolge der Kollision Afrikas mit den Nordkontinenten. Dem Gefälle folgend richtete sich die Hauptentwässerung südwärts, d.h. entgegen der Fließrichtung des heutigen Nils.

Erst im Jura wurde die vorherige Entwässerungsrichtung wiederhergestellt, als das Gondwanaland auseinanderbrach. Dabei wurde der ostsaharische Kraton nach N und NW verkippt. Auch infolge dieser tektonischen Aktivitäten wurden die Becken von Ed-Dakhla und Asyut gebildet. Ersteres bildete eine wichtige Voraussetzung für die Ablagerung eines mächtigen Pakets für die Wasserführung gut geeigneter Gesteinsschichten.

Vom Oberen Jura bis ins Tertiär hinein fanden mehrere Meerestransgressionen statt, die für die Ablagerung mariner und nachfolgend kontinentaler Sedimente verantwortlich sind, welche sich bis ins heutige Südägypten hinein erstrecken. Im Norden erreichen sie eine Mächtigkeit von über 4000 m, während sie im Süden flach auskeilen. Durch Hebung des Grundgebirgsblocks des Nubischen Schildes wurden die mesozoischen Gesteinsschichten, bei denen es sich im Süden überwiegend um terrestrische Ablagerungen handelte, stärker abgetragen. So traten die alten stark gefalteten und metamorphisierten Gesteine des Basements im Roten-Meer-Gebirge zutage. Die granitischen Intrusionen im Gebiet des heutigen Assuan, die den ersten Nilkatarakt bildeten, der für die Schiffahrt von jeher ein Hindernis darstellte, wurden freigelegt.

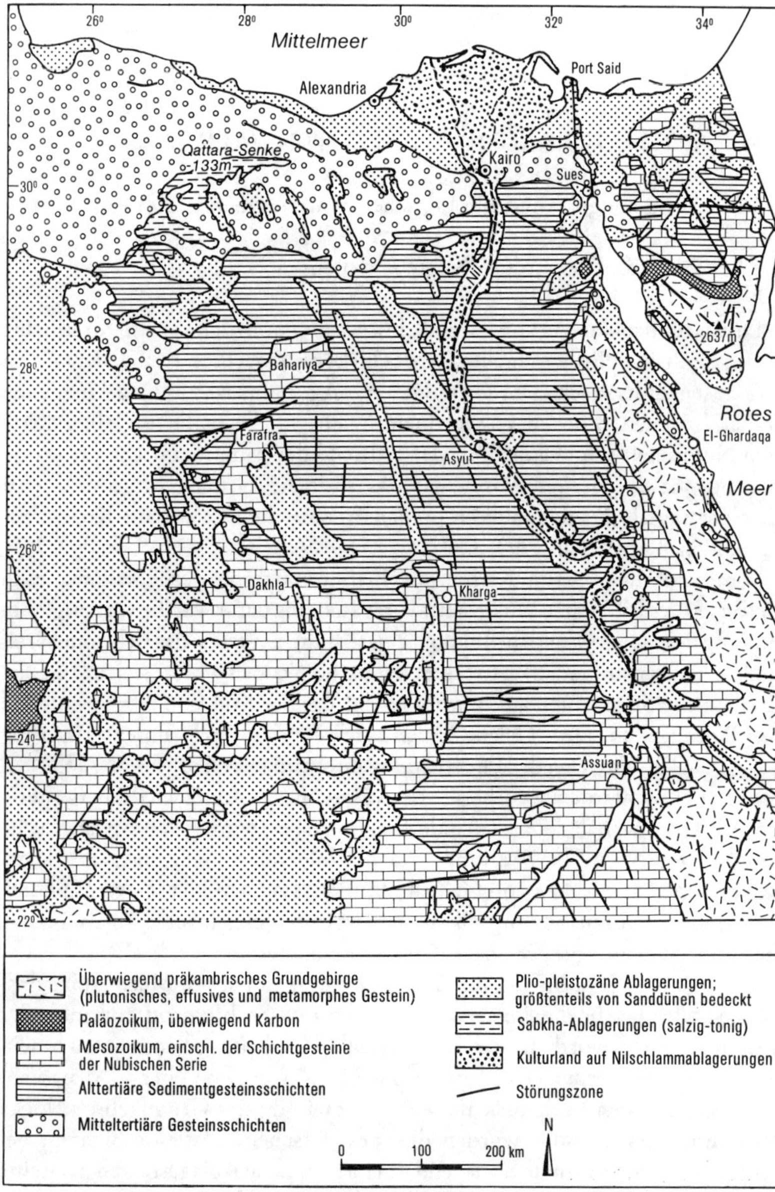

Abb. 4: Ägypten: Geologischer Aufbau (Entwurf: F. Ibrahim 1996; Zeichnung: J. Feilner; verändert nach Egyptian Geol. Survey).

4.1.2 Die Genese des Nils in Ägypten

Nach Said (1993) läßt sich die Genese des Nils und seiner Tallandschaften wie folgt umreißen:

Während des Tertiärs war Ägypten mehrmals ganz bzw. nur im nördlichen Teil vom Meer überflutet. Aus jener Zeit stammen die Sand- und Kalkgesteine, die die Muqattam-Berge und die heutigen steilen Stufenränder des Niltals bilden. Als sich im Mittel- und Jungtertiär das Meer allmählich nach Norden zurückzog, entwickelten sich infolge einer gleichzeitig einsetzenden Hebung Ägyptens Entwässerungssysteme, die sich tendenziell vom Roten-Meer-Gebirge im SE nach NW richteten. Diese Flüsse schütteten gewaltige Deltas vor der damaligen Küstenlinie auf, die im Gebiet des heutigen El-Faiyum bis zur Qattara-Depression verlief.

Im Jungtertiär führte eine Hebung im Gebiet der Straße von Gibraltar zur Abtrennung des Mittelmeeres vom Weltmeer. Es trocknete aus, und sein Boden lag ca. 3000–4000 m tiefer als das umliegende Festland. Diese starke Absenkung der Erosionsbasis führte zu einer deutlichen Eintiefung der Flüsse. So bildete sich in Ägypten der Eonil in einem strukturbedingten Lineament zwischen dem alten Grundgebirge im Osten und dem jüngeren Tafelland im Westen. Hauptwasserlieferant waren die Gebirge entlang des Roten Meeres im Osten, welche zu jener Zeit wesentlich höher waren als sie es heute sind. Die in jener feuchteren Phase gebildeten Täler sind die gegenwärtigen Trockentäler, die heute noch episodisch aktiviert werden.

Die durch den Eonil bewirkte Eintiefung war in ihrem Ausmaß nicht geringer als die des heutigen Grand Canyon. Als die Verbindung des Mittelmeeres zum Weltmeer im Jungtertiär wiederhergestellt wurde, wandelte sich das Nilcanyon in einen Golf, der allmählich zusedimentiert wurde.

In der ersten Hälfte des Quartärs (vor ca. 1,8–0,8 Mio. Jahren) herrschte im Gebiet des heutigen Ägypten ein Wüstenklima, das eine Austrocknung des Flusses bewirkte. Als das Klima feuchter wurde (vor 800 000-400 000 Jahren), bildete sich der Pränil – das erste Flußsystem in diesem Bereich, welches eine Verbindung zu Ostafrika besaß. Vorausgeganen war eine Kippung des Äthiopischen Hochlandes nach N, so daß sich die Hauptentwässerung nach N und nicht länger nach E zum Roten Meer hin richtete. So konnten die Wassermassen, welche die Vorläufer des Blauen Nils und des Atbara führten, den Nubischen Schild durchbrechen und den Hauptfluß speisen, wobei die heute bestehenden sechs Katarakte gebildet wurden. Dieser Pränil war wesentlich wasserreicher als sein Nachfolger, der Neonil, und seine Sedimente waren gröber.

Der insgesamt weniger mächtige Neonil unterlag während seiner 400 000jährigen Existenz starken Schwankungen in der Wasserführung. Mehrmals wurde seine Verbindung zu den südlichen Einzugsbereichen durch die Hebung des Nubischen Schildes unterbrochen. Auch spielten alternierende

Feucht- und Trockenphasen eine wesentliche Rolle für seinen Abfluß und die Art der gebildeten Sedimente.

Das Holozän (d. h. die jüngsten ca. 11 000 Jahre) brachte für den Neonil eine feuchtere Phase mit perennierendem Abfluß, wobei die letzten ca. 4600 Jahre relativ gesehen wiederum trockener waren, so daß sich der Abfluß abermals erheblich reduzierte.

4.1.3 Die hydrogeologischen Bedingungen des Nubischen Grundwassersystems der Westlichen Wüste (vgl. Abb. 5)

Etwa 69% der Staatsfläche Ägyptens werden von der Westlichen (Libyschen) Wüste eingenommen, die größtenteils auf dem sog. Nubischen Aquifer-System liegt. (Die früher für diese wasserspeichernden Gesteinsschichten verwendete Bezeichnung „Nubischer Sandstein" wird heute wegen ihrer Uneindeutigkeit weitgehend vermieden.) Es handelt sich um einen differenziert aufgebauten Grundwasserkörper, der sich über eine riesige Fläche von ca. 2 Mio. km² in den Ländern Ägypten, Sudan, Libyen und Tschad erstreckt. Geologisch stammen diese Sedimentsteinschichten überwiegend aus dem Mesozoikum, insbesondere aus der Jura- und der Kreidezeit. Nur ein geringer Teil geht auf das Paläozoikum zurück (Thorweihe 1990, S. 601 ff.).

Im Norden, am Südrand der Qattara-Senke, wird das ägyptische Nubische Aquifer-System durch eine Front salzhaltigen Grundwassers begrenzt. Die Ostgrenze wird durch das kristalline Grundgebirge östlich des Nils gebildet. Im Süden teilt die Jebel-Uweinat-Assuan-Hebungsachse des Basements das Nubische Aquifer-System zwischen Ägypten und dem Sudan. Allerdings sorgt der südwärtsgerichtete und die Hebungsachse unterbrechende Misaha-Graben für die Verbindung beider Untereinheiten des Nubischen Aquifer-Systems. Die Rolle dieses Grabens für die Speisung des ägyptischen Grundwassersystems aus den über 1500 km entfernten feuchten Gebieten des Sudans ist jedoch ohne praktische Bedeutung, da die Geschwindigkeit der nordwärtsgerichteten Bewegung des Grundwassers nur ca. 3 cm jährlich beträgt. Das Grundwasser des Nubischen Systems in Ägypten ist fossil und wird nach Entnahme lediglich lokal teilweise wieder ergänzt. Es stammt aus den humideren Klimaphasen des jüngeren Pleistozäns und des Holozäns. Man schätzt das Alter des Grundwassers im Neuen Tal (El-Wadi el-Gedid) auf mehr als 20 000 Jahre. Da sich bei Tiefbohrungen Wasser verschiedenen Alters miteinander mischt, ist eine eindeutige Altersdatierung mittels der bisher meist angewandten 14C und 36CL-Methoden schwierig.

Das Grundwassersystem der Westlichen Wüste Ägyptens teilt sich in drei strukturbedingte Untereinheiten, die miteinander verbunden sind:

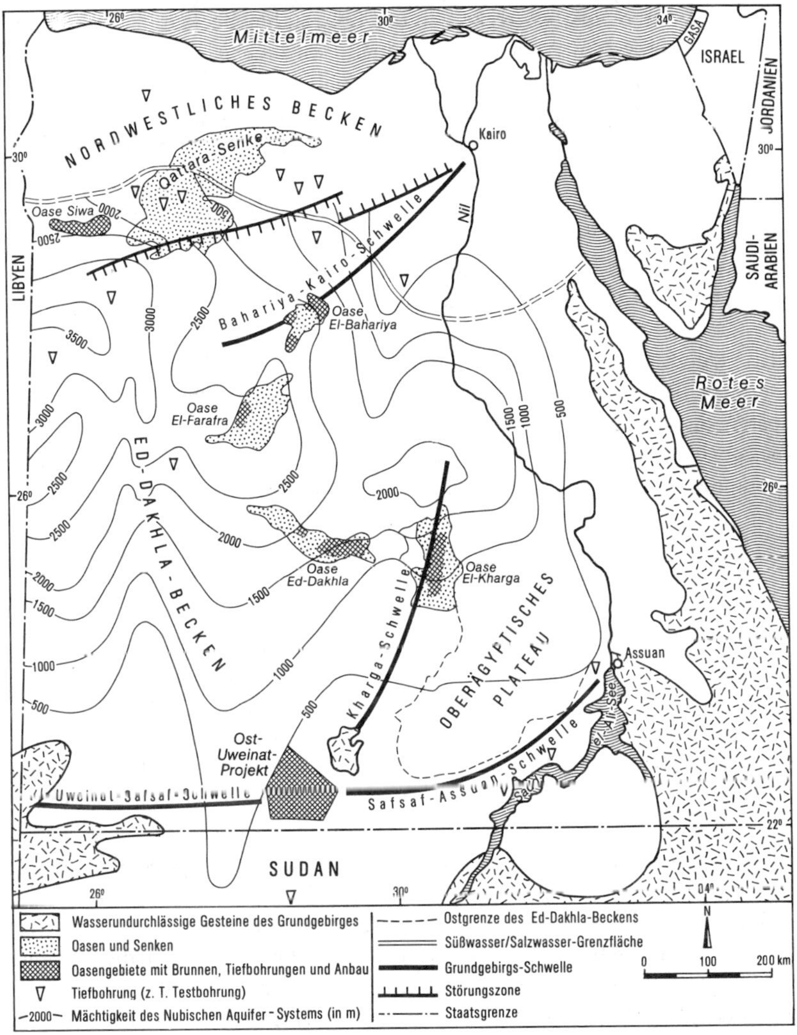

Abb. 5: Die hydrogeologische Situation in der Westlichen Wüste Ägyptens (Entwurf: F. Ibrahim 1996; Zeichnung: J. Feilner; verändert nach Thorweihe 1990).

1. Im Norden befindet sich das Nordwestliche Becken mit der Qattara-Senke und der Oase Siwa. Dieses Becken spielt für die Grundwasserwirtschaft eine untergeordnete Rolle, da es mit Ausnahme seines Südsaumes salzwasserführend ist.

2. Im Süden, strukturell getrennt durch die El-Bahariya-Kairo-Hebungs-

achse des Basements, erstreckt sich das Ed-Dakhla-Becken, das wichtigste Grundwassersystem Ägyptens. In seinem nördlichen Teil dominieren die permeablen, überwiegend terrestrischen Sedimente aus der Kreide, unterlagert durch die weniger wasserdurchlässigen paläozoischen Sedimentsteinschichten. Über den wasserspeichernden Schichten der Unterkreide liegen die tonreichen und dichteren Sedimente der Oberkreide und des Tertiärs. Nach Süden hin folgen terrestrisch abgelagerte Kreideschichten, die ein knapp 1000 m mächtiges Sedimentpaket aus meist fein- bis grobkörnigem, gut wasserdurchlässigem Sandstein bilden. Diese Abfolge ist von dünneren, weniger wasserdurchlässigen Schichten durchzogen.

3. Östlich der El-Kharga-Hebungsachse des Basements befindet sich die dritte Untereinheit, die als Oberägyptisches Plateau bezeichnet werden kann. Dieser Teil, bereits während der Unterkreide angehoben, wurde von den später einsetzenden Meerestransgressionen der Kreidezeit seltener erfaßt. Die hier abgelagerten Schichten haben eine relativ geringe Mächtigkeit und aufgrund der Ton-Silt-Vormacht eine geringere Wasserdurchlässigkeit.

4.1.4 Die Grundwasserreserven

1958 proklamierte der damalige ägyptische Staatspräsident Nasser das Projekt „Neues Tal" (El-Wadi el-Gedid) mit dem Ziel der Ansiedlung vieler Menschen dort als eine Alternative zum dichtbevölkerten „alten" Niltal. Auf der Grundlage von Tiefbohrungen begann die Kultivierung neuer Areale in den Oasendepressionen El-Kharga, Ed-Dakhla, El-Farafra und El-Bahariya. Seit Anfang der 1960er Jahre bis heute hat sich die Entnahme von Grundwasser dort auf das 2,5fache und damit auf 500 Mio. m^3 jährlich erhöht.

Neuere Schätzungen der im gesamten Nubischen Grundwassersystem vorhandenen Wassermenge belaufen sich auf 150 000 km^3 (Heinl und Thorweihe 1993, S. 119). Theoretisch gesehen entspricht dies der Wassermenge, die der Nil in 1700 Jahren führt, doch gilt es zu berücksichtigen, daß sich diese Menge über eine Fläche von 2 Mio. km^2 und eine Tiefe von bis zu 4500 m verteilt, was einer Wasserfläche von 80 m Tiefe gleicht (Heinl und Thorweihe 1993, S. 120). Würden von dieser jährlich nur 1,5 m für landwirtschaftliche Zwecke entnommen, so wäre die gesamte Wassermenge in lediglich 60 Jahren aufgebraucht. Auch diese Berechnung basiert jedoch auf einem rein theoretischen Modell, und in der Tat stellt sich die Situation wesentlich kritischer dar: Bei Wasserentnahme mittels Tiefbohrungen sinkt der Grundwasserspiegel im Umfeld der Entnahmestelle sehr schnell kegelartig, so daß danach eine höhere Pumpenergie aufgewendet werden muß, um Wasser zu fördern. Allgemein geht man von einer Rentabilitätsgrenze für den landwirtschaftlichen Anbau von 100 m Brunnentiefe aus. In Ägypten sollte die 50-m-Grenze nicht überschritten werden, da der Staat relativ arm ist und von den Fellachen keine Gebühren für das Wasser verlangt. Die Bewässerungslandwirtschaft im Wadi el-Gedid ist seit der Entstehung des Projektes vor fast 40 Jahren nicht rentabel gewesen.

4.1.5 Die Bodenschätze einst und heute

Der Bergbau in Ägypten ist sehr alt. Bereits in der 1. Dynastie vor ca. 5000 Jahren wurden im Wadi Sidiri auf Sinai Türkise und Malachite gewonnen und vor mehr als 3000 Jahren im Gebirge der Östlichen Wüste Gold geschürft. Die älteste bekannte Landkarte, aus der Zeit Ramses' II. (1290–1224 v. Chr.) stammend, ist ein Papyrus mit dem Plan eines Goldbergwerks in letzterem Gebiet. Seinerzeit wurden auch Kupfererze am Gabal Gara und an verschiedenen Stellen auf Sinai gewonnen. Es erfolgte eine sehr rege Förderung von Edelsteinen bis in die Römer- und Ptolemäerzeit hinein. Dann schwächte sie sich jedoch allmählich ab, bis sie unter der osmanischen Herrschaft völlig zum Erliegen kam. Der Versuch einer Wiederbelebung unter den Briten wurde wegen Unwirtschaftlichkeit und starker Konkurrenz aus anderen Ländern nach kurzer Zeit abgebrochen. Heute sind 48 alte Goldminen in Ägypten bekannt. In den 1960er Jahren waren lediglich drei Goldminen in Betrieb. Die Goldquarzgänge finden sich in den altkambrischen Schiefern bis hin zu den jüngeren Graniten der Östlichen Wüste. Gold kommt jedoch auch in den eluvialen und alluvialen Seifen dort vor (Schamp 1977 a, S. 20).

Heute zählen – nach Erdöl und Erdgas – Eisenerz, Naturphosphat und Salz zu den wichtigsten Bergbauprodukten Ägyptens. Die ägyptischen Erzlagerstätten finden sich hauptsächlich im Grundgebirge der Arabisch-Nubischen Wüste. Bis in die 1970er Jahre lieferte die Kreideformation bei Assuan oolithische Hämatiterze, die per Schiff und Bahn zur Verhüttung zu den Hochöfen von Heluan befördert wurden. Allmählich ersetzten die limonitischen Hämatiterze aus der Oase El-Bahariya diejenigen aus den Lagerstätten von Assuan. In beiden Lagerstätten erfolgt der Abbau im Tagebau. El-Bahariya ist günstiger zum Verhüttungsort gelegen, und das dort abgebaute Erz besitzt einen höheren Fe-Gehalt. 1993/94 lieferte El-Bahariya 2,7 Mio. t Eisenerz mit einem Fe-Gehalt von 50% (CAPMAS 1995, S. 104). Dies deckte jedoch nicht den inländischen Bedarf, so daß weiteres Eisenerz importiert werden mußte, und Mitte der 1990er Jahre plante man, den 20 Jahre zuvor stillgelegten Eisenerzabbau bei Assuan wiederaufzunehmen, nachdem dort neue Lagerstätten entdeckt worden waren.

Die Förderung von Naturphosphat betrug 1992/93 1,585 Mio. t. Die Hauptabbaugebiete sind die Schichten der Oberkreide bei Safaga und El-Quseir am Roten Meer. Ein Teil der Produktion wird durch den Hafen von Safaga vornehmlich nach Süd- und Ostasien exportiert, der größte Teil wird jedoch im Lande selbst zur Herstellung von Düngemitteln verwendet, für die ein ständig wachsender Bedarf besteht. Seit Jahren laufen Vorbereitungsarbeiten für den Abbau von Naturphosphat aus den Schichten der Oberkreide in Abu Tartur zwischen El-Kharga und Ed-Dakhla in der Westlichen Wüste. Man vermutet, daß für die Verzögerung des kommerziellen Abbaus das Desinteresse großer ausländischer Investoren verantwortlich ist und die ungünstige Lagerung bei der geringen Mächtigkeit der phosphatführenden Schichten sowie nicht befriedigender Qualität des Materials. Eine rentable Ausbeutung der Lagerstätten von Abu Tartur setzt eine Förderung und einen Export von 7 Mio. t Phosphat jährlich voraus, welche nicht sichergestellt werden können. Ziel der ägyptischen Behörden ist es derzeit, 600 000 t jährlich abzubauen. Somit arbeitet auch dieses Projekt, in dem 3500 Personen beschäftigt sind, weit unterhalb der Rentabilitätsgrenze. Allein die Errichtung der erforderlichen Infrastruktur, wie der Bau der Eisenbahnstrecke nach Safaga (650 km), der Hochspannungsleitung von Nag' Hammadi und die Erweiterung des Hafens von Safaga, bedeuteten gigantische Investitionen, die in keinem Verhältnis zu den gegenwärtigen Phosphatexporten stehen.

Der inländische Salzbedarf wird durch die großen Salinen am Maryut-See und am Mansala-See gedeckt. 1992/93 betrug hier die Salzproduktion aus Meereswasser 1,116 Mio. t (CAPMAS 1995, S. 104). Wegen der starken Verschmutzung der beiden Seen durch Abwässereinleitung von Industrie, Landwirtschaft und Haushalten ist die Qualität des Salzes häufig schlecht, und verschiedene gesundheitliche Schäden, die in der Bevölkerung zunehmen, wie Nierenversagen, werden darauf zurückgeführt.

Die Manganförderung auf Sinai wurde durch die ägyptisch-israelischen Kriege unterbrochen, soll aber wiederaufgenommen werden. 1964 betrug die Manganerzförderung über 300 000 t (Länderbericht 1993, S. 92). 1992 wurde der Kohleabbau bei El-Maghara auf Sinai wieder fortgeführt, so daß in begrenztem Umfang Kohle an das Ferrosiliziumwerk in Idfu geliefert werden konnte. Man schätzt die Kohlevorkommen in El-Maghara auf 27 Mio. t (Länderbericht 1993, S. 82). Es sollen zukünftig 125 000 t Kohle abgebaut und hauptsächlich nach Griechenland exportiert werden. Andere wichtige Bodenschätze Ägyptens sind Kaolin, Quarz und Asbest. 1993/94 wurden hiervon 195 000, 84 000 bzw. 916 t gefördert.

Das wichtigste Vorkommen unter allen Bodenschätzen Ägyptens ist das Erdöl. 1992/93 erreichte die Produktion mit 45 Mio. t ein bisheriges Maximum. Der größte Teil davon wird im Lande vornehmlich zur Verstromung verwendet. Der Export von Rohöl brachte Ägypten im Jahr 1994 rund 1,4 Mrd. US-$ (CAPMAS 1995, S. 311). Damit stand das Erdöl als Devisenbringer nach den Auslandsüberweisungen der ägyptischen Gastarbeiter, dem Tourismus und den Einnahmen aus den Sueskanalgebühren an vierter Stelle.

Man schätzt jedoch, daß die Erdölreserven des Landes bei Beibehaltung der derzeitigen Förderungsrate nur noch bis zum Jahre 2009 reichen. Daraufhin bemüht man sich einerseits, die Förderung zu drosseln und andererseits anstelle des Erdöls Erdgas für die Stromerzeugung zu verwenden. Der allmähliche Abbau der Subventionen bei den Mineralölpreisen seit 1991 im Zuge der Durchführung des Strukturanpassungsprogramms der Weltbank könnte ebenfalls zu einer Reduzierung des Verbrauchs führen. Die bedeutendsten derzeit ausgebeuteten Erdölvorkommen liegen beiderseits des Golfs von Sues in einem Grabenbruch, in dem sich die erdölführenden Horizonte in den tertiären und Kreide-Formationen befinden. Neuere Erdölfunde liegen in der Libyschen Wüste zwischen der Qattara-Senke und der Mittelmeerküste in einem Teil einer langgestreckten in EW-Richtung verlaufenden flachen Bruchfaltenzone. Die Erdölvorkommen am Golf von Sues waren bereits in der Römerzeit bekannt, jedoch setzte erst zu Beginn des 20. Jahrhunderts eine systematische Prospektion und Förderung ein. Die Produktion dort nahm seit den 1960er Jahren fortlaufend zu.

Relativ neu ist der Ausbau der Erdgasförderung in Ägypten. Allein in der 2. Hälfte der 1980er Jahre verdoppelte sich die Förderung, so daß sie 1993/94 10 Mio. t erreichte. Fördergebiete sind das nördliche Nildelta (Abu Madi) und im Off-Shore-Bereich Abu Qir und Dumyat. Man hofft auf ein Andauern des Friedensprozesses im Gebiet der östlichen Nachbarn, um in Zukunft Erdgas durch eine Pipeline nach Israel und Palästina exportieren zu können. 1994 lieferte Erdgas 80% der ägyptischen Elektrizität und 95% der Energie zur Herstellung von Handelsdünger.

4.2 Die klimatischen Bedingungen

In ihrer Wahrnehmung des Klimas unterscheiden die meisten Ägypter zwischen dem kühlen Winter und dem heißen Sommer, während der Frühling und der Herbst weniger Beachtung finden. Obwohl das Hauptunterscheidungsmerkmal die Temperatur ist, bezeichnen die Ägypter den Regen als *schita*, d.h. Winter. Praktizierende Fellachen verfügen über eine wesentlich differenziertere Wahrnehmung des Jahresgangs des Klimas. Sie orientieren sich an dem koptischen Kalender, der jedem Monat ganz spezielle Eigenschaften bezüglich der Verfügbarkeit von Nilwasser, Kälte- bzw. Hitzeeinfällen, Niederschlagswahrscheinlichkeit, Nebelbildung und Luftfeuchtigkeit zuordnet.

Für das effektive Klima Ägyptens ist nicht der Jahresgang der Temperatur entscheidend, sondern deren Jahres- bzw. Tagesschwankung. Insofern sind die Mittelwerte wenig aufschlußreich und ist eine Betrachtung der mittleren Maxima und Minima nützlicher. So nimmt die Kontinentalität nach Süden hin zu und damit auch die Jahresamplitude. Im Winter sind beispielsweise die Nächte im Süden spürbar kälter als im Norden (vgl. Tab. 2). Im bis zu 2637 m hohen Bergland Sinais sind die Temperaturen niedriger und die Niederschläge höher als in den übrigen Landesteilen gleicher Breitenlage. Schneefall ist dort keine Seltenheit und Frost im Winter eine normale Erscheinung. Ansonsten nehmen in Ägypten die Niederschläge von Norden nach Süden rasch ab (Alexandria: 191 mm; Kairo: 26 mm; Assuan: 3 mm). Dabei ist die Variabilität von Jahr zu Jahr hoch und wächst mit zunehmender Aridität. Die Niederschläge fallen in Ägypten zwischen Oktober und April, wobei der Dezember der regenreichste Monat ist. Schneefall kommt kaum vor, doch Hagelfälle gibt es im Norden häufig.

Daraus läßt sich eine einfache Klimazonierung ableiten: Es gibt eine schmale Zone im Norden, die ein typisches Mittelmeerklima mit einem kühlen, feuchten Winter und einem trockenen, heißen Sommer besitzt. Das übrige Gebiet – mit Ausnahme des Gebirgskomplexes Sinais – hat ein vollarides subtropisches heißes Wüstenklima. Entscheidend für das Klima Ägyptens ist die Lage des Landes zwischen zwei großklimatischen Einflußbereichen: der Westwindzone im Norden, die im Winter feuchte atlantische Luftmassen in die mittelmeerische Tiefdruckzone eindringen läßt, und der Hochdruckzone der Roßbreiten im Süden, die für die Entstehung des größten Wüstengürtels der Erde, der sich von der Atlantikküste Westafrikas bis nach Zentralasien zieht, verantwortlich ist. Infolge der Nordwärtswanderung der Hochdruckzone im Sommer herrscht zu dieser Jahreszeit in ganz Ägypten ein heißes, regenloses Klima. Beim Rückzug der Hochdruckzone südwärts – verursacht durch die Veränderung des Sonnenstandes im Winterhalbjahr – dringen atlantische Tiefdruckeinflüsse in das Mittelmeergebiet hinein und verursachen Niederschläge.

Die vorherrschenden Winde in Ägypten sind die Nordostpassate. Im Winter werden sie durch die atlantischen WNW-Winde unterbrochen, im Frühjahr/Frühsommer wehen aus der Sahara kommende heiße, trockene Staubstürme, die Khamasiin genannt werden, da sie in der Regel nach dem koptischen Kalender während der 50 (*khamsiin*) Tage zwischen Ostern und Pfingsten auftreten.

4.3 Die Böden

Die meisten Böden Ägyptens weisen die für Trockengebiete typischen Charakteristika auf:

- schwach ausgeprägte biologische Aktivität und geringer Humusgehalt
- grob- bis mittelkörnige Bodentextur
- geringe Feldkapazität
- Neigung zur Azidität und Alkalinität an der Bodenoberfläche.

Tab. 2: Klimadaten im Nord-Süd-Vergleich

Station	Jan.	Feb.	März	April	Mai	Juni	Juli	Aug.	Sept.	Okt.	Nov.	Dez.	Jahresmittel
Alexandria (1 m ü. NN):													
T: Monatsmittel	14	14	16	18	21	24	25	26	25	23	20	16	20
T: Mittl. tägl. Max.	18	19	21	24	27	28	30	31	29	28	24	20	25
T: Mittl. tägl. Min.	9	9	11	13	16	20	23	23	21	18	15	11	16
N: Monatsmittel	49	31	12	3	2	0	0	1	1	9	29	56	191
Kairo (20 m ü. NN):													
T: Monatsmittel	12	14	16	20	24	27	28	28	25	23	19	14	21
T: Mittl. tägl. Max.	19	21	24	26	33	35	35	35	32	30	26	21	28
T: Mittl. tägl. Min.	9	9	11	14	18	20	22	22	20	18	14	10	16
N: Monatsmittel	4	5	3	1	1	0	0	0	0	1	1	8	24
Luxor (96 m ü. NN):													
T: Monatsmittel	13	15	19	25	30	31	32	32	30	27	21	15	24
T: Mittl. tägl. Max.	23	25	29	35	39	41	41	41	38	35	30	25	34
T: Mittl. tägl. Min.	6	7	11	16	20	23	24	24	21	16	12	8	16
N: Monatsmittel	0,1	0,2	0	0,5	0	0	0	0	0,1	0,1	0,1	0,1	1
Quseir (10 m ü. NN):													
T: Monatsmittel	18	18	21	23	27	29	30	30	29	27	23	20	25
T: Mittl. tägl. Max.	22	23	25	27	30	32	33	34	32	30	27	24	28
T: Mittl. tägl. Min.	14	14	16	19	23	25	26	27	25	23	19	16	21
N: Monatsmittel	0	0	0,4	0,2	0	0	0	0	0	1	2	0,2	4

T = Temperatur in °C; N = Niederschlag in mm

Quelle: Schamp 1977 a, S. 26 ff.

In Ägypten kommen zwei Hauptbodenkategorien vor: Aridisole generell in Wüstengebieten sowie Entisole auf alluvialen Ablagerungen sowie in sandigen und steinigen Wüsten. Während die Aridisole meist einen A-Horizont (z. T. verkrustet) aus Karbonaten, löslichen Salzen und Ton aufweisen, bestehen die Entisole aus rohen Mineralböden mit schwacher Profilentwicklung, da sie entweder aus jungen Akkumulationen gebildet oder bereits gekappt sind. Häufig zeigen sie eine starke Versalzung, wie z. B. im nördlichen Deltagebiet und in der Qattara-Senke.

Die topographischen Verhältnisse spielen bei der Bodenbildung eine wichtige Rolle. Dadurch werden die Bodentextur und die Bodenfeuchtigkeit sowie die im Boden ablaufenden chemischen Prozesse entscheidend beeinflußt. Wadis mit tiefgründigeren Böden sind deshalb bevorzugte Linien für die Ausbreitung von Wüstenpflanzen. Ähnliches gilt für die kleineren Sanddünen, die Nebkas, die sich um Wüstensträucher bilden, deren Wachstum wiederum fördern und innerhalb der ariden Gebiete günstige Biotope darstellen.

Von hervorragender Bedeutung für die Landwirtschaft in Ägypten sind die holozänen Nilschlammablagerungen, die überwiegend aus den vulkanischen Hochländern Äthiopiens stammen. Diese Sedimente erreichen eine Mächtigkeit von ca. 8 m im Niltal und ca. 10 m im Nildelta. Die Korngröße dieses überwiegend feinen Materials nimmt von Süden nach Norden und vom Talrand zur Talmitte hin ab. In Wadi Halfa beispielsweise beträgt die Relation zwischen Feinsand (Korngröße 0,063–0,2 mm), Schluff (0,002–0,063 mm) und Ton (unter 0,002 mm) 34 : 38 : 28, bei Kairo 17,7 : 26,9 : 55,4 (Schamp 1977 a, S. 18). Ein Vergleich der Bodentextur in der Mitte und im randlichen Bereich des Niltals zeigt eine drastische Abnahme der Schluff- und Tonanteile von 37,5% bzw. 32,1% auf 20,8% bzw. 9,0%. Parallel dazu reduzieren sich zum Talrand hin auch die für das Pflanzenwachstum wichtigen Nährstoffe und Spurenelemente: organisches Material, Stickstoff, Fe, Mn, Zn und Cu (Kishk 1985). Die Verarmung der Böden des Niltalrandes führt Kishk auf das Ausbleiben des Nilschlammes nach dem Bau des Hochstaudammes von Assuan zurück (vgl. Abschnitt 6.4.4.3).

4.4 Die Vegetation und die Prozesse der Desertifikation

Den klimatischen Bedingungen gemäß hat sich in Ägypten eine Wüstenflora entwickelt, die im Norden in Formen übergeht, die stärker dem mediterranen Einfluß entsprechen. Wie in anderen Wüstengebieten der Erde hat sich die natürliche Vegetation sowohl auf die extreme Hitze und Trockenheit als auch auf die große Unsicherheit der Niederschläge, die hohe Niederschlagsvariabilität, einzustellen. Zu den Anpassungsformen gehören Mechanismen zur Herabsetzung der Evapotranspiration, wie z. B. die Bildung extrem kleiner

Blätter und Dornen sowie die Behaarung und die Lederartigkeit der Blattoberflächen. Auch Polsterpflanzen und Zwiebelgewächse gehören zu den an die Trockenheit angepaßten Formen.

Die perennierende Vegetation (Bäume und Sträucher) konzentriert sich auf die Standorte mit tiefgründigen Böden, wie z. B. Wadis, Senken und Schichtstufenränder. Dagegen können saisonal und episodisch wachsende Gräser, Kräuter und Zwiebelpflanzen auch flächendeckend vorkommen. Dabei spielt die von den topographischen Verhältnissen abhängige Art des Oberflächenabflusses (linienhaft bzw. flächenhaft) eine wichtige Rolle.

Nach Kassas (1971, S. 477ff.) kann man in Ägypten drei Vegetationsgebiete unterscheiden: die mediterrane Küstenzone bis zum 29. Breitengrad, die Küstenregion des Roten Meeres und die regenlosen Wüsten (die Westliche Wüste, die Östliche Wüste und die südlich anschließende Nubische Wüste). Auf Sinai sind alle drei Vegetationszonen repräsentiert.

Die mediterrane Wüstenzone nimmt in ihrem nördlichen Saum den Charakter einer Wüstensteppe an. Hier findet man Kräuter und Sträucher aus Familien der Thymelaeaceae und Chenopodiace. Südwärts findet man Artemisia-Arten (Wermut) und Kapernsträucher. Auf den salzigen Böden der Senken und verlandeten Lagunen kommen Halophyten vor. In den Brackwässern des Natrun-Tals und den randlichen Bereichen des Qarun-Sees kommen Zyperngras, Juncaceae (Binsen), Typhaceen und Tamarisken vor (Schamp 1977a, S. 77). Weiter südöstlich innerhalb der mediterranen Wüstenzone kommen auf Kalkböden Pennisetum-Arten und auf Kiesböden Ephedra sowie Salicornia-Arten vor. In Wadis finden sich vereinzelt Akazien. Entlang der N–S verlaufenden Küste des Roten Meeres hat sich ein azonaler Streifen einer Wüstenvegetation gebildet, für den die relativ hohe Luftfeuchtigkeit in Meeresnähe, der Abfluß aus der Gebirgskette sowie das Vorkommen von nassen, salzigen Böden in Küstensenken bestimmend sind. Hier kommen salzliebende Pflanzen vor, an denen sich oft kleine Sanddünen (Nebkas) bilden. Im Süden treten Mangrovensümpfe auf. An Wadi-Mündungen findet man vereinzelt Akazien und Dumpalmen sowie ephemere Kräuter- und Grasfluren.

In der gelegentlich als regenlos bezeichneten Wüste, die den größten Teil des Landes einnimmt, spielen die topographischen Eigenschaften, die bodennahen Grundwasserverhältnisse und die episodisch auftretenden Niederschläge für die Standortbedingungen der Vegetation eine entscheidende Rolle. Hier findet man sowohl vereinzelt als auch in kleinen Gruppen Baumarten wie Akazien, Balanites aegyptiaca und die Dumpalme (Hyphaene thebaica). Günstige Standorte für diese Bäume sind Wadis, Senken und Gebirgsfußzonen. In den Entwässerungsgebieten der Oasen der Westlichen Wüste kommen dichte Bestände von Schilfrohr und Binsengewächsen vor. Letztere bilden die Grundlage der Mattenflechterei dort.

Unter den heute in der Nilstromoase vertretenen Baumarten sind neben der Kulturpflanze der Dattelpalme (Phoenix dactylifera), die seit 4500 v. Chr. hier anzutreffen ist, eine Reihe wildwachsender Bäume, zu denen die Sykomore (Maulbeerfeige), der Maulbeerbaum, die Tamariske, die Acacia nubica, der Lebbachbaum und die Dumpalme (in Oberägypten) gehören.

Im Nil selbst, in den Küstenlagunen sowie in dem dichten Netz von Be- und Entwässerungskanälen haben sich große Bestände aquatischer Pflanzen aller Art entwickelt. Vornehmlich sind hier das Schilfrohr und die Wasserhyazinthe (Eichhornia crassipes) zu nennen. Letztere wurde aus tropischen Gebieten Amerikas über Indien durch die Engländer als Zierpflanze in das Nilgebiet eingeführt und entwickelte sich zu einer Plage (vgl. Abschnitt 6.4.4.3).

Eine Behandlung der Vegetation Ägyptens wäre ohne eine Reflexion über das Problem der Desertifikation im Lande nicht vollständig. Dabei ist zwischen den gegenwärtig ablaufenden Desertifikationsvorgängen und solchen, die sich bereits in der Antike vollzogen, zu unterscheiden. Über die letzteren liegen bisher kaum Untersuchungen vor. Es erscheint aber legitim, zum Vergleich Erkenntnisse über die Desertifikationsvorgänge, welche sich in römischer Zeit in der tunesischen Wüstensteppe ereignet haben, heranzuziehen (vgl. Ibrahim und Mensching 1976). Als Beweis für eine dichtere Vegetation in Nordägypten bis in die römische Zeit hinein dient auch die reichere Fauna dieser Epoche: Löwen, Leoparden und Antilopen – Arten, die einen Nahrungsbedarf hatten, der nur bei Vorherrschen einer dichteren Vegetation und dem Vorhandensein einer reicheren Fauna als heute gedeckt werden konnte. Von den größeren Säugetieren haben sich nur kleine Bestände von Rotfüchsen, Fenneks, Schakalen, Hyänen, Dorcas-Gazellen, Luchsen, Wildkatzen und Hasen erhalten. Sie leben in Wüstengebieten oder in Dorfnähe. Da das Klima in Ägypten sich während der vergangenen 2500 Jahre nicht prinzipiell verändert hat, kann die eingetretene Degradation von Flora und Fauna nur auf die exzessive Nutzung der natürlichen Ressourcen zurückgeführt werden.

Bei den gegenwärtig zu beobachtenden Vorgängen der Bodendegradation handelt es sich um Sonderformen der Desertifikation. Kostbares Kulturland geht nach und nach durch Prozesse der Versalzung und der Versandung verloren. Die Landverluste betreffen sowohl das alte Kulturland des Nildeltas, des Niltales und der Oasen als auch die Neulandgebiete. Die Bodendegradation durch Versalzung und Versandung hat infolge des Baues des Hochstaudammes von Assuan wesentlich zugenommen (vgl. Abschnitt 6.4.4.3).

Besonders schwerwiegend ist in Ägypten der Landverlust durch die Ausdehnung der Städte auf den fruchtbaren Böden des Niltales und des Nildeltas, der von den Wissenschaftlern ebenfalls der Desertifikation zugeordnet wird. Man schätzt, daß in Ägypten mehr als 6000 ha fruchtbaren Ackerlandes jährlich diesem Prozeß zum Opfer fallen.

5. DIE REGIONALE STRUKTUR ÄGYPTENS

Gliedert man Ägypten in Räume, die der regionalen Wahrnehmung der Ägypter entsprechen, so erhält man eine klare Dreigliederung:
- das Fellachenland der Nilstromoase;
- der städtische Raum;
- die fast menschenleere Wüste.

Diese Einteilung, so selbstverständlich sie für Einheimische ist, deren Denkkategorien sich an Lebensräumen orientieren, so ungeeignet ist sie für eine physisch-geographische Strukturierung, wie wir sie vornehmen wollen. Wir gliedern deshalb hier nach Naturlandschaften, berücksichtigen jedoch jeweils ihre Besonderheiten als Lebensräume für die Menschen.

5.1 Die Westliche Wüste

Der von Süden nach Norden S-förmig sich windende Nil teilt Ägypten in zwei große Wüstengebiete: die Westliche (Libysche) Wüste, die mit 690000 km² 69,2% der Gesamtfläche des Landes (997739 km²) einnimmt, und die Östliche (Arabische) Wüste, die mit einer Fläche von 220000 km² mehr als ein Fünftel davon ausmacht. Wie bereits dargelegt, besteht die Westliche Wüste überwiegend aus mesozoischen und tertiären, fast horizontal lagernden Kalk- und Sandsteinschichten (vgl. Abb. 4). Die geologischen Strukturen und die tektonischen Verhältnisse begünstigten die Entstehung ausgedehnter Tafelländer und Schichtstufen, die unter der langanhaltenden ariden Morphodynamik vorgelagerte Glacis aus lockerem Verwitterungsmaterial bildeten. Auf den Plateauflächen entstanden Hamadas (Steinscherbenwüsten) und in den Vorländern und Beckenlandschaften Ergs mit mobilen Barchan-Dünen. Das Gebiet des Erg hat seine größte Ausdehnung im Großen Sandmeer, das sich von NW nach SE über Hunderte von Kilometern erstreckt und den westlichen Teil der Westlichen Wüste einnimmt.

Die Westliche Wüste verfügt über drei Lebensräume bzw. potentiell nutzbare Gebiete.

1. Der Küstenstreifen am Mittelmeer von Alexandria bis zur libyschen Grenze, über El-Alamein, Marsa Matruh und Es-Sallum:

Hier finden sich abwechselnd Felsen aus tertiären Kalk- und Sandsteinschichten und, besonders in geschützten Buchtlagen, weißer Feinsand. Die Sandstrände bilden die Grundlage des Binnenbadefremdenverkehrs und des geplanten Ausbaues des Ausländerbadetourismus. Zwischen der heutigen Küstenlinie und dem südlich daran anschließenden Tafelland bzw. den pleistozänen marinen Terrassen finden sich langgestreckte küstenparallel verlaufende Senken, die vom Meer durch Kalksteinriegel bzw. Strandwälle getrennt sind. Eine dieser Senken, südwestlich von Alexandria gelegen, dient heute als Saline für die Kochsalzgewinnung. Auch der Maryut-See ist Teil dieses Systems der küstennahen Senken.

2. Die Qattara-Senke und die Siwa-Oasengruppe:

Die 19500 km² große Qattara-Senke liegt 60 bis 135 m unter Meeresniveau und ist durch Steilstufen aus dem Mio- und dem Eozän umrahmt. Die mit Salzseen und Tonflächen bedeckte Senke ist für den Menschen lebensfeindlich. In den 1970er Jahren wurde mit deutscher Hilfe ein gigantisches Projekt für ihre Inwertsetzung zur Elektrizitätsgewinnung entworfen, das vorsah, daß ein ca. 50 km langer Stichkanal und zwei Tunnel in den tertiären Kalkstein zwischen dem Mittelmeer und der Senke gesprengt werden sollte. Dem natürlichen Gefälle folgend sollte das Meerwasser durch den Kanal in die Senke fließen und die dort installierten Turbinen antreiben. Die ständige Verdunstung aus dem auf diese Weise in der Qattara-Senke entstehenden See sollte für die Erhaltung des Gefälles sorgen (Ibrahim 1982a). Das Projekt, das auf eine Initialidee Albrecht Pencks aus dem Jahre 1916 zurückging, konnte jedoch wegen der hohen Kosten von ca. 10 Mrd. DM nicht verwirklicht werden. Die Einsetzung atomaren Sprengstoffes hätte sie wesentlich reduziert, wurde jedoch schließlich von den internationalen Geldgebern aus umweltpolitischen Gründen abgelehnt.

In der benachbarten Siwa-Oasengruppe funktioniert noch die traditionelle Oasenwirtschaft auf der Grundlage des oberflächennahen Grundwassers. Die Landwirtschaft leidet jedoch stark infolge begrenzter Entwässerungsmöglichkeiten, die die Ursache starker Bodenversalzung sind.

5.2 Die Östliche Wüste

Die Östliche (Arabische) Wüste geht im Süden nahtlos in die Nubische Wüste über. Sie wird größtenteils vom Roten-Meer-Gebirge, das am Gabal Schayeb el-Banat eine Höhe von 2187 m ü. NN erreicht, eingenommen. Der nördliche Teil ist niedriger und besteht überwiegend aus tertiären und mesozoischen Gesteinsschichten. Die Schichtstufenlandschaft, welche sich hier gebildet hat, wird durch den Faltenbruch des Wadi Araba unterbrochen. In südlicher Richtung sind die Deckschichten infolge stärkerer Hebung des Grundgebirges im Tertiär weitgehend abgetragen, so daß dieses nahezu auf der gesamten Breite zwischen dem Nil und dem Roten Meer zutage tritt.

Im Gegensatz zur Westlichen Wüste ist die Östliche Wüste stark zertalt. Die

Gründe hierfür sind die höhere Reliefenergie sowie die geringere Wasserdurchlässigkeit des meist aus kristallinem Gestein bestehenden Grundgebirges. Die tief eingeschnittenen Vorzeitwadis werden heute durch die episodisch fallenden Niederschläge immer wieder aktiviert. Sie sind meist kastenförmig und häufig mit fluvialen und äolischen Sanden nahezu völlig aufgefüllt. Sie bilden dennoch die Grundlage für die Weidewirtschaft der wenigen Beduinen, die in der Östlichen Wüste leben.

Die Küste des Roten Meeres erfuhr in den letzten Dekaden des 20. Jahrhunderts eine erhebliche wirtschaftliche Belebung. Die Ursache war einerseits die starke Zunahme der Erdölförderung dort sowie der Boom des Ausländertourismus im Raum El-Ghardaqa–Safaga. Die Küstenstraße wurde ausgebaut und die Verbindung zwischen den Städten Luxor, Qena und Kairo und diesem neuen Touristengebiet am Roten Meer verbessert.

5.3 Die Halbinsel Sinai und die Sues-Kanal-Zone

Vor dem granitenen Horst des Sinai teilt sich der Rote-Meer-Graben in zwei Arme: den Golf von Aqaba und den Golf von Sues. Dadurch bildete sich die Halbinsel Sinai, die eine Fläche von 61 000 km² umfaßt. Davon wird das südliche Drittel von Grundgebirge eingenommen. Hier befindet sich der höchste Berg Ägyptens, der Gabal Katharina (2635 m). Am Fuße dieses Berges liegt das im 6. Jahrhundert von Kaiser Justinian errichtete, heute griechisch-orthodoxe St.-Katharinen-Kloster. Die nördlichen beiden Drittel der Halbinsel Sinai sind größtenteils von tertiären und mesozoischen Sedimentgesteinsschichten bedeckt. Sie bilden eine Schichtstufenlandschaft, die steil nach Süden und nach Osten hin abfällt. Die Entwässerung Nordsinais ins Mittelmeer erfolgt durch das Wadi-el-Arisch-System.

Nach der Beendigung der kriegerischen Auseinandersetzungen mit Israel im Jahre 1979 wurde Sinai durch den ägyptischen Staat bevorzugt entwickelt. Ziel ist es, auf der gegenwärtig noch spärlich besiedelten Halbinsel drei Millionen Ägypter seßhaft zu machen. Der Salam-Kanal, der entlang der Mittelmeerküste Nilwasser für Bewässerungszwecke in die Landgewinnungsgebiete führen soll, ist zur Zeit im Bau. Auch die Landgewinnungsmaßnahmen östlich des Sueskanals wurden vorangetrieben (vgl. Ibrahim 1985b). Mit Hilfe des UN World Food Programme (WFP) wird ein langfristiges Projekt zur Seßhaftmachung der Sinai-Beduinen durchgeführt. Durch Bereitstellung von Nahrungsmitteln sowie Hilfeleistung beim Bau von Häusern und Brunnen werden Beduinenfamilien ermutigt, landwirtschaftliche Betriebe zu gründen. Darüber hinaus wurde der Bade- und Wassersporttourismus in Scharm esch-Scheikh, am Golf von Aqaba und am Golf von Sues stark ausgebaut. 1979 teilte man das Gebiet verwaltungsmäßig in zwei Gouvernorate, um die Entwicklung zu fördern. Dabei soll im Gouvernorat Nord-Sinai (Hauptstadt: El-Arisch) primär die Landwirtschaft vorangetrieben werden, während im Gouvernorat Süd-Sinai (Hauptstadt: Et-Tor) der Schwerpunkt auf dem Ausbau des Ausländertourismus liegt.

Die Sues-Kanal-Zone bildet eine markante Grenze zwischen dem grünen Nildelta, in dem sich die Bevölkerung zusammendrängt, und der dünnbesiedelten Sinai-Wüste. Drei urbane Zentren, welche die Hauptstädte der gleichnamigen Gouvernorate sind, entwickelten sich in diesem Raum seit dem Bau des Kanals gegen Mitte des 19. Jahrhunderts: Port Said, Ismailiya und Sues (vgl. Abb. 6). Die Sues-Kanal-Zone erfuhr einen starken wirtschaftlichen Aufschwung im Zuge des Wiederaufbaus nach den Zerstörungen durch israelisches Bombardement in den Jahren 1967 und 1973. Dabei entwickelte sich Sues zu dem drittbedeutendsten Standort der petrochemischen Industrie nach Kairo und Alexandria, Ismailiya zu einem Erholungsgebiet sowie zum Standort der neugegründeten Sues-Kanal-Universität und dem Schwerpunkt der Agrarlandgewinnung, während in Port Said eine Freihandelszone errichtet wurde, um ausländische Investoren anzuziehen. Letzterer blieb der eigentliche Erfolg bislang allerdings versagt, da zwar importiert wird, bislang jedoch nicht in dem gewünschten Maße verarbeitende Industrien entstanden.

Ein früher Vorläufer des Sues-Kanals, bzw. ein Schiffahrtsweg zwischen dem Mittelmeer und dem Roten Meer, bestand bereits in pharaonischer Zeit. So verband 1850 v. Chr. ein Kanal einen östlichen Nilarm bei Es-Sagasig mit den Bitterseen, die seinerzeit eine natürliche Verbindung zum Golf von Sues besaßen. Im Laufe der Zeit wurde die Wasserstraße zwischen den beiden Meeren, die zeitweilig auch über Kairo verlief, verschüttet und vorübergehend wieder ausgebaut. Der 171 km lange und schleusenlose Sues-Kanal wurde zwischen 1859 und 1869 unter Leitung von Ferdinand de Lesseps angelegt. Der ägyptische Vizekönig hatte sich verpflichtet, 20000 Arbeiter bis zur Vollendung des Baues zur Verfügung zu stellen. Diese mußten aus dem Fellachenvolk zwangsrekrutiert werden und wurden in der lebensfeindlichen Wüste zu Tausenden Opfer von Hunger, Durst und Choleraepidemien. Der Kanal diente ausschließlich den Interessen der europäischen Mächte, die Handel mit Asien betrieben. Durch seinen Bau verkürzte sich die Seereise dorthin um ca. 40%.

Seit Beginn seines Bestehens wurde der Kanal ständig weiter ausgebaut. Seine heutige Fahrwasserbreite beträgt 168 m, die -tiefe 21 m. Das erlaubt vollbeladenen Tankern bis zu einer Tonnage von 170000 BRT und unbeladenen Tankern bis 400000 BRT zu passieren. Da der Kanal bis auf den Abschnitt im Großen Bittersee nur einspurig befahrbar ist, können maximal 80 Schiffe täglich passieren. Der vor einigen Jahren befürchtete Bedeutungsverlust des Kanals durch den Bau von Riesentankern trat nicht ein. Zwar nahm die Zahl der passierenden Schiffe zwischen 1966 und 1994 von 21250 auf 16370 ab, doch

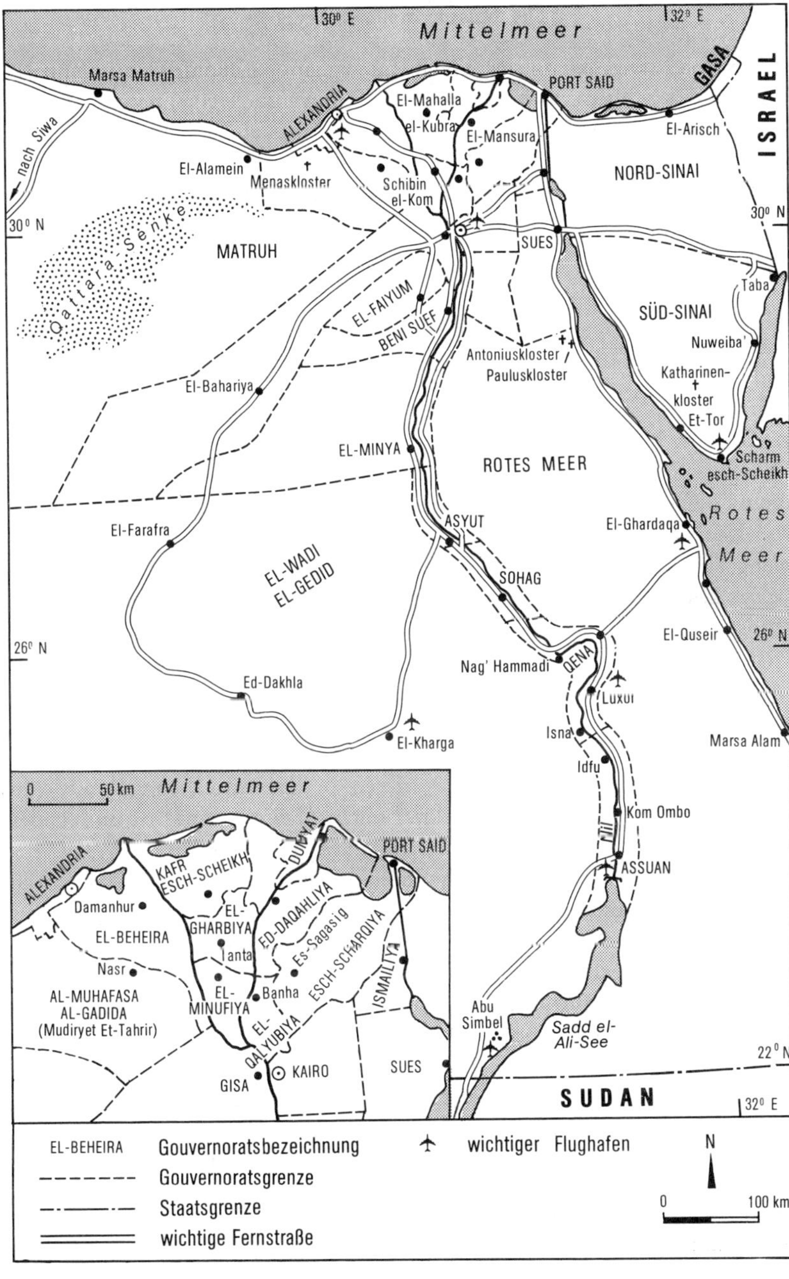

Abb. 6: Die administrative Gliederung Ägyptens (Entwurf: F. Ibrahim 1996; Zeichnung: J. Feilner).

steigerte sich die transportierte Nettotonnage im gleichen Zeitraum von 274 Mio. t auf 365 Mio. t. und stiegen die erzielten Gebühreneinnahmen von 95 Mio. US-$ auf 1900 Mio. US-$, womit der Sues-Kanal sich als drittwichtigster Devisenbringer des Staates nach den Rücküberweisungen der im Ausland tätigen Ägypter und dem Tourismus erweist. Man sah sich jedoch gezwungen, die Gebühren für die großen Tanker zu senken, um die Konkurrenzfähigkeit des Kanals nicht zu gefährden.

5.4 Das Niltal

Im engen Niltal drängen sich 36,4% (1993) der ägyptischen Bevölkerung zusammen. Hier befinden sich die Gouvernorate Mittelägyptens El-Gisa, Beni Suef, El-Faiyum und El-Minya sowie die Gouvernorate Oberägyptens Asyut, Sohag, Qena und Assuan. Heute werden in der Regel alle acht südlich von Kairo gelegenen Gouvernorate unter dem Begriff Oberägypten zusammengefaßt.

Das Niltal hat sich tief und kastenförmig in die tertiären Kalk- und Kalksandsteinschichten eingeschnitten. Im nubischen Gebiet ist es sehr eng. Bei Assuan, kurz nach dem 1. Katarakt, besitzt es nur etwa 1 km Breite, und es ist nahezu keine Talaue vorhanden. Beiderseits des Tales ragen die mesozoischen Schichten aus rotbraunem Sandstein auf, und granitene Blöcke und Inselberge treten in Erscheinung. Zwischen Isna und Sohag beginnt der Fluß in dem langsam sich weitenden Tal zu mäandrieren. In den nördlichen und mittleren Abschnitten ist das Niltal 15–20 km breit, wobei das Flußbett unweit der steilen Ostkante des Tales verläuft.

An vielen Stellen finden sich alte, höhergelegene pleistozäne Nilterrassen zwischen der holozänen Nilaue und der Kante des Talrandes, die aus Schichten des Tertiärs und der Kreide bestehen. Im Gegensatz zu den schwarzen Böden der Nilaue setzen sich die alten Nilterrassen aus Schottern und Sanden zusammen. Die ausgedehnteste Nilterrasse findet man in der Ebene von Kom Ombo, auf der die vom Bau des Hochstaudammes von Assuan betroffenen Nubier in den 1960er Jahren angesiedelt wurden.

Die Oase El-Faiyum liegt in einem ehemaligen Teil des Niltales, der heute topographisch vom Haupttal getrennt ist. Das Gebiet wird von dem Bahr Yusif, einem Nilarm, gespeist. Die Entwässerung der 1792 km² großen Oase vollzieht sich in den Qarun-See.

5.5 Das Nildelta

Mit fast 22 000 km² ist die Fläche des Nildeltas fast doppelt so groß wie diejenige des Niltales. 1993 lebten dort 43,2% der Einwohner Ägyptens in den Gouvernoraten Dumyat, Ed-Daqahliya, Esch-Scharqiya, El-Qalyubiya, Kafr esch-Scheikh, El-Gharbiya, El-Minufiya, El-Beheira und Ismailiya.

Zu Beginn der historischen Zeit in Ägypten war das Nildelta von Seen, Sümpfen und zahlreichen Nilarmen durchzogen. Wie die Nilaue war es amphibisches Land. Heute durchziehen sieben Nilarme und zwei Hauptkanäle die tischebene Fläche des Nildeltas. Das Gefälle zum Mittelmeer ist minimal (0,0002%), und auf die Strecke von 160 km zwischen Kairo und der Mittelmeerküste kommt nur eine Höhendifferenz von 30 m. Natürliche Erhebungen gibt es im Nildelta nicht. Wo sich geringe Erhebungen finden, handelt es sich in aller Regel um alte Friedhöfe oder um überdeckte Trümmer einer ehemaligen Siedlung, die durch ein Erdbeben zerstört wurde, wie im Falle der Altstadt von Damanhur.

Das Nildelta ist ebenso wie das Niltal stark zersiedelt. Ein immer engmaschiger werdendes Netz von Siedlungen aller Größenordnungen bedeckt das Nildelta und zehrt die Agrarfläche auf. Nach Norden hin lockert sich die Siedlungsdichte zum Gebiet der Küstenlagunen Idku-See, El-Burullus-See und El-Mansala-See hin allerdings leicht auf, wo extreme Bodenversalzung herrscht (vgl. Abb. 10).

Die westliche und die östliche Flanke des Nildeltas haben in der zweiten Hälfte des 20. Jahrhunderts eine beachtliche Erweiterung in die angrenzenden Wüstengebiete hinein erfahren. Es wurde nicht nur die Kulturfläche durch Landgewinnungsprojekte ausgedehnt, sondern es wurden auch Neue Städte dort errichtet: im Westen Madinet es-Sadat, En-Nubariya el-Gedida und Burg el-Arab el-Gedida sowie im Osten Madinet es-Salam, Al-Ubur, Madinet el-Aschir min Ramadan und Madinet es-Salhiya el-Gedida.

6. DIE WASSERRESSOURCEN UND IHRE INWERTSETZUNG

6.1 Der Wasserbedarf und die Wasserverfügbarkeit

Das Rückgrat der ägyptischen Agrarwirtschaft bildet heute ebenso wie vor Jahrtausenden die Verfügbarkeit billigen Bewässerungswassers in ausreichender Menge. Die mit Abstand wichtigste Rolle spielt dabei – auch nach der Entdeckung des Saharabeckens mit seinem Grundwasserreservoir gigantischen Ausmaßes – der Nil. Der ägyptische Generalplan zur Wassernutzung zeigt für das Jahr 2000 ebenfalls eine nahezu völlige Abhängigkeit Ägyptens vom Nilwasser bei der Realisierung der großen geplanten Landgewinnungsprojekte (vgl. Samaha 1980, S. 29–45).

Tabelle 3 stellt den Wasserbedarf Ägyptens in den Jahren von 1974 bis 2000 nach zwei unterschiedlichen Berechnungsmodellen dar, aus denen die Unzuverlässigkeit der verfügbaren Daten deutlich wird. Relative Übereinstimmung findet sich lediglich in dem Punkt des Wasserverlustes durch Versickerung in das Bewässerungssytem, der mit 17 Mrd. m³ bzw. mit 25 Mrd. m³ angegeben wird. Die Tatsache, daß eine so große Menge Wasser zwar bereitgestellt, jedoch nicht von den Pflanzen aufgenommen wird, zeigt den geringen Grad der Bewässerungseffizienz, der von offiziellen Stellen mit 51% (CAPMAS 1987, S. 46) angegeben wird. Als wichtigste Aufgabe sieht deshalb der Generalplan zur Wassernutzung eine Steigerung der Bewässerungseffizienz auf 70% vor. Hierdurch ließen sich mehrere Milliarden Kubikmeter Wasser einsparen, die damit zur Urbarmachung von Land in der Wüste verwendet werden könnten.

Ein Vergleich der Tabelle 3 (Wasserbedarf), der die ägyptischen Pläne zur Deckung des Wasserbedarfs im Jahre 2000 zu entnehmen sind, mit Tabelle 4 (Wasserressourcen) zeigt einen voraussichtlichen Überschuß von 9,3 Mrd. m³ Wasser, welche zur Bewässerung von 600000 ha Neuland verwendet werden sollen.

Optimistische Berechnungsmodelle gehen davon aus, daß in Zukunft durch Wasserbauprojekte am oberen Nil 9 Mrd. m³ und durch Erschließung von Grundwasserreserven in Wüstengebieten weitere 4,5 Mrd. m³ Wasser hinzugewonnen werden können. Wie wenig Verlaß jedoch auf solche Kalkulationen ist, zeigt allein das Beispiel des Jonglei-Kanals (vgl. Abschnitt 6.4.3), durch dessen Bau man hoffte, 10 Mrd. m³ Wasser jährlich mehr zur Verfügung zu haben. Ebensowenig erfolgversprechend sind alle Pläne zur Nutzung tiefen Grundwassers in Wüstengebieten, solange infolge hoher Energiekosten bei der Wasserförderung keine Rentabilität erzielt werden kann.

Tab. 3: Der jährliche Wasserbedarf in Ägypten 1974, 1982–1987 und 2000 (in Mrd. m³)

Zweck	Wasserbedarf in Mrd. m³			
	USAID-Berechnung	Ägypt. Berechnung		
	1974	1974	1982–1987	2000
Bewässerung	26,0	39,9	49,7	49,7
Verlust im Kanalsystem	11,2	8,0		
Verlust im Boden	14,0	9,3		
Haushalte und Industrie	1,0	1,0	6,7	10,9
Navigation und Stromerzeugung	3,0	2,5	4,0	4,0
Gesamt	55,2	60,7	60,4	64,6

Quelle: CAPMAS 1987, S. 145 u. 171.

Tab. 4: Die Wasserressourcen in Ägypten 1974, 1982–1987 und 2000 (in Mrd. m³)

Ressource	1974	1982–1987	2000 (geschätzt)
Nilabfluß durch den Hochstaudamm	56,2	55,5	57,5
Grundwasser und Rückfluß in den Nil	2,7	2,9	4,9
Recycling von Drainagewasser	2,5	3,4	7,0
Nutzung winterlichen Wasserüberschusses[1]	0,0	0,0	2,0
Ersparnis durch verbesserte Bewässerungsmethoden	0,0	0,1	2,0
Gesamt	61,4	61,9	73,9

[1] Zwecks Sicherung der Navigation und zur Erzeugung von Hydroenergie erfolgt im Winter mehr Abfluß durch den Staudamm als für die Bewässerung erforderlich ist.

Quellen: CAPMAS 1987, S. 171; Barth und Shata 1987, S. 57.

In den folgenden Abschnitten soll ein Überblick über die Gesamtsituation der Wasserressourcen Ägyptens gegeben werden.

6.2 Das Niederschlagswasser

Zwar wird Ägypten dem subtropischen Trockengürtel zugerechnet, doch spielen in den mediterranen Küstenbereichen und auf der Halbinsel Sinai die Niederschläge eine bedeutende Rolle für die Landnutzung. Barth und Shata (1987, S. 51 f.) geben die Regen- und Abflußmengen für dieses Gebiet unter Berücksichtigung der hohen Niederschlagsvariabilität wie folgt an:

- In einer durchschnittlichen Wintersaison fallen etwa 10 Mrd. m^3 Niederschlag, was einen Oberflächenabfluß von 0,5–1 Mrd. m^3 bewirkt.
- In besonders feuchten Jahren, die etwa 20% aller Jahre ausmachen, stehen über 15 Mrd. m^3 Niederschlag zur Verfügung, was einen Oberflächenabfluß von über 1,5 Mrd. m^3 bedeutet.
- In 10% aller Jahre steigt die verfügbare Wassermenge unter dem Einfluß monsunaler Winde auf über 20 Mrd. m^3, so daß der Oberflächenabfluß 5 Mrd. m^3 beträgt.

Bislang blieben diese Wassermengen weitgehend ungenutzt. Durch Einsatz geeigneter Methoden des Sammelns von Oberflächenwasser durch niedrige Erddämme (water harvesting) und sparsame Bewässerung könnten jedoch größere Flächen in den betroffenen Gebieten in Kultur genommen werden. Die Beduinen des Mittelmeerküstensaums nutzen bereits seit geraumer Zeit sowohl die Niederschläge als auch die relativ hohe Luftfeuchtigkeit mit Erfolg, indem sie Baumkulturen anlegen und Oliven, Feigen und Kakteenfeigen produzieren.

6.3 Das Grundwasser

Barth und Shata (1987, S. 52 ff.) unterteilen die Grundwasserkörper Ägyptens nach ihrer Ergiebigkeit in fünf Hauptabteilungen:

1. Der 100–3000 m mächtige, den kontinentalen Sockel überlagernde Grundwasserkörper des Nubischen Systems, dessen westlicher Teil – im Bereich der Westlichen Wüste gelegen – zum großen Nordafrikanischen Artesischen Becken gehört:

Es handelt sich hier um fossile Vorräte aus den Pluvialzeiten vor 20 000–40 000 Jahren, deren Salzgehalt mit unter 500 ppm relativ gering ist. Eine Speisung dieses Grundwasserbeckens durch den Nil oder aus den Niederschlägen Tropisch-Afrikas erfolgt nur in sehr geringem Umfang, so daß die Vorräte langfristig erschöpfbar sind.

Im Gebiet der Westlichen Wüste findet der Abfluß bzw. die Entnahme des Grundwassers entweder auf natürlichem oder auf künstlichem Wege in drei Hauptgebieten statt:

- in der Qattara-Siwa-Depression, in der mehr als 3 Mio. m^3/Tag abfließen bzw. entnommen werden – allein in der Oase Siwa befinden sich mehr als 200 Quellen mit einer Gesamtschüttmenge von 200000 m^3/Tag mit steigender Tendenz infolge von Neubohrungen;
- in der Farafra-Bahariya-Depression, in der gegenwärtig täglich 400000 m^3 entnommen werden und für die eine Steigerung auf eine Fördermenge von 1 Mio. m^3/Tag geplant ist;
- in der Kharga-Dakhla-Depression mit ihren mehr als 900 traditionellen Brunnen und Tiefbohrungen und einer Gesamtförderung von 3 Mio. m^3/Tag, die es erlaubt, eine Fläche von etwa 40000 ha zu bewässern.

Im Gebiet der Östlichen Wüste ist die Ergiebigkeit des Grundwasserkörpers im Sandstein der Nubischen Serie infolge seiner geringen Mächtigkeit und der ungünstigen Formung des Sockels wesentlich geringer. Ähnlich verhält es sich auf der Halbinsel Sinai, obwohl dort die Mächtigkeit des Nubischen Sandsteins etwa 500 m beträgt.

2. Der Grundwasserkörper in den Sand- und Kiesablagerungen des pleistozänen Nils, deren Mächtigkeit etwa 350 m beträgt:

Hier wirken die unterlagernden pliozänen Tone als Stauschicht. Die vorhandene Wassermenge von etwa 350 Mrd. m^3 hat einen Salzgehalt von 550 ppm und ergänzt sich fortwährend aus dem Nilsystem. Der Abfluß bzw. die Entnahme dieses Grundwassers findet in folgenden Gebieten statt:

- im Wadi en-Natrun und in der Qattara-Depression westlich des Nildeltas;
- im Wadi et-Tumeilat, den Bitterseen und dem Sueskanal östlich des Nildeltas;
- in den Lagunen des nördlichen Nildeltas,
- in einer Vielzahl von Brunnen im Niltal sowie im Nildelta, die für Bewässerungszwecke und zur Deckung des Bedarfs der Haushalte genutzt werden.

3. Die Grundwasserkörper im Kalksteingebirge, die sich vornehmlich an Verwerfungslinien oder in Karsthöhlen befinden:

Hierzu gehören viele Brunnen und Quellen in verschiedenen Teilen Ägyptens – in der Westlichen ebenso wie in der Östlichen Wüste, auf Sinai und im Niltal –, so z. B. die Quellen der Klöster am Roten Meer, Anba Pola und Anba Antonius sowie die Quellen von Heluan südlich von Kairo.

4. Die oberflächennahen Wasserkörper in den Kalkablagerungen entlang der Mittelmeerküste:

Das in ihnen gespeicherte Wasser ist relativ salzreich (1000 ppm) und lagert auf noch salzhaltigerem Meereswasser, das in diesen Bereich eindringt. Diese Grundwasserkörper bilden die Grundlage für viele Siedlungen an der Mittelmeerküste westlich und östlich des Nildeltas. Sie ergänzen sich durch lokale Niederschläge.

5. Die Grundwasserkörper in den Talfüllungen und mobilen Sanddecken, insbesondere auf Sinai und am Roten Meer:
Sie enthalten brauchbare Wasserkörper, die durch Flachbrunnen ausgebeutet werden.

6.4 Der Nil (vgl. Abb. 7)

6.4.1 Der Wasserhaushalt des Nils

Der Nil, als längster Fluß der Erde bekannt, entspringt in den inner- und randtropischen Gebirgen und Hochflächen Ostafrikas, die im wesentlichen zu Uganda und Äthiopien gehören, und fließt in nördlicher Richtung über eine Gesamtstrecke von 6671 km dem Mittelmeer zu. Im Nordsudan und in Ägypten ist er ein Fremdlingsfluß, d.h., er wird hier über eine Strecke von rund 2700 km nicht mehr durch Zuflüsse gespeist, da in diesem Bereich ein vollarides Klima herrscht. Der Nil durchquert verschiedene Klima- und Vegetationszonen von dem Gebiet des tropischen Regen- und Höhenwaldes mit 10 bis 12 humiden Monaten und mehr als 1600 mm Jahresniederschlag, durch die Feuchtsavanne, die Trockensavanne und die Dornstrauchsavanne, bis er schließlich die Ostsahara erreicht, eines der trockensten Gebiete der Erde, für das jährliche Verdunstungsraten zwischen 2078 mm (Fentzloff 1961) und 9300 mm (Schendel 1967) berechnet wurden.

Die Quellen des Nils sind zwei unterschiedlichen hydrologischen Hauptsystemen zuzuordnen, die die Wasserführung des Flusses entscheidend bestimmen.

1. Das Quellflußsystem mit ganzjährig ausgeglichener Wasserführung:
Dieses befindet sich im äquatorialen Bereich des ostafrikanischen Hochlandes mit seinen großen Seen, dem Victoria-See, dem Mobutu-Sese-Seko-See (Albert-See), dem Idi-Amin-See (Eduard-See) und dem Kyoga-See. Die Niederschlagskurven weisen hier Spitzen im Frühjahr und im Herbst auf, doch wirken die genannten Seen auf den Wasserhaushalt der großen Flüsse ausgleichend. Die im südlichen Sudan bei Juba gemessene jährliche Abflußmenge des Bahr el-Djebel (Bergnil) beträgt 26,5 Mrd. m³. Nördlich davon tritt der Nil in das große Sumpfgebiet des Sudd ein, in dem etwa die Hälfte dieser Menge durch Evapotranspiration verlorengeht. Der dem Bahr el-Djebel von Südwesten her zufließende Bahr el-Ghazal (Gazellenfluß) verliert im Suddgebiet ca. 95% seines Wassers und liefert nur noch eine Restmenge von 0,6 Mrd. m³ jährlich an den Hauptfluß. Die Bilanz des jährlichen Abflusses aus diesem südlich gelegenen Quellflußsystem beträgt, vor der Einmündung des Sobat gemessen, 14,9 Mrd. m³ (El Saiyad und Saudi 1966, S. 64).

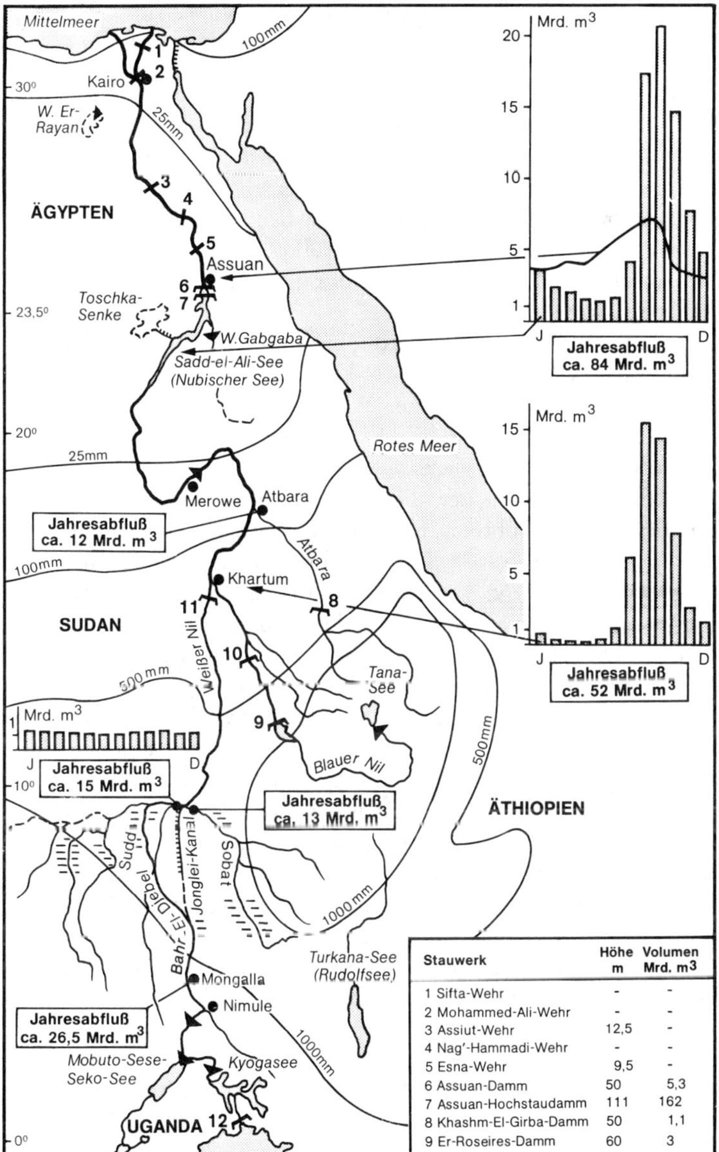

Abb. 7: Der Nil und die Nilwasserwirtschaft (Entwurf: F. Ibrahim 1996; Zeichnung: J. Feilner).

2. Das monsunal geprägte Quellflußsystem:

Das Haupteinzugsgebiet dieses Systems ist das äthiopische Hochland mit seinen hohen sommerlichen Niederschlägen. Der Sobat, der drei Viertel seines Wassers aus dem südwestlichen äthiopischen Hochland und nur ein Viertel aus dem Süden erhält, liefert dem Weißen Nil jährlich 13,3 Mrd. m^3 Wasser zu, der Blaue Nil ca. 52 Mrd. m^3 und der Atbara 12 Mrd. m^3. Vor dem Bau des Sadd el-Ali betrug der jährliche Abfluß des Nils bei Assuan im Mittel 84 Mrd. m^3. Diese Menge wird heute bei den Berechnungen als Wert des Abflusses in den Stausee zugrunde gelegt.

Das monsunal geprägte Klima Äthiopiens ist für die hohe Saisonalität der Wasserführung der drei genannten Nilnebenflüsse und damit auch des Nils verantwortlich. 63% der jährlichen Wassermenge, die heute in den Stausee fließt, konzentrieren sich auf die drei Monate von August bis Oktober. Mit dieser Flutwelle werden jährlich ca. 130 Mio. t Material aus den vulkanischen Böden Äthiopiens verfrachtet, die zur Bildung der fruchtbaren schwarzen Böden des Niltales führten, nach denen Ägypten seinen alten Namen „Kemet" („Schwarzes Land", im Gegensatz zur lebensfeindlichen helleren Wüste, dem „Roten Land") erhielt (Schoske et al. 1992, S. 15). Da derzeit in Äthiopien infolge nachlassender staatlicher Kontrolle die Waldrodung in den Höhenregionen rasch voranschreitet, ist zu erwarten, daß die Menge des im Nil transportierten Materials um ein beträchtliches zunehmen wird. Die monsunale Saisonalität der Niederschläge verursachte, daß der Nilabfluß bei Assuan vor dem Bau des Hochstaudammes im September etwa 13mal so hoch war wie im April. Nicht nur innerhalb eines Jahres, sondern auch von Jahr zu Jahr unterliegt der Abfluß des Nils einer starken Schwankung, die der sehr hohen jährlichen Niederschlagsvariabilität in Äthiopien entspricht. Die bisher registrierten Extremwerte des Nilabflusses bei Assuan betrugen 151 Mrd. m^3 (1878/79) und 42 Mrd. m^3 (1913). In jüngster Zeit kam es in den Jahren 1980–1984 in Äthiopien wiederum zu extremer Niederschlagsarmut, so daß der Abfluß des Nils um 44,4% unter den langjährigen Mittelwert sank und ein neues Minimum erreicht wurde.

6.4.2 Die Wasserwirtschaft in Ägypten vor dem Bau des Hochstaudammes von Assuan

In Ägypten war der Getreideanbau bereits vor 9000 bis 10000 Jahren bekannt (Schoske et al. 1992, S. 15). Mit der zunehmenden Aridifizierung der Sahara im Holozän war das Niltal besiedelt und dort der Ackerbau eingeführt worden. Er erfolgte auf den Böden der Nilaue, wenn diese nach dem Abschwellen der jährlichen Flutwelle des Flusses gut durchfeuchtet waren. Erste Hinweise auf einen Übergang zur Beckenbewässerung finden sich aus der 9./

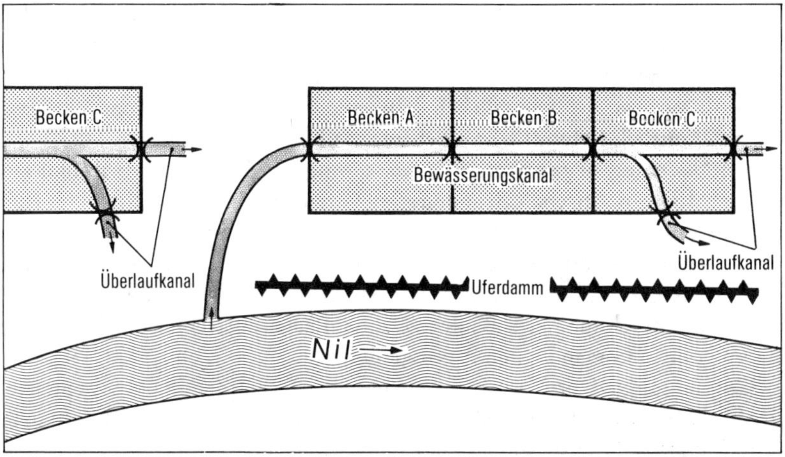

Abb. 8: Das System der Beckenbewässerung in Oberägypten vor dem Bau des Hochstaudammes von Assuan (Entwurf: F. Ibrahim 1996; Zeichnung: J. Feilner; verändert nach Willcocks 1913).

10. Dynastie (2234–2040 v. Chr.). Die Topographie des Niltales bot für die Anlage großer Bewässerungsbecken günstige Voraussetzungen: Langgestreckte natürliche Uferwälle verliefen beiderseits des Flusses und trennten ihn von der niedriger gelegenen Talaue, die in Normaljahren saisonal vollständig überflutet wurde. Nach dem Kentern der Flutwelle verblieb ein Teil des Wassers in Depressionen in der Flußaue zurück – ein natürliches System, das bereits in pharaonischer Zeit zu einem hochtechnisierten System aus Becken, Dämmen, Durchlässen und Kanälen weiterentwickelt wurde. Das Wasser wurde 40–50 Tage lang in den Becken gestaut und dann entweder in den Nil oder in andere flußabwärts befindliche und tieferliegende Becken abgeleitet (vgl. Abb. 8). Die Fellachen brachten dann das Saatgut in den noch nassen Boden ein. Diese einmal im Jahr stattfindende intensive Bewässerung wurde in einigen Gebieten durch Bewässerung mittels traditioneller Wasserhebewerke, wie Wasserrad (*sakya*), Hebebalken (*schaduf*) und archimedische Schraube (*tambur*), ergänzt.

Die Technik des Baues von Kanälen mit Stauwehren und Schleusen wurde schon früh entwickelt, so daß bereits Senostris II. und sein Enkel Amenemhet III. in der 12. Dynastie (1991–1786 v. Chr.) den Wasserspiegel des Qarunsees im Faiyum absenken und in großem Umfang Landgewinnungsmaßnahmen in der Oase durchführen konnten.

Bis zur 2. Hälfte des 19. Jahrhunderts blieb die Beckenbewässerung die Hauptform der Bewässerung in Ägypten. Zwar konnte man auf diese Weise in der Regel nur eine Ernte im Jahr erzielen, doch wurden die schädlichen Salze immer wieder aus dem Boden ausgewaschen. Außerdem lagerte sich auf den Feldern jährlich eine frische Schicht Nilschlamm ab, die eine Vielzahl von für das Pflanzenwachstum wichtigen Spurenelementen enthielt und die Bodenstruktur verbesserte. Die jährlich erfolgende Sedimentablagerung wird auf durchschnittlich 19 bis 21 t/ha geschätzt (Anhoury 1941, S. 503).

Der Übergang zu ganzjähriger Bewässerung wurde in Ägypten ab 1861 aus wirtschaftlich-politischen Gründen stark vorangetrieben, nachdem die Fertigstellung des großen Deltawehres von Al-Qanatir al-Khayriya an der Gabelung des Nils nördlich von Kairo erfolgt war. Der Bau dieses Deltawehres war während der Regierungszeit von Mohammed Ali (1805–1848) begonnen worden, der eine Ausdehnung der Baumwollanbaufläche anstrebte, da damals die Baumwolle in England guten Absatz fand.

Der endgültige Durchbruch zur Dauerbewässerung erfolgte in Ägypten jedoch erst mit der Inbetriebnahme des ersten großen Staudammes bei Assuan im Jahre 1902 und insbesondere mit seiner Erhöhung in den Jahren 1912 und 1933, als der Stausee schließlich eine Speicherkapazität von 5,3 Mrd. m^3 erreichte. Das jährlich im Herbst aufgestaute Wasser diente der Feldbewässerung während der Niedrigwasserzeiten des Flusses im Frühjahr und im Sommer. Während der Hauptflutwelle des Nils von August bis Oktober blieben die 180 Schleusentore offen, und erst wenn diese abschwoll, wurden sie geschlossen. Auf diese Weise konnte man einer Verschlammung des Stausees weitgehend entgegenwirken, denn die Hauptspitze der Nilflut, die das schwebstoffreiche Wasser des Blauen Nils mit sich führte, passierte ungehindert.

Im Zusammenhang mit dem Bau dieses Staudammes wurden weitere Stauwehre in verschiedenen Abschnitten des Nils errichtet. Zweck dieser Anlagen war es, den Fluß jeweils vor Ort soweit aufzustauen, daß sein Wasser unmittelbar in die Bewässerungskanäle, z. B. in den Ibrahimiya-Kanal oder in den von ihm abgeleiteten Bahr Yusif(-Kanal) fließen konnte.

Im wesentlichen auf dieser Grundlage fand bereits vor dem Bau des Hochstaudammes von Assuan in den 1960er Jahren auf 83,2% der landwirtschaftlichen Nutzfläche (LN) Ägyptens ganzjährige Bewässerung statt. Insgesamt ein Sechstel der LN des Landes (409 000 ha) – ausschließlich in Ober- und Mittelägypten – unterlag seinerzeit noch dem System der Beckenbewässerung.

6.4.3 Die Bestrebungen zur Erstellung eines umfassenden Kontrollsystems für den Nilabfluß

Wegen der existentiellen Bedeutung des Nilwassers für Ägypten ebenso wie für seinen südlichen Nachbarn, den Sudan, wurden im Laufe der letzten hundert Jahre mehrere Abkommen zwischen diesen beiden Staaten sowie

Tab. 5: Die Anteile Ägyptens und des Sudans am Nilwasser

	Anteile am Nilwasser in Mrd. m^3		
	Ägypten	Sudan	Gesamt
Vor dem Bau des Hochstaudammes	48,0	4,0	52,0
Zunahme durch den Bau des Hochstaudammes	7,5	14,5	22,0
Gesamtanteil am Nilwasser heute	55,5	18,5	74,0
Geschätzter Verlust durch Verdunstung und Versickerung im Stausee			10,0

Quelle: Said 1993, S. 237ff.

auch mit den anderen Nilanrainerstaaten abgeschlossen mit dem Ziel, ausreichende Anteile des Nilabflusses für die Deckung des Wasserbedarfs der beiden Länder zu sichern.

Zwischen Ägypten und dem Sudan wurden zwei formale Nilwasserverträge abgeschlossen:

Der erste im Jahre 1929 im Zusammenhang mit dem Bau des Sennar-Dammes, mit dessen Hilfe die britische Kolonialmacht im Sudan das Bewässerungsgebiet der Gezira entwickelte. Die Erhöhung des alten Assuandammes spielte hierbei ebenfalls eine Rolle. Durch das Abkommen war der Sudan gehalten, seinen Wasserbedarf vorwiegend während der Nilschwelle zu decken, wenn auch Ägypten einen Überfluß an Wasser hatte. Bei Niedrigwasser, d.h. in der Zeit des Wassermangels am Unterlauf des Nils, sollte der Sudan Ägypten den Vorrang gewähren. Um dies zu ermöglichen, baute Ägypten 1937 im Sudan am Weißen Nil südlich von Khartum den Djebel-el-Aulia-Damm, durch den 3,5 Mrd. m^3 Wasser gespeichert werden konnten.

Das zweite Abkommen wurde 1959 im Zusammenhang mit der Planung des Baues des Sadd el-Ali geschlossen. Es gesteht Ägypten einen Anteil von 55,5 Mrd. m^3 Nilwasser jährlich zu, während dem Sudan 18,5 Mrd. m^3 Wasser jährlich zugesprochen wurden (vgl. Tab. 5). Die Wasserverluste im Stausee durch Verdunstung und Versickerung berechnete man seinerzeit mit 10 Mrd. m^3.

Bereits während der Kolonialzeit, in den 1940er Jahren, stellte man zwecks besserer Nutzung des Nilwassers den sogenannten „Century Storage Plan" (Jahrhundertspeicherplan) auf. Dieser sah ein kaskadenartiges System von Staustufen entlang des gesamten Nillaufs von der Quelle bis zur Mündung vor. Teile dieses Planes waren bereits verwirklicht, als Nasser aus politischen Gründen den Bau des Hochstaudammes (Es-Sadd el-Ali) von Assuan durchsetzte. So war 1954 der Owen-Falls-Damm am Nilaustritt aus dem Victoria-See errichtet worden. Der Bau ähnlicher Dämme am Mobuto-Sese-Seko-See und am Tana-See sollte folgen. Für den Sudan und Ägypten sah man den Bau von Dämmen am Nil bei Nimule, bei Merowe, bei Wadi Halfa sowie bei Wadi er-Rayan, südlich von Faiyum vor. Der Sennar- und der Roseires-Damm, die 1925 bzw. 1966 verwirklicht wurden, sowie der Jonglei-Kanal sind ebenfalls Teile des seinerzeit geplanten Jahrhundertspeichersystems im Sudan. Letzterer sollte die Funktion eines Umgehungskanals zur Vermeidung der erheblichen Wasserverluste des Nils und seiner Zuflüsse im Suddgebiet übernehmen. Er war bereits zum überwiegenden Teil vollendet, als 1983 seine endgültige Fertigstellung durch das Wiederaufflammen des Bürgerkrieges im Sudan unmöglich gemacht wurde. Aus ökologischen Gründen war der Bau des Kanals zuvor bereits heftig umstritten gewesen.

Nach CAPMAS (1987, S. 59) hätte die Verwirklichung dieses umfassenden Konzepts zur Bewirtschaftung des Nilwassers Ägypten einen Anteil von ca. 38 Mrd. m^3 Wasser während der Niedrigwasserzeit von Februar bis Juli garantiert, womit der Bau des Sadd el-Ali sich erübrigt hätte.

6.4.4 Die Überjahresspeicherung – Es-Sadd el-Ali (der Hochstaudamm)

6.4.4.1 Die Planung und der Bau des Hochstaudammes

Seit den ersten Anfängen der Planung dieses Staudammes spielten neben wirtschaftlichen Überlegungen auch politische – insbesondere innenpolitische – Motive eine entscheidende Rolle. Die Regierung unter ihrem Staatspräsidenten Nasser hatte sich das ehrgeizige Ziel gesetzt, das Nationaleinkommen des Landes innerhalb von zehn Jahren zu verdoppeln. Das Rückgrat dieser Entwicklung sollte der Hochstaudamm von Assuan bilden. Insgesamt wollte man durch seinen Bau von dem Wasser, welches bis dahin ungenutzt ins Mittelmeer floß, 32 Mrd. m^3 gewinnen.

Folgende Teilziele wurden aufgestellt:

- die Gewinnung von zusätzlich 7,5 Mrd. m^3 Wasser zu Bewässerungszwecken, mit dessen Hilfe in Ägypten die landwirtschaftliche Nutzfläche um 546000 ha, d.h. um 22% der damaligen Nutzfläche des Landes, erweitert werden sollte; in Oberägypten sollten 395000 ha Ackerfläche von Beckenbewässerung auf ganzjährige Bewässerung umgestellt werden, um auch hier statt einer Ernte jährlich zwei Ernten einbringen zu können;
- die Ausdehnung des Anbaues von Sommerkulturen (insbesondere Reis, Mais, Zuckerrohr), für die der wesentliche limitierende Faktor zuvor das Wasser gewesen war, da ihre Hauptanbauperiode zeitlich mit dem Niedrigwasserstand des Nils zusammenfiel;
- die generelle Gewährleistung einer ausreichenden Wasserversorgung für Ägypten; beim Ausbleiben der Niederschläge im monsunalen Einzugsbereich des Nils lag sein Abfluß bis zu 50% unter dem langjährigen Mittel-

wert, was in Ägypten immer wieder zu großen Hungersnöten geführt hatte;

- ein Schutz vor Überschwemmungen; in Hochflutjahren lag die Abflußmenge des Nils teilweise um 80% über dem Mittelwert, so daß es zu Katastrophen in weiten Teilen Ägyptens kam;
- die Gewinnung von elektrischer Energie als Grundlage für eine Industrialisierung des Landes; 12 Turbinen am Hochstaudamm sowie einige am alten Assuan-Staudamm neu zu installierende Turbinen sollten insgesamt jährlich 10 Mrd. kWh Strom produzieren.

Diente der alte Assuandamm lediglich einer saisonalen Speicherung des Nilwassers, was eine zeitliche Ausdehnung des Anbaues innerhalb eines Jahres erlaubte, so ermöglicht der Hochstaudamm von Assuan, durch den auch die Hauptflutwelle des Nils zurückgehalten wird, eine Überjahresspeicherung, d.h., durch ihn kann ein Ausgleich zwischen Jahren unterschiedlicher Abflußmengen des Nils erfolgen. Der neue, 3600 m lange und 111 m hohe Damm mit seinen 12 seitlichen Durchlässen mit den eingebauten Turbinen wurde 1971 nach elfjähriger Bauzeit eingeweiht. Der in Ägypten früher als Nasser-See, heute häufiger als Sadd-el-Ali-See, im Sudan als Nubischer See bezeichnete Stausee hat gegenwärtig eine Länge von 500–600 km bei einer Wasserfläche von ca. 5500 km^2 erreicht. Die Speicherkapazität beträgt rund 160 Mrd. m^3, wovon 30 Mrd. m^3 für die während der kommenden 300 Jahre zu erwartende Sedimentation von Nilschlamm vorgesehen sind.

Das Projekt des Hochstaudammes von Assuan wurde mit sowjetischer Hilfe nach westlichen Plänen verwirklicht. Weltpolitische Ereignisse wie die Sueskrise und der Sinaifeldzug von 1956 sowie die jahrelange Verschuldung Ägyptens gegenüber der Sowjetunion standen in unmittelbarem Zusammenhang damit. Innenpolitisch spielte es während der Regierungszeit Nassers eine überragende Rolle, der es verstand, durch 16 Jahre währende intensive Propaganda vor den Augen der Nation die Zukunftsvision eines neuen Ägypten erstehen zu lassen, das bei einer um das Vielfache gesteigerten Agrarproduktion den Industrieländern auf dem industriellen Sektor um nichts nachstehen sollte – dank der durch den Dammbau reichlich verfügbaren Wassermengen und billigen Energie. Es war zu Lebzeiten Nassers nicht opportun, die Verwirklichung dieser hochgesteckten Ziele anzuzweifeln, und Sadat, der als erster die Politik seines Vorgängers öffentlich angriff, mußte vereinzelt auftretende Kritiker des Hochstaudammes zum Schweigen bringen, weil das ägyptische Volk sich inzwischen so sehr mit dem gigantischen Projekt identifizierte, daß jegliche Kritik daran die Menschen verunsicherte. Eine von 1979 bis 1984 andauernde Trockenphase in Ostafrika, während deren der Nilabfluß sich auf die Hälfte des langjährigen Mittelwertes reduzierte, bestärkte die Befürworter des Dammbaues in ihrer Argumentation, konnte aber nicht verhindern, daß die Stimmung im Volke selbst allmählich umschlug, denn ökologische Folgeschäden waren inzwischen allenthalben im Lande unübersehbar geworden und führten auch zu wirtschaftlichen Einbußen, während viele der einst verkündeten Ziele nicht verwirklicht worden waren.

6.4.4.2 Der heutige Stand der Zielverwirklichung

1. Die erhoffte Ausdehnung der Kulturfläche Ägyptens wurde trotz der Tatsache, daß nun ausreichend Bewässerungswasser zur Verfügung steht, nicht erreicht. Die Ackernahrungsfläche reduzierte sich vielmehr von 2,843 Mio. ha (1970) auf 2,448 Mio. ha (1990) (Länderbericht 1988, S. 43 und CAPMAS 1993, S. 76), d.h. um 395 000 ha. Wenn es zutrifft, daß in den 20 Jahren nach dem Bau des Hochstaudammes 434 068 ha Neuland aus den Wüsten und den Küstenlagunen gewonnen wurden (CAPMAS 1993, S. 77), so müssen im gleichen Zeitraum 829 069 ha Ackerland verlorengegangen sein. Die Hauptursache hierfür ist in einer Degradation der altgenutzten Agrarflächen durch fortschreitende Versalzung, Vernässung, Alkalisierung und Versandung sowie in den Flächenverlusten infolge des Siedlungswachstums zu sehen. Qualitativ bleiben die Böden der Neulandgebiete weit hinter den fruchtbaren Böden der Nilaue zurück, so daß sich u.a. auch angesichts der Notwendigkeit des erhöhten Düngemitteleinsatzes nicht nur die Frage nach den ökologischen Auswirkungen der Großprojekte, sondern auch diejenige nach ihrer Rentabilität stellt. Inwieweit das Hauptziel des Dammbaues, nämlich die Stärkung der Ernährungsbasis Ägyptens, verwirklicht werden konnte, wird insbesondere deshalb widersprüchlich beurteilt, weil keine zuverlässigen Daten vorgelegt werden. Obwohl die Politiker ständig über die Erfolge der Neulandgewinnungsaktionen berichten, blieb die gesamte Neulandfläche seit der Zeit vor der Inbetriebnahme des Hochstaudammes bis 1985 praktisch gleich, wie folgende Quellen belegen:

Neulandfläche insgesamt nach offiziellen Angaben:

1968/69:	365 000 ha[1]
1978:	391 000 ha[2]
September 1985:	380 300 ha[3]

[1] Marei (Minister für Landwirtschaft und Agrarreform) 1970, S. 360.

[2] Samaha (Minister für Bewässerung) 1980, S. 36.

[3] Youssif Wally (Minister für Landwirtschaft und Agrarreform) in Al-Mussawar, 6. 9. 1985, S. 37.

Symptomatisch ist, daß selbst die Minister nicht die offiziellen staatlichen Statistiken zitieren, nach deren Angaben für 1985 eine mehr als doppelt so große Fläche als neugewonnen deklariert wurde.

Beim Umgang mit den Daten wird außerdem nicht immer berücksichtigt, daß Landgewinnung nicht gleichbedeutend ist mit Kultivierung. In der Regel wird ein beträchtlicher Teil des erschlossenen Neulandes nicht bestellt. Hierfür gibt es die verschiedensten Gründe: Häufig steht nicht in ausreichendem Maße Bewässerungswasser zur Verfügung, insbesondere an den Endstellen der Kanäle, wenn an deren Beginn zuviel Wasser entnommen wurde; oft sind die Ursachen auch Probleme des Managements durch die zuständigen Behörden, Inkompetenz oder Desinteresse der neuen Landbesitzer, die in der Regel keine Fellachen, sondern höhergestellte Beamte, Kriegsveteranen oder auch reichgewordene Städter oder aus den arabischen Erdölstaaten heimgekehrte ägyptische Gastarbeiter sind, die das Land lediglich als eine Geldanlage betrachten.

Barth und Shata (1987, S. 10) stellen fest, daß von den 900000 Feddan (378000 ha) Land, die seit der Revolution von 1952 als Neuland gewonnen wurden, nur etwa 500000 (210000 ha) ackerbaulich genutzt wurden und lediglich 200000 Feddan (84000 ha) von dieser genutzten Fläche eine Produktivität besitzen, die als innerhalb der Rentabilitätsgrenze liegend bezeichnet werden kann.

Abdel Fattah (1992, S. 100) ist der Ansicht, daß nicht mehr als 53% des bisher gewonnenen Neulandes tatsächlich die Produktionsphase erreichten.

2. Das Ziel, überall im Lande die Dauerbewässerung anstelle der teilweise noch betriebenen Beckenbewässerung einzuführen, wurde erreicht. Die jährlich erfolgende natürliche Melioration des Ackerbodens, die über Jahrtausende als Ursache seiner besonderen Fruchtbarkeit gegolten hatte, erfolgt allerdings seitdem nicht mehr (vgl. Abschnitt 4.3).

3. Seit der Fertigstellung des Hochstaudammes blieb Ägypten vor Schäden durch Nilhochwasser einerseits und vor großen Ernteausfällen infolge von Nilniedrigwasser andererseits verschont. Man schätzt, daß die Ernteverluste während der Trockenphase Anfang der 1980er Jahre 600 Mio. ägyptische Pfund (ca. 1,5 Mrd. DM) betragen hätten, wenn nicht auf Bewässerungswasser aus dem Stausee hätte zurückgegriffen werden können. Diese Tatsache ist nicht zu verkennen, sollte jedoch nicht zur Schwarzmalerei oder zum Heraufbeschwören von Schreckensbildern führen, um den Bau des Hochstaudammes nachträglich zu rechtfertigen. Hartung (1991, S. 80) schreibt: „Wo wären die ... Fellachen während der mageren Jahre 1966, 1968 und 1969 und in den Dürrejahren 1972 und vor allem 1979 bis 1988 geblieben? Vermutlich zu Zehntausenden verhungert." Eine Gleichsetzung mit biblischen Zeiten ist in diesem Zusammenhang nicht legitim, denn einerseits gehört die völlige Abhängigkeit Ägyptens von der Landwirtschaft der Vergangenheit an, und andererseits besteht inzwischen auch eine Vielzahl von großen Speicherwerken am gesamten Nillauf. 1991/92 trug die Landwirtschaft nur noch 18% zum Bruttoinlandsprodukt bei, und Ägypten deckte seinen Weizenbedarf zu 51,8% im Ausland (CAPMAS 1993, S. 78 und S. 254).

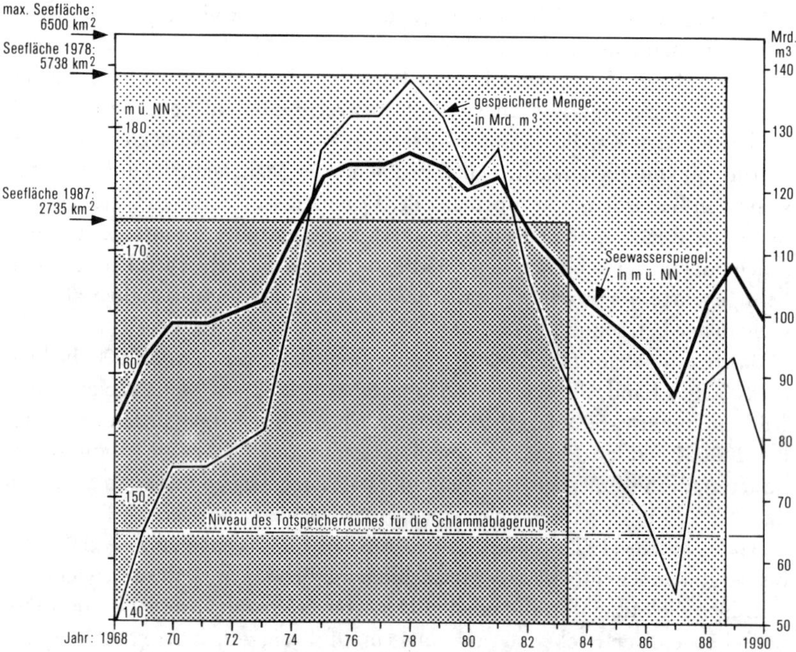

Abb. 9: Die Schwankungen des Nasser-Stausees 1968–1990 (Entwurf: F. Ibrahim 1996; Zeichnung: J. Feilner; Zahlen nach Said 1993, S. 237).

4. Es erfolgte eine Ausweitung der Reisanbaufläche um etwa 23,5% zwischen 1960/64 und 1988/92. Die Anbaufläche von Mais verringerte sich dagegen um 13,2% im gleichen Zeitraum (Simons 1977, S. 574 und CAPMAS 1993, S. 43 f.). Die Steigerung der Hektarerträge um 18,5% bei Reis und um 117% bei Mais ist auf die ägyptische Agrarrevolution zurückzuführen.

5. Die am Damm installierten Turbinen erwiesen sich schon bald als nicht voll funktionsfähig und wurden in der Folgezeit mit amerikanischer und bundesdeutscher Hilfe erneuert. So konnte 1990/91 die Stromerzeugung auf 86% der geplanten 10 Mrd. kWh gesteigert werden. Heute kommt dem Hochstaudamm als Energielieferant jedoch nicht mehr die einstige Bedeutung zu, denn Erdöl und Erdgas belegen bei der Stromerzeugung die vorderen Plätze. Die Kraftwerke am neuen und am alten Assuan-Damm lieferten 1993/94 gemeinsam nur knapp 10 Mrd. kWh der insgesamt 48,6 Mrd. kWh des im Lande erzeugten Stroms (CAPMAS 1995, S. 122).

6. Als im Jahre 1975 ein Pegelstand des Stausees von 175 m ü. NN bei einer zulässigen maximalen Höhe von 182 m ü. NN gemessen wurde (vgl. Abb. 9), erachtete man die Situation als kritisch. Eilends wurde der Bau des Toschka-

Überlaufkanals in Angriff genommen, der 1980 vollendet wurde und ein Reservoir mit einer Speicherkapazität von 120 Mrd. m^3 erschließt. Durch ihn sollte gegebenenfalls aus einer etwa 250 km südlich des Staudammes im Westen des Sees gelegenen Bucht Wasser abgeleitet und zur ca. 25 km entfernten Toschka-Senke in der Westlichen Wüste, 100 km südlich der Oasen-Depression des neuen Tals, geführt werden. Nach dem seinerzeit registrierten alarmierenden Seewasserspiegelanstieg ergab sich bis heute jedoch kein Handlungsbedarf, so daß eine Bewährungsprobe des ohne ausreichende Vorstudien errichteten Ergänzungsreservoirs noch aussteht. Es ist äußerst zweifelhaft, ob es im Ernstfall eine Hilfe sein kann, denn der Kanal ist in einigen Abschnitten inzwischen bereits versandet.

6.4.4.3 Die negativen Konsequenzen des Baues des Sadd el-Ali

1. Die Ablagerung des Nilschlammes im Stausee:
Nach Hamdan (1981, S. 984) irrten sich die Experten, als sie erwarteten, daß sich der Nilschlamm unmittelbar vor dem Damm ablagern würde. Anstatt am Ende des Stausees lagerten sich die Schwebstoffe des Flusses an seinem Anfang ab, so daß sich an der Einmündung des Nils ein Delta mit einer südwärts rückschreitenden Spitze bildete. Man vermutet, daß das an dieser Stelle enge Tal in absehbarer Zeit blockiert sein wird. Dann wären die Kalkulationen der Hydrologen, nach denen ein zusätzlicher Speicherraum von 30 Mrd. m^3 für Sedimente ein Funktionieren des Reservoirs für drei Jahrhunderte garantiert, müßig gewesen. Beobachtungen des rasch verlandenden südlichen, zum Sudan gehörenden Teils des Stausees deuten auch darauf hin, daß dieser ursprünglich berechnete Zeitraum bis zur Verlandung des Sees zu großzügig angesetzt wurde. In Anbetracht der Tatsache, daß hier der Lebensraum von bereits heute mehr als 60 Millionen Menschen auf dem Spiel steht, kann man sich nicht mit den relativ begrenzten Maßnahmen zufriedengeben, mit denen man heute versucht, den auftretenden Problemen zu begegnen – die allerdings auch bereits erhebliche Summen verschlingen. Es müßten vielmehr umfassende Handlungsstrategien entwickelt werden, um die Risiken abzuwenden, die Ägypten bedrohen.

2. Die Bodenverschlechterung:

a) Die Abnahme der Mikronährstoffe: Das Nilwasser ist heute bei seinem Austritt aus dem Stausee schwebstoffarm. Welche Bedeutung dies für die ägyptische Landwirtschaft hat, wird unter Experten kontrovers diskutiert. Wolf (Kreditanstalt für Wiederaufbau 1986, S. 91) spricht dem Nilschlamm eine praktische Bedeutung für die Bodenmelioration ab. Er argumentiert, daß die Menge des früher auf den Äckern abgelagerten Nilschlammes gering gewesen sei. Die durch ihn zugeführten Nährstoffe würden den heutigen Bedarf der Kulturpflanzen ohnehin nur zu einem geringen Teil decken. Letzteres steht außer Zweifel, insbesondere, da die Grüne Revolution auch in Ägypten Fuß faßte, doch wird dadurch nicht die differenziertere Darstellung des ägyptischen Pedologen A. Kishk (1985, 1986 und 1993) widerlegt, der feststellt, daß nicht sein Stickstoffgehalt die Bedeutung des Nilschlammes ausmache, sondern die besondere Vielfalt der in ihm enthaltenen Mikronährstoffe, vor allem Eisen, Mangan und Zink, die erst in ihrer Gesamtheit die Bodenfruchtbarkeit bewirkten. 1974, drei Jahre nach der Inbetriebnahme des Hochstaudammes, wurde erstmals der Mangel an wichtigen Mikronährstoffen in den ägyptischen Böden festgestellt. Seit man dieses Defizit erkannte, werden auf dem ägyptischen Markt ca. 120 verschiedene Sorten von Handelsdünger mit Mikronährstoffen angeboten. Hierdurch kann unter den lokalen Gegebenheiten das Problem jedoch nicht befriedigend gelöst werden, denn 70% der Landbesitzer sind Kleinbauern, die eine durchschnittliche Fläche von 0,16 ha bestellen (CAPMAS 1993, S. 73) und weder über die finanziellen Mittel noch über das Know-how verfügen, um unter der Vielzahl der Düngersorten die für ihre Zwecke geeigneten zu wählen bzw. sie gezielt einzusetzen.

b) Die Schädigung durch übermäßigen Kunstdüngereinsatz: Nach dem Bau des Hochstaudammes von Assuan konnte die Intensivierung der Landwirtschaft in Ägypten in eine entscheidende Phase eintreten. Als die saisonale Einschränkung des Anbaues infolge Wassermangels nicht mehr gegeben war, wurde verstärkt Kunstdünger eingesetzt, um die Erträge auf den ständig knapper werdenden Flächen zu optimieren. Es war nicht nur die nunmehr fehlende jährliche natürliche Düngung durch die Schwebstoffe aus dem Fluß auszugleichen, sondern auch der verstärkte Nährstoffentzug durch den ganzjährigen Anbau. Ägypten zählt heute zu den Staaten mit dem höchsten Handelsdüngerverbrauch pro Hektar, unter denen die meisten übrigen Industrieländer mit hochentwickelter Agrarwirtschaft sind. Besonders problematisch ist dabei, daß der Kunstdüngereinsatz in Ermangelung der erforderlichen Kenntnisse oder Sorgfalt häufig ineffektiv oder falsch erfolgt, so daß bereits beträchtliche ökologische Schäden verursacht worden sind (Länderbericht 1988, S. 44). Nach der 1994 erfolgten Streichung der staatlichen Subventionen für Düngemittel im Zuge des Strukturanpassungsprogramms des IWF wurde der Schwebstoffentzug aus dem Nilwasser für die Fellachen noch schmerzlicher spürbar.

c) Die Bodenversalzung: Das Problem der Zunahme der Bodenversalzung im Niltal und im Nildelta infolge des Baues des Hochstaudammes ist teilweise theoretisch technisch lösbar, die ägyptische Wirklichkeit erschwert jedoch die praktische Umsetzung aller denkbaren Maßnahmen. Die ungenügende Ausbildung der Fellachen im Umgang mit neuen Techniken, die Unzulänglichkeit des Staatsapparates und ganz besonders die auf allen Ebenen verbreitete Korruption machten bislang die Projekte zur Bekämpfung der Bodenversalzung zunichte. Kishk (1993, S. 82) nennt hierzu ein charakteristisches Beispiel:

Seit Jahren betreibt Ägypten mit Hilfe ausländischer Geldgeber ein nationales Projekt zur landesweiten Verlegung eines unterirdischen Drainagesystems, dessen Mißerfolg bereits jetzt vorhersehbar ist, denn infolge von Korruption wird nur etwa die Hälfte der vorgesehenen Menge an Rohren verlegt. Das Entwässerungssystem ist jedoch nur bei einer bestimmten Vernetzungsdichte voll funktionsfähig. Auch die Vorschriften über die Verlegung der Drainage in einer bestimmten Tiefe und mit einem genau festgelegten Gefälle im Boden wurden nicht durchgängig eingehalten und durch Versäumnisse der Auftragsfirmen die zur Verhinderung einer Verschlammung der Rohre erforderlichen vorzuschaltenden Sand- und Kiesfilter häufig nicht eingebaut. So wird dem Projekt, obwohl in diesem Falle Planung, Finanzierung und Knowhow optimal sind, kein Erfolg beschieden sein.

Die Ursachen der Beschleunigung der Bodenversalzung seit der Inbetriebnahme des Hochstaudammes wurden in letzter Zeit sowohl durch wissenschaftliche (u. a. Barth und Shata 1987, S. 2) als auch durch staatliche ägyptische (CAPMAS 1987, S. 79 und S. 87) Veröffentlichungen dargestellt. Sie können in folgenden Punkten zusammengefaßt werden:

- Es erfolgt Überbewässerung, da das Wasser heute praktisch in unbegrenzter Menge und weitgehend unkontrolliert zur Verfügung steht und wirksame Aufklärung über die schädlichen Auswirkungen nicht stattfindet.
- Der Anbau von Feldfrüchten, welche einen hohen Wasserbedarf haben, wie Zuckerrohr und Reis, nahm aufgrund staatlicher Förderung zu.
- Die ganzjährige Bewässerung wurde auch auf die gesamte Fläche des arideren Oberägypten ausgedehnt, ohne daß eine saisonale Drainage erfolgt.
- Aus den großen Neulandprojekten auf dem höhergelegenen Rand des Niltales sickert salzreiches Wasser im Boden hinab in das Tal und führt dort zu einer zusätzlichen Belastung des Grundwassers und zur Versalzung der hochwertigen Aueböden.
- Der Salzgehalt des Nilwassers verdoppelte sich wegen der hohen Verdunstungsrate im Sadd-el-Ali-See und wegen der Einleitung großer Mengen mit Salz überfrachteten Entwässerungswassers in den Fluß.
- Durch Überbewässerung versickern jährlich etwa 10–15 Mrd. m^3 Bewässerungswasser im Boden und vermischen sich mit dem Grundwasser des Nildeltas, das bereits heute zehnmal so salzhaltig ist wie das Nilwasser (CAPMAS 1987, S. 87; vgl. Abb. 10). Infolge des heute ganzjährig nahezu gleichen Wasserstandes sind die Böden dort stark vernäßt, kaum noch durchlüftet und die Bodenfauna in ihnen zerstört. Bei den hohen sommerlichen Verdunstungsraten steigen die Salze auf und gelangen in die Ackerkrume.

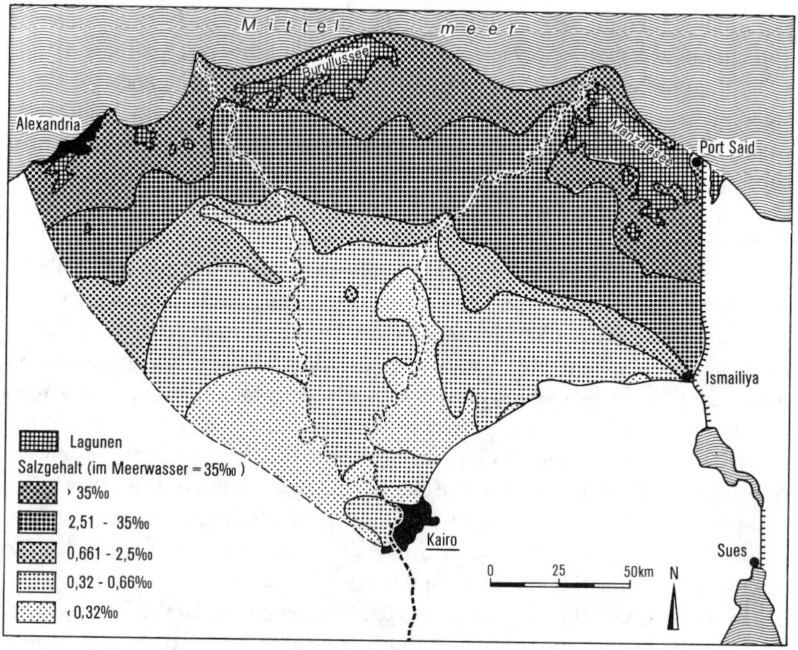

Abb. 10: Die heutige Versalzung des Bodenwassers im Nildelta (Entwurf: F. Ibrahim 1996; Zeichnung: J. Feilner; verändert nach Abu-Zeid 1987, S. 187).

– Man versäumte es seinerzeit, parallel zum Bau des Staudammes ein gut funktionierendes Drainagesystem anzulegen. Bis heute existiert ein solches nicht, so daß in der Zwischenzeit irreparable Schäden aufgetreten sind.

3. Weitere ökologische Konsequenzen:

a) Die Zunahme der Lateralerosion: Die Erosionstätigkeit des Flusses nahm infolge seiner veränderten Fließgeschwindigkeit sowie der verringerten Sedimentfracht, die früher immer wieder für eine Glättung der Oberfläche des Flußbettes gesorgt hatte, zu. Es werden insbesondere an den Stauwehren Schäden verursacht, so daß sie teilweise mit hohem Kostenaufwand durch neue, stärkere ersetzt werden müssen.

b) Die Verlandungserscheinungen: Die Veränderung der Wasserführung des Flusses und der Bewässerungskanäle begünstigt nicht nur die Seitenerosion und stellenweise auch eine Eintiefung des Flußbettes, sondern führt auch zu entgegengesetzten Erscheinungen, wie Inselbildung, Verlandung und Wasserpflanzenwachstum. Darunter leidet die Nilschiffahrt stark, besonders während der winterlichen Niedrigwasserzeit. Auch hat sich dadurch der Wasserverlust infolge von Evapotranspiration durch die schnellwachsenden Wasserhyazinthen und das Schilf stark erhöht. Tausende von Fellachen sind heute fortwährend damit beschäftigt, die Wasserpflanzen zu beseitigen.

c) Die Verstärkung der Küstenerosion: Seit im Nilmündungsbereich praktisch keine Sedimentation mehr erfolgt, hat sich die Abtragung der Mittelmeerküste am nördlichen Deltarand beschleunigt. So sind in weiten Teilen die Sandstrände der Sommerferienorte verschwunden. Früher hatten jährlich erneuerte Sedimentdecken die Küste gegenüber dem allmählichen Anstieg des Meeres bzw. dem Absinken des Landes geschützt.

d) Die Verschlechterung der Wasserqualität der Küstenlagunen und die Abnahme der Fischpopulation: Die Küstenfischerei verzeichnete hohe Verluste, weil sich infolge der verringerten Schwebstofffracht des Flusses auch das Plankton stark reduziert hat, von dem die Fische lebten. Die Fischanlandung sank von 25 000 t im Jahre 1960 (CAPMAS 1987, S. 90) auf knapp 12 000 t im Jahre 1985 (CAPMAS 1992, S. 62). Infolge des Grundwasserspiegelanstiegs im Nildelta verstärkte sich der Abfluß von Süßwasser in die brackigen Küstenlagunen, so daß der Salzgehalt in ihnen auf 1400 ppm im Süden und auf 2800 ppm im Norden sank (CAPMAS 1987, S. 59). Die Fischpopulation der Seen nahm daraufhin ebenfalls ab, so daß die dort gefangene Fischmenge von 60 000 t im Jahre 1966 (CAPMAS 1987, S. 89) auf 14 000 t im Jahre 1975 (CAPMAS 1992, S. 62) zurückging. Insgesamt wurden die den Fischfang im Mittelmeer, in den Lagunen und im Nil betreffenden Verluste durch die Fänge im marktfernen Stausee (1993: 26 108 t; CAPMAS 1995, S. 80) nur zum Teil ausgeglichen.

4. Der hohe Wasserverlust:

Wenn neuere Berechnungen zutreffen, so verlor Ägypten durch den Bau des Hochstaudammes Wasser, anstatt dieses hinzuzugewinnen.

a) Die Verdunstung und Versickerung im Stausee: Der jährliche Wasserverlust im Stausee selbst beträgt nach Meinung maßgeblicher ägyptischer Wissenschaftler nicht, wie früher angenommenen, 10 Mrd. m^3, sondern 16 Mrd. m^3. Nach Shalash (1977) ergaben die Messungen, die seinen Berechnungen zugrunde liegen, daß die jährliche Verdunstung 2754 mm beträgt. Bei einer durchschnittlichen Fläche des Stausees von 5500 km^2 beläuft sich folglich der jährliche Verlust allein durch Verdunstung auf 15,147 Mrd. m^3. Offizielle ägyptische Veröffentlichungen geben die Wasserfläche allerdings sogar mit 6000 km^2 an (CAPMAS 1987, S. 64). In der gleichen Quelle (CAPMAS 1987, S. 72) wird der zusätzliche jährliche Verlust durch Versickerung in den porösen Nubischen Sandstein an der Oszillationslinie des Seegestades mit 1 Mrd. m^3 angegeben.

b) Der Wasserverlust im Abflußsystem: Die Menge des in das neue Abfluß- und Drainagesystem versickernden Bewässerungswassers erhöhte sich zwischen 1964 und 1972 um 2 Mrd. m^3 auf 16 Mrd. m^3 jährlich (CAPMAS 1987,

S. 144 ff.). Hierfür gibt es zwei Hauptursachen: Die erste ist, daß man nicht mehr wie früher, als das Wasser knapp war, wirtschaftlich damit umgeht. Heute wird weitgehend exzessiv bewässert. Die zweite Ursache ist, daß häufig mehr Wasser durch die Öffnungen des Dammes abgelassen wird, als für die Bewässerung benötigt wird, weil die Turbinen des Hydrokraftwerkes angetrieben werden müssen und für die Navigation ein höherer Wasserstand erforderlich ist, auch wenn – insbesondere im Winter – wenig Wasser in der Landwirtschaft benötigt wird.

Berechnet man die nach dem Bau des Hochstaudammes auf diese Weise verlorengehende Wassermenge mit insgesamt 8 Mrd. m^3 jährlich – was durchaus realistisch ist –, so muß man feststellen, daß der Gewinn von 7,5 Mrd. m^3 Wasser dadurch mehr als aufgezehrt wird. Daß diese negative Bilanz in Ägypten bislang noch nicht voll spürbar wurde, hat zwei verschiedene Ursachen:

- Der Sudan ist bislang noch nicht in der Lage, den ihm zustehenden Anteil am Nilwasser von 18,5 Mrd. m^3 voll auszuschöpfen, so daß der Rest bislang Ägypten zufällt.
- Afrika erlebt z. Z. eine klimatische Trockenphase, durch die der Nilabfluß in vielen Jahren unter das Mittel fiel. Folglich verringerte sich die Stauseefläche, so daß auch die Verdunstungs- und Versickerungsraten schrumpften.

5. Die Erhöhung der Bilharziosegefahr:

Durch den Bau des Hochstaudammes erhöhte sich für diejenigen Ägypter, die in direktem Kontakt mit dem Nilwasser leben, die Gefahr der Ansteckung mit Bilharziose, einer gefährlichen Wurmkrankheit. Im Lebenszyklus ihres Erregers spielt eine in den Wasserpflanzen des Nils heimische Süßwasserschnecke als Zwischenwirt eine Rolle. Beim Kontakt des Menschen mit kontaminiertem Wasser dringen die Larven durch seine Haut in den Körper ein und befallen dort verschiedene Organe, was zu langjähriger Krankheit oder auch zum Tode führt. Die Bilharziose ist trotz heute verbesserter Behandlungsmethoden in den heißen Ländern Afrikas und Asiens auf dem Vormarsch, da in vielen Gebieten Staudämme gebaut wurden, infolgedessen die Bewässerungswirtschaft stark zunahm und günstige Lebensbedingungen für den Bilharzioseerreger in den langsam fließenden Gewässern geschaffen wurden.

Daß die Bilharziose in Ägypten noch immer eine ernstzunehmende Gefahr darstellt, läßt sich daran ermessen, daß die Regierung 1994 im Lande 492 Spezialeinrichtungen zur Behandlung dieser Krankheit sowie 1352 sogenannte „Bilharziosis Units" zur Aufklärung der Bevölkerung über die Erkrankung und zur Überwachung unterhielt. Allein zwischen 1986 und 1994 wurde die Zahl der Behandlungseinrichtungen um 31% vermehrt (CAPMAS 1995, S. 168). Die ägyptischen Behörden gestehen heute im Gegensatz zu früher ganz unumwunden ein, daß die Zunahme der Bilharziose in Oberägypten eine Folge des Baues des Hochstaudammes ist:

„Die Quote des Befalls mit Bilharziose hat nach der Umwandlung des Systems der Beckenbewässerung in das System der Dauerbewässerung zugenommen. Die Gründe hierfür sind:

- Eine saisonale Austrocknung der Kanäle, infolge deren die Schnecken früher starben, findet heute nicht mehr statt.
- Es gibt jetzt mehr stehende Gewässer und Wasserpflanzen, die die Lebensräume der Schnecken bilden.

So ist es nicht verwunderlich, daß in den Gebieten von Sohag, Qena und Asyut der Bilharziosebefall nach der Umstellung von 336000 ha Ackerland von Becken- auf Dauerbewässerung im Zuge des Baues des Sadd el-Ali zunahm. Die Bilharziose kann dadurch bekämpft werden, daß die Fellachen sich vor ihr schützen. Das ist jedoch lediglich eine theoretische Lösung, die niemals in die Praxis umgesetzt werden kann, es sei denn, ihr Lebensstil ändere sich und würde stärker urban“ (CAPMAS 1987, S. 90).

Da man einräumen muß, daß die meisten vorgeschlagenen Methoden zur Vermeidung einer Infektion für die Fellachen kaum praktikabel sind, setzt man heute dem Nilwasser stellenweise giftige Substanzen (hauptsächlich Kupfersulfat) zu, um die Süßwasserschnecken abzutöten und somit den Befallskreislauf zu durchbrechen. Für die Menschen bedeutet dies eine starke gesundheitliche Gefährdung. Ein großflächiger Einsatz solcher chemischer Mittel – er müßte, wenn Effizienz gegeben sein sollte, alle Gewässer des Landes gleichzeitig erfassen – kann nicht erfolgen, da das Trinkwasser für den ganz überwiegenden Teil der ägyptischen Bevölkerung aus dem Nil entnommen wird.

Wenn in einem Bericht der deutschen Kreditanstalt für Wiederaufbau (1986, S. 109), welche Rehabilitierungsprojekte im Zusammenhang mit den Auswirkungen des Baues des Hochstaudammes von Assuan finanziert, als positiv vermerkt wird, daß die Befallsquote der Bevölkerung im Nildelta mit Bilharziose zwischen 1955 und 1976 von 31% auf 27% gesunken sei, so muß man dem entgegenhalten, daß im gleichen Zeitraum der Anteil der infektionsgefährdeten Personen noch wesentlich stärker gesunken ist, da der Urbanisierungsgrad im Lande zunahm. So ist der verzeichnete Rückgang um 4% als eher gering und als Mißerfolg in der Bilharziosebekämpfung einzuschätzen. Darüber hinaus haben sich die Hygienebedingungen in den ägyptischen Dörfern und die Versorgung der ländlichen Bevölkerung mit sauberem Trinkwasser sehr verbessert, so daß die Befallsquote deutlicher gesunken sein müßte.

Die meisten Statistiken verschleiern die Tatsache, daß es zwei Formen der Krankheit gibt, nämlich die leichtere Form der Blasenbilharziose und die gefürchtetere Darmbilharziose, welche in der Regel tödlich verläuft, da sie zu einer Zerstörung der Leber führt. Heute nimmt der Anteil der an der schwereren Form der Bilharziose Erkrankten zu (Kreditanstalt für Wiederaufbau 1986, S. 106). In Oberägypten trat die Darmbilharziose erst nach dem Bau des

Hochstaudammes auf, nachdem infolge der veränderten Fließgeschwindigkeit des Nils die den Erreger beherbergende Schneckenart nilaufwärts wandern konnte.

6. Die Sicherheitsrisiken:

„In Gefahrensituationen ist der Wasserspiegel des Stausees bis auf unter 150 m abzusenken, ... um die Folgen einer eventuellen Zerstörung des oberen Teils des Dammes und der Überflutung zu begrenzen, falls darauf Bomben abgeworfen würden, wie sie im 2. Weltkrieg verwendet wurden" (Arafa, Minister für Angelegenheiten des Sadd el-Ali, 1965, S. 119).

Hartung (1991, S. 80) beurteilt diese Maßnahme als absurd und als für wirkliche Krisenfälle völlig ungeeignet, da maximal 605 Mio. m³ Wasser täglich abgelassen werden können, so daß es 100 bzw. 200 Tage dauern würde, bis der Wasserstand von 170 m bzw. 183 m bis unter 150 m abgesenkt wäre. Nach seiner Einschätzung ist ohnehin eine militärische Sicherheit des Dammes nicht gegeben und das Kraftwerk durch seine offene Bauweise besonders leicht angreifbar. Ägypten – inmitten des Krisenherdes des Nahen Ostens gelegen – besitzt hier eine gefährliche Schwachstelle, wie sich bereits 1991 während des Golfkrieges zeigte, als angeblich im Sudan stationierte irakische Raketen auf den Damm gerichtet waren, weil Ägypten sich auf die Seite der USA gestellt hatte. Gegenwärtig ist zu befürchten, daß islamisch-fundamentalistische Terroristen sich ebenfalls den Hochstaudamm als Zielscheibe wählen.

Nachdem offizielle ägyptische Stellen zuvor stets behauptet hatten, der Damm sei erdbebensicher, gab man erstmals im Zusammenhang mit dem schweren Erdbeben in Ägypten vom Oktober 1992 zu, daß Sorge um den Staudamm bestünde und daß der Damm bereits im November 1981 durch ein Erdbeben beschädigt worden sei, für welches in Assuan eine Stärke von 5,5 auf der Richter-Skala registriert worden war. In Ägypten, das innerhalb des Ostafrikanischen Grabensystems gelegen ist, sind Erdbeben keine Seltenheit. Zuletzt wurden in den Jahren 1964 (Stärke 6,9 Richter-Skala), 1981, 1983, 1985, 1987 und 1992 stärkere Beben registriert. Ägyptische Geologen vermuten als Ursache der relativen Häufigkeit schwererer Beben in den vergangenen Jahren einen Zusammenhang mit der enormen Drucklast durch das Wasser im Stausee auf dieser Schwächestelle der Erdkruste. Hamdan (1981, S. 1016) vergleicht die Gefahr, die von dem Stausee mit seiner gewaltigen Menge von bis zu 120 Mrd. m³ Wasser ausgeht, mit derjenigen einer über dem Land schwebenden Atombombe, die jederzeit explodieren kann. Wüst (1983, S. 768) stellt die Situation folgendermaßen dar:

„Durch einen Treffer in der Dammkrone würde das unkontrolliert ausströmende Wasser den Damm innerhalb weniger Stunden in seiner ganzen Uferbreite aufreißen. Die Wassermassen, die dann über ganz Ägypten hinwegbrausten (es wären mindestens zwei Jahresabflußmengen innerhalb von Stunden und Tagen), ließen wohl von Assuan bis Damietta keinen Stein auf dem anderen, verheerten sämtliche Kulturflächen, und mit großer Wahrscheinlichkeit kämen ungefähr 99 Prozent der Gesamtbevölkerung ums Leben. Risse im Damm – und solche wurden bereits entdeckt – können in Verbindung mit einem Erdbeben ähnlich verheerende Auswirkungen haben. Aussagen, ob und wie sich nämlich das ungeheure Gewicht des Nasser-Stausees von 164 Milliarden Tonnen auf die Tektonik des Gebietes auswirken kann, lassen sich nicht mit Bestimmtheit treffen. Immerhin verläuft nur 200 Kilometer östlich des Stausees eine der aktivsten und tiefsten Bruchlinien der Erdoberfläche: der Grabenbruch des Roten Meeres. Erdbeben sind dort nicht selten."

7. Die Schädigung der Altertümer:

Der kontinuierliche Anstieg des Grundwasserspiegels und die zunehmende Versalzung hat inzwischen Schäden an den meisten altägyptischen Kulturdenkmälern verursacht, deren Fundamente heute im salzhaltigen Grundwasser stehen. Die Feuchtigkeit und die im Gestein angereicherten Salze haben die chemische Verwitterung aktiviert, so daß heute Kunstwerke zerfallen, die in dem sehr trockenen Wüstenklima Jahrtausende überdauert hatten. Dies bedeutet den Verlust einzigartiger Kulturgüter, die für die gesamte Menschheit von unschätzbarem Wert sind. Für Ägypten verbindet sich damit auch ein spürbarer materieller Verlust, denn der ägyptische Tourismus basierte bislang im wesentlichen auf diesen Kulturschätzen. Nachbildungen, etwa von pharaonischen Grabkammern, wie sie gegenwärtig schon in Ägypten zu finden sind, werden die Kulturtouristen auf Dauer nicht zufriedenstellen.

8. Die Vertreibung der Nubier:

Im Zusammenhang mit dem Bau des Hochstaudammes von Assuan erfolgte die Vertreibung von 120000 Nubiern, deren Heimat in den Fluten des Sadd-el-Ali-Sees versank. Über Jahrtausende hinweg hatte sich dieses im Grenzraum zwischen Ägypten und dem Sudan lebende Volk seine eigene Identität sowie seine eigene Sprache und Kultur bewahrt. Durch den Bau des Hochstaudammes wurde all dies binnen weniger Jahre ausgelöscht. 70000 ägyptische Nubier siedelte man seinerzeit nach Kom Ombo, nördlich von Assuan, um, wo ihnen fernab vom Nil, an dem zu leben sie gewohnt waren, Land zur Besiedelung überlassen wurde. Für die 50000 sudanesischen Nubier errichtete man am Atbara-Fluß das Bewässerungsprojekt von Khaschm el-Girba. Unter hohem finanziellem Aufwand rettete man einige der vielen einzigartigen steinernen nubischen Kulturdenkmäler, ehe Nubien und seine lebendige Kultur den Fluten des Stausees anheimgegeben wurden. Die Weltöffentlichkeit verfolgte mit staunendem Interesse die Rettung von 24 nubischen Tempeln, unter ihnen des Tempels von Abu Simbel und frühchristlicher Zeugnisse, für die weitaus mehr Geld aufgewendet wurde als für die Umsiedelung der nubischen Menschen. Sie waren – obwohl die am unmittelbarsten Betroffenen – auch nicht zugegen, als der Bau des Hochstaudammes zwischen den Staatsoberhäuptern Ägyptens und des Sudans beschlossen wurde. Viele heimatvertriebene Nubier konnten sich nicht in ihrer neuen, ihnen so fremden Umwelt orientieren, waren völlig entwurzelt, litten körperlich und seelisch und beklagen noch heute den Verlust ihrer Heimat, die einige von ihnen immer wieder zurückzuerobern versuchten. Die erheblichen Schwankungen der Uferlinie des Stausees stellt sie allerdings vor nahezu unlösbare Probleme, so daß selbst die Errichtung schwimmender Siedlungen im See erwogen wurde.

Zur Zeit fördert die UN-Ernährungsorganisation FAO ein Projekt zur Ansiedelung von Menschen an den Ufern des Stausees. Die neuen Siedlungen tragen die Namen der untergegangenen nubischen Dörfer Jerf Hussein, Toschka, Kalabscha, Abu Simbel, Qostol, Adendan, El-Allaqi und Es-Sayala. Die halbamtliche ägyptische Zeitung Al-Ahram (6.1.1993, S.3) berichtet unter der Überschrift „Die Wanderung in den Süden – der Anbau am Stausee ist unser einziger Weg zur Lösung des Arbeitslosenproblems" euphorisch über die erfolgreiche Urbarmachung von 1 Mio. Feddan (= 42 000 ha) Land an den Ufern des Sees und die Ansiedelung von 1800 Familien aus dem Niltal dort, denen das Land kostenlos zur Bestellung überlassen wurde und die darüber hinaus eine Kapitalhilfe von 500 LE (ca. DM 250) sowie zinslose Kredite zum Kauf von Traktoren, Wasserpumpen und -rohren erhielten. Der Staat versprach u.a., den Bau von Straßen, Schulen und Krankenhäusern zu übernehmen und die Versorgung mit Lebensmitteln sicherzustellen. Das Projekt sieht keine Sonderrechte für die durch den Dammbau geschädigten Nubier vor, so daß sie nun zu allem Überfluß zusehen müssen, wie ihr Land von Fremden kolonisiert wird. Es sei an dieser Stelle vermerkt, daß das Projekt im übrigen auch die Gefahr einer Verseuchung des Stausees mit Bilharziose und anderen wassergebundenen Krankheiten birgt. Als praktisch einzige Trinkwasserquelle Ägyptens müßten dringenderweise der See selbst sowie sein gesamter direkter Einzugsbereich zu Wasserschutzgebieten erklärt werden.

Die sudanesischen Nubier konnten sich nur schlecht in dem ihnen zugewiesenen Gebiet bei Halfa el-Gadida (Neu-Halfa) eingewöhnen. Sie erkrankten an ihnen bis dahin unbekannten tropischen Krankheiten wie Malaria, Bilharziose u.ä. Es kam zu Feindseligkeiten mit den Nomadenstämmen der Schukriya und der Hadandawa, in deren Gebiet sie angesiedelt worden waren. Ähnliche Probleme gab es auch für die ägyptischen Nubier mit den Ababda, die in deren neuer Heimat traditionelle territoriale Rechte besaßen. Es besteht eine wechselseitige Ablehnung zwischen den beiden Bevölkerungsgruppen: Die Nubier betrachten die Nomaden als unzivilisiert, während diese den fremden Eindringlingen mit ihren organisierten Siedlungen und dem individuellen Landbesitz, den sie selbst nicht kennen, mit Mißtrauen begegnen. Beide Gruppen beschuldigen den Staat – die Nomaden, weil er den Nubiern Land und Siedlungen mit einer relativ guten Infrastruktur zur Verfügung stellte, die Nubier, weil das

Versprechen, nur wenige Nomaden in ihrem Gebiet zuzulassen, nicht eingehalten wurde (Salem-Murdock 1984, S. 359). In einem Land wie dem Sudan, in dem die traditionellen Stammesgebiete bis heute eine wichtige Rolle spielen und noch immer Tribalismus herrscht, ist es für ein Volk nahezu unmöglich, ohne ein anerkanntes eigenes Hoheitsgebiet zu überleben.

6.4.4.4 Überlegungen zur Zukunft des Sadd el-Ali

Bei der Beurteilung der Frage, ob der Bau des Hochstaudammes dem Land insgesamt mehr Nutzen oder mehr Schaden gebracht hat, muß vieles sorgfältig gegeneinander abgewogen werden. Ganz gleich, zu welchem Urteil man abschließend kommen mag, kann man sich der Beantwortung der zentralen Frage nicht entziehen: Was wird aus Ägypten, wenn der Stausee mit Sedimenten angefüllt sein wird?

Zur Lösung dieses Problems wurden bereits die unterschiedlichsten Vorschläge gemacht. Einige davon seien hier angeführt:

- Smith (1986) rät, das im Stausee entstandene Delta abzutragen und das Material zur Landgewinnung zu verwenden. Hierzu ist zu sagen, daß die Deltabildung auf sudanesischem Territorium stattfindet, so daß Ägypten darüber nicht verfügen kann. Technisch mag das Vorgeschlagene machbar sein, doch ist die Rentabilität stark anzuzweifeln. Ähnliche Maßnahmen werden beispielsweise zur Sanierung des sudanesischen Khaschm-el-Girba-Dammes am Atbara nicht in Erwägung gezogen, obwohl dieser in nur 30 Jahren zu 70% zusedimentiert wurde.
- Hartung (1991, S. 80) schlägt den Bau eines neuen Dammes am Wadi Gabgaba, östlich des jetzigen Stausees, vor. Ob diese Lösung technisch, ökologisch, ökonomisch und sozial vertretbar gestaltet werden kann, sollte man schon heute überprüfen und nicht damit warten, bis eine Katastrophe unabwendbar geworden ist.
- Hamdan (1981, S. 1017) zitiert Fathi (1981, S. 29), der die Umwandlung des Sadd el-Ali in einen Jahresspeicher vorschlägt, welcher im Prinzip dem alten Assuanstaudamm gliche, jedoch die doppelte Speicherkapazität besäße.

Möglicherweise können alle drei hier aufgeführten Vorschläge miteinander verknüpft werden. Auf jeden Fall erscheint es sinnvoll, bei allen Überlegungen Bezug auf den alten Jahrhundertspeicherplan zu nehmen und zu überprüfen, ob sich die Maßnahmen in ihn integrieren lassen. Das würde praktisch bedeuten, daß der Sadd el-Ali seine überragende Stellung und seine Funktion der Überjahresspeicherung verlöre und eine Wasserspeicherung an verschiedenen Stellen weiter südlich am Oberlauf des Nils erfolgte.

Allerdings hätten hier die Politiker das letzte Wort zu sprechen.

7. ZWISCHEN ERNÄHRUNGSSICHERUNG UND DEVISENBESCHAFFUNG – ANFORDERUNGEN AN DIE ÄGYPTISCHE LANDWIRTSCHAFT UND DIE ANTWORTEN

7.1 Die Bedeutung der Landwirtschaft früher und heute

Die Landwirtschaft, welche seit Jahrtausenden das Rückgrat der ägyptischen Wirtschaft gebildet hatte, verlor seit den 1960er Jahren rapide an Bedeutung für das Land, und wie Tabelle 6 zeigt, sank ihr Anteil am Nationaleinkommen allein zwischen 1970/71 und 1991/92 von 29% auf 16,5%. Im gleichen Zeitraum reduzierte sich der Anteil der Agrarproduktion am gesamten Exportwert des Landes auf 20%, während der Anteil der in der Landwirtschaft Beschäftigten, der im Jahre 1947 noch 72% betragen hatte, gleichzeitig von 53% auf 33% sank.

7.2 Die Landbesitzverhältnisse

Seit dem Beginn der osmanischen Fremdherrschaft im Jahre 1517 bis zu der Zeit Mohammed Alis wurde das Agrarland in Ägypten in Steuerbezirke unterteilt. Die betreffenden Steuerpächter waren verpflichtet, festgesetzte Beträge an den türkischen Sultan zu entrichten, wobei sie die auf ihrem Pachtland ansässigen Fellachen nach Belieben ausbeuten konnten. Innerhalb dieses Steuerpachtsystems gab es 300 Großmameluken, die über insgesamt zwei Drittel des Bewässerungslandes verfügten. Als im 18. Jahrhundert infolge mangelhafter Instandhaltung die meisten Bewässerungsanlagen in Ägypten nicht mehr funktionstüchtig waren, erhielt ein großer Teil des von diesen Großgrundbesitzern bewirtschafteten Kulturlandes, insbesondere in Oberägypten, kein Bewässerungswasser mehr.

Seinerzeit galt das System der Steuerpacht für etwa 80% der Kulturfläche, während die restlichen 20% praktisch als privater Grundbesitz betrachtet wurden und dem *waqf*- oder *habus*-System unterstanden. Es handelt sich hierbei um religiöse Stiftungen, für die die staatlichen Bestimmungen festlegten, daß das Land von den Nachkommen der Stifter zwar ohne Zahlung von Steuern genutzt, aber nicht verkauft werden durfte.

Mohammed Ali enteignete das Land der Mameluken und schaffte das alte System der Besteuerung von Agrarland ab. Er sah sich später jedoch ge-

Tab. 6: Die Bedeutung der Landwirtschaft in Ägypten 1970/71 und 1991/92

	1970/71	1991/92
Anteil an der Gesamtzahl der Beschäftigten	53,0%	33,0%
Anteil am Nationaleinkommen	29,0%	16,5%
Anteil am Exportwert	63,0%	20,0%

Quellen: CAPMAS 1994 a, S. 274 ff.; Ministry of Agriculture and Land Reclamation 1992, S. 4.

zwungen, ähnliches wieder einzuführen, um Einnahmen für die Staatskasse zu sichern. Es entstand daraufhin eine meist aus türkischen Notablen bestehende neue Schicht der Steuereinzieher, die mit gewissen Privilegien ausgestattet waren und so z.B. einen Teil des Staatslandes wie ihren Privatbesitz behandeln und in Zwangsarbeit beackern lassen durften, ohne dafür Steuern entrichten zu müssen. Weiteres steuerfreies Privatland befand sich in den Händen der Prinzen der Mohammed-Ali-Dynastie.

Erst während der britischen Kolonialzeit wurde die allgemeine Steuerpflicht für privaten Grundbesitz eingeführt.

Die einschneidendste Veränderung der Struktur des Landbesitzes erfolgte im Zuge der Durchsetzung der Bodenreformgesetze von 1952, 1961 und 1969 unter dem Staatspräsidenten Nasser, die sukzessiv den Höchstbesitz auf 84 ha, 42 ha und schließlich auf 21 ha pro Person herabsenkten. Tabelle 7 und Tabelle 8 zeigen die Auswirkungen dieser Umverteilung des Grundbesitzes.

Der Staat verkaufte im Zuge der Bodenreform von 1952 bis 1970 etwa 343 000 ha Land (= ca. 12,5% der Anbaufläche) zu sehr günstigen Bedingungen an etwa 342 000 (= ca. 9% aller ländlichen Familien) landlose Bauernfamilien (Abdel-Fadil 1975, S. 10).

Die Besitzstruktur für die Zeit vor der Landreform (bis 1952) und für das Jahr 1990 zeigt folgendes Bild (vgl. Abb. 11 und 12 sowie Tab. 9):

- In beiden Jahren gibt es eine breite Basis von Kleinbesitzern, die 1990 mehr als 95% aller Landbesitzer umfaßte. Der Flächenanteil, den diese Gruppe innehatte, vergrößerte sich durch die Bodenreform erheblich und stieg von 35,4% auf 56,3%. Errechnet man allerdings zur besseren Einschätzung des tatsächlichen Erfolgs der durchgeführten Maßnahmen die durchschnittliche Besitzgröße für die beiden Bezugsjahre, so stellt man fest, daß diese lediglich von 0,337 ha auf 0,369 ha wuchs, so daß die Situation der einzelnen Familien nach wie vor als prekär bezeichnet werden muß. Abb. 13 zeigt, daß der Anteil der kleinen Betriebe, die Flächen mit einer Größe von < 1,68 ha bewirtschaften, zwischen 1950 und 1986 zugenommen hat, obwohl die Lorenzkurve für 1986 etwas ausgeglichener ist als diejenige für 1950. Einer der Gründe für die Besitzzersplitterung heute besteht in der

Tab. 7: Die Entwicklung der Besitzstruktur des Agrarlandes von 1896–1990

Fläche	1896 Besitzer in %	1896 Anteil an Gesamtfläche in %	1952[1] Besitzer in %	1952[1] Anteil an Gesamtfläche in %	1990 Besitzer in %	1990 Anteil an Gesamtfläche in %
≥21 ha	1,0	45,2	0,4	34,2	0,3	15,0
4,2–<21 ha	5,1	20,8	2,5	21,6	1,6	19,0
2,1–<4,2 ha	6,7	9,5	2,8	8,8	2,3	9,7
<2,1 ha	87,2	24,5	94,3	35,4	95,8	56,3
Gesamt	100,0	100,0	100,0	100,0	100,0	100,0

[1] Vor Durchführung der Bodenreform.
Anmerkung: In der Tabelle sind landlose ländliche Familien nicht berücksichtigt.
Quellen: Waterbury 1983, S. 268; CAPMAS 1994a, S. 78 u. 82.

Tab. 8: Die Betriebsgrößen in der Landwirtschaft 1950 und 1985–1987

Betriebsgröße in ha	1950 Betriebe in %	1950 Anteil an Gesamtfläche in %	1985–1987 Betriebe in %	1985–1987 Anteil an Gesamtfläche in %
≥42	0,7	29,7	0,03	9,8
21–<42	3,4	22,3	0,12	3,0
4,2–<21	5,2	11,5	2,72	18,2
2,1–<4,2	12,2	13,3	7,0	16,6
1,26–<2,1	16,2	9,8	13,4	17,8
0,42–<1,26	40,9	11,6	44,43	28,6
<0,42	21,4	1,8	32,3	6,0
Gesamt in %	100,0	100,0	100,0	100,0
Gesamt in absoluten Zahlen	1,003 Mio. Betriebe	2,58 Mio. ha Fläche	2,468 Mio. Betriebe	2,756 Mio. ha Fläche

Quellen: Abdel-Fadil 1975, S. 14; Ministry of Agriculture and Land Reclamation 1991, S. 24.

Durchführung der islamischen Realerbteilung bei gleichzeitiger hoher Kinderzahl der Fellachen.

– 1952 entfielen auf die restlichen 5,7% aller Eigentümer 64,6% des gesamten Kulturlandes. Die Situation veränderte sich in diesem Bereich in der Folgezeit nur graduell, so daß sich 1990 43,7% des Agrarlandes in den Händen von nur 4,3% der Landbesitzer befanden.

Tab. 9: Die Besitzstruktur des Agrarlandes in Ägypten 1990[1]

Besitzgröße in ha	Landbesitzer in %	Anteil an Gesamtfläche in %
≥42	0,2	8,5
21–<42	0,2	6,5
8,4–<21	0,5	9,2
4,2–<8,4	1,1	9,8
2,1–<4,2	2,3	9,7
1,68–<2,1	2,7	7,4
1,26–<1,68	4,2	9,1
0,84–<1,26	6,8	10,3
0,42–<0,84	12,6	11,3
<0,42	69,4	18,2
Gesamt in %	100,0	100,0
Gesamt in absoluten Zahlen	3,9 Mio. Besitzer	2,448 Mio. ha Fläche

[1] Die große Zahl der landlosen Bauern findet hier keine Berücksichtigung.

Quelle: CAPMAS 1993, S. 76.

- Die äußerste obere Spitze bilden jeweils 0,4% aller Landbesitzer. Auf sie entfielen vor der Bodenreform 34,2% und 1990 15% der Anbaufläche des Landes.

Durch die sozialistische Bodenreform unter Nasser wurden 12,5% der Kulturfläche dem Besitz der Wohlhabenden entzogen und kamen landlosen Bauern zugute (Abdel-Fadil 1975, S. 10). Dies war zwar eine revolutionäre Maßnahme, jedoch war die Landumverteilung nicht so allumfassend, wie es die Propagandaorgane der Regierung seinerzeit verkündeten.

Der Erfolg der Bodenreform, die aus sozialen Gesichtspunkten dringend notwendig gewesen war, wurde durch folgende Begleiterscheinungen geschmälert:

- Die Aufteilung des Landes führte zu einer Zersplitterung der Flächen des früheren Großgrundbesitzes, was sich als Hemmnis für die später angestrebte Modernisierung und Rationalisierung der Produktion erwies.
- Die Unzulänglichkeiten der Staatsbürokratie verursachten Verzögerungen um teilweise mehrere Jahre bei der Wiedervergabe der enteigneten Flächen der Großbetriebe. Viele Betriebe wurden während dieser Zeit funktionsuntüchtig, insbesondere da die Bewässerungsanlagen, die fortlaufender Pflege bedürfen, vernachlässigt wurden. Häufig erfolgte die Vergabe auch nicht an die landlosen Fellachen, sondern illegal an Angehörige der Militärjunta.
- Einigen einflußreichen Feudalherren gelang es, die Reformgesetze zu un-

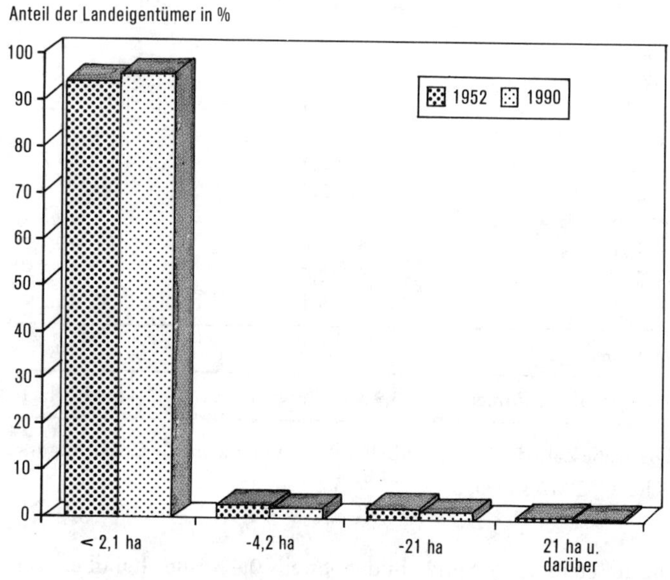

Abb. 11: Die Besitzstruktur des Agrarlandes in den Jahren 1952 (vor der Durchführung der Agrarreform) und 1990 (Entwurf: F. Ibrahim; Zeichnung: J. Feilner; Quellen: CAPMAS 1994a, S. 76 u. 82; Angaben über die Landlosen nach Schätzungen von Abdel-Fadil 1975, S. 5 und Ibrahim et al. 1993b, S. 75).

terlaufen, indem sie rechtzeitig vor deren Umsetzung Teile ihres Landbesitzes an Verwandte übertrugen.

Der bedeutendste und nachhaltigste, jedoch weniger spektakuläre Teil der Bodenreform Nassers war die Einführung von Gesetzen, welche die Rechte der Pächter des Landes gegenüber den Eigentümern stärkten. Es hatte in Ägypten bis zu jenem Zeitpunkt allgemein Absentismus in der Landwirtschaft geherrscht. Lediglich einmal jährlich, nach der Baumwollernte, hatten zuvor in der Regel die in der Stadt lebenden Eigner des Landes ihre Pächter aufgesucht, um die Pacht einzutreiben. Das neue Bodenreformgesetz bestimmte niedrige Pachtsätze, die das Siebenfache der von dem Eigner zu entrichtenden Bodensteuer betrugen, sowie einen Kündigungsschutz für die Pächter. Soll das Land dennoch seinen Besitzer wechseln, so wird bis heute dem vorherigen Pächter ein Vorkaufsrecht eingeräumt, so daß in der Praxis kein wesentlicher Unterschied mehr zwischen Pachtland und Privatbesitz be-

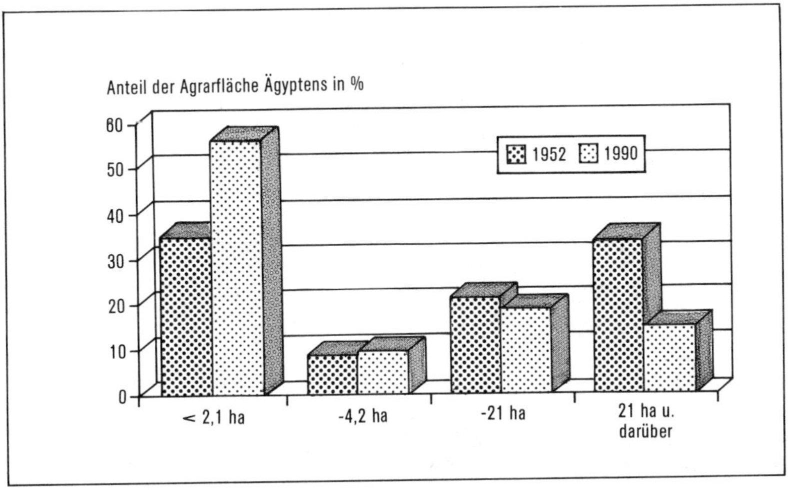

Abb. 12: Der Anteil der Betriebe verschiedener Größe an der Agrarfläche Ägyptens in den Jahren 1952 (vor der Durchführung der Agrarreform) und 1990 (Entwurf: F. Ibrahim; Zeichnung: J. Feilner; Quelle: CAPMAS 1994a, S. 76 u. 82).

steht. Neue, längerfristige Pachtverträge werden deshalb so gut wie gar nicht mehr abgeschlossen. Statt dessen wird das Land saisonal für eine Ernte vergeben, wofür heute etwa das Zehnfache der gesetzlich vorgeschriebenen Pacht erhoben wird.

Um eine Annäherung an den realen Bodenmarkt zu vollziehen, erließ das ägyptische Parlament 1993 neue Gesetze, durch die der offiziell gültige Pachtsatz mehr als verdreifacht wurde. Diese an marktwirtschaftlichen Grundsätzen orientierte Politik führte zu einer weiteren Benachteiligung der landlosen Kleinpächter, die bereits zuvor am Rande des Existenzminimums lebten. Sie sind keinesfalls in der Lage, eine Pachtsumme von umgerechnet etwa DM 1300/ha jährlich aufzubringen. Dies ist der Grund dafür, daß gegenwärtig in Ägypten das Agrarland wieder in die Hände der Reicheren fällt, die z. T. hauptberuflich städtischen Erwerbstätigkeiten nachgehen.

Für die Verhältnisse in der ägyptischen Landwirtschaft ist nicht allein die Besitzstruktur, sondern vor allem auch die Betriebsstruktur von Bedeutung. Ein landwirtschaftlicher Betrieb besteht aus der Besitzfläche und aus dem Pachtland, ggf. abzüglich verpachteter Flächen. 1977/78 gab es in Ägypten etwa 3 Mio. landwirtschaftliche Betriebe bei 3,38 Mio. Besitztümern und einer Splitterung in 14 Mio. Parzellen (Commander 1987, Tabelle 2-1; CAPMAS 1988a, S. 64ff.; Hamdan 1984a, S. 405). Lediglich 18,3% der Betriebe bestanden aus einer zusammenhängenden Ackerfläche, während 45% aller Betriebe sich aus vier oder mehr Parzellen zusammensetzten. Für die

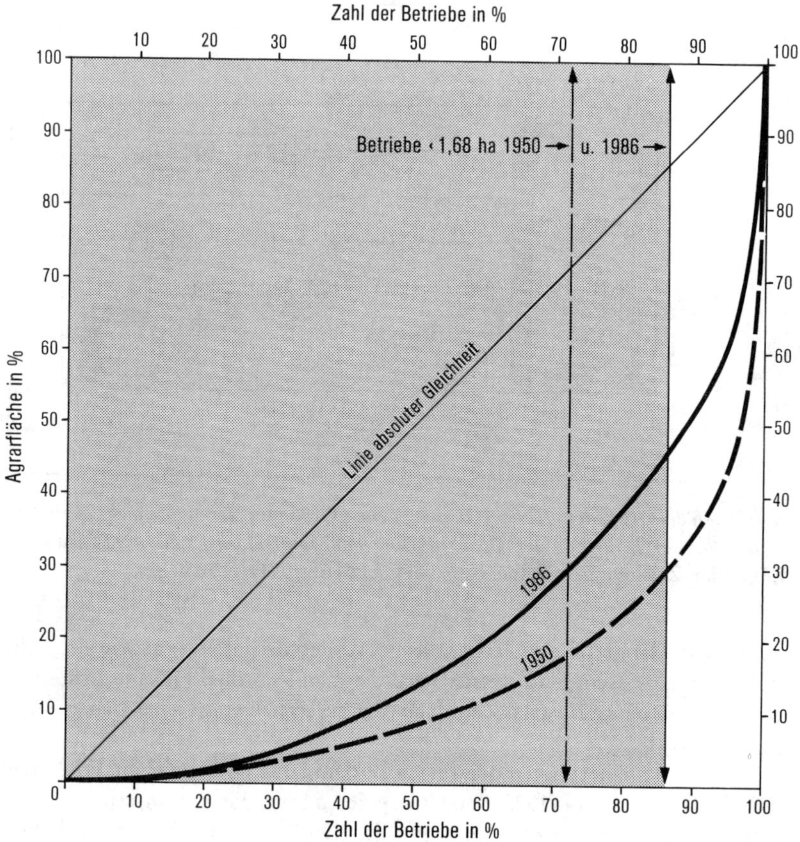

Abb. 13: Agrarbetriebe und Agrarfläche Ägyptens 1950 und 1986: Geringe Auswirkung der Agrarreform und zunehmende Landzersplitterung (Entwurf: F. Ibrahim 1996; Zeichnung: J. Feilner; Quellen: Abdel-Fadil 1975, S. 14 und Agrar. Economics, Ministry of Agr. 1989, S. 24).

starke Parzellierung des Landes ist neben der bereits erwähnten Realerbteilung auch der Absentismus verantwortlich, in dem auch die verbreitete Verpachtung von Land ihre Ursache hat.

Die Tendenz zur Landverpachtung hat in Ägypten eine Tradition und begann in der zweiten Hälfte des 19. Jahrhunderts mit der Herrschaft von Großgrundbesitzern, die keine Bauern, sondern meist Mitglieder der herrschenden Schicht osmanischen Ursprungs waren. Im Laufe der Zeit entwickelte sich ein hierarchisch gegliedertes System von Pächtern und Unterpächtern, durch das die Latifundien in operationsfähige Parzellen gegliedert wurden. Den am untersten Ende dieser Hierarchie stehenden Kleinpächtern verblieben in der Regel kaum 25% der Gewinne. Auch nach Durchführung der Bodenreform von 1961 waren nur 44% der Betriebe Eigenbesitz, während 56% vollständig oder teilweise auf Pachtland arbeiteten. Bei 88% aller Pachtbetriebe handelte es sich um Geldpacht, in den restlichen Fällen war entweder ein Teil der Ernte abzugeben oder ein anderer Zahlungsmodus vereinbart (Abdel-Fadil 1975, S.20f.).

Trotz ihrer sehr kleinen Besitz- bzw. Betriebsflächen sind diese im Pachtverhältnis stehenden Bauern nicht die Ärmsten unter der ländlichen Bevölkerung. Es sind dies vielmehr die landlosen Fellachen, die meist in der Agrarstatistik keine Erwähnung finden. Abdel-Fadil (1975, S.5) schätzt ihren Anteil für die Zeit vor der Landreform auf 44%, und man kann davon ausgehen, daß ihr Anteil an der ländlichen Bevölkerung auch gegenwärtig noch mindestens 25% beträgt, obwohl sich die offiziellen Angaben für 1985–1987 auf 14% belaufen (Ministry of Agriculture and Land Reclamation 1991, S.24). Es handelt sich hierbei vorwiegend um mittellose Landarbeiter, die nicht in der Lage sind, Pacht für eine eigene Parzelle zu zahlen.

7.3 Die Entwicklung der Struktur der Anbauprodukte (vgl. Tab. 10)

Weizen und Gerste waren die Hauptanbauprodukte im Alten Ägypten. Sie wurden als Herbst- bzw. Winterfrüchte in bewässerten Becken nach der Nilhochwasserzeit angebaut. Es wurden außerdem auch Bohnen, Linsen, Lupinen, Zwiebeln und Knoblauch in bedeutendem Umfang angebaut. Daneben spielte der Anbau von Flachs sowie von Pflanzen zur Herstellung von Farben eine Rolle. Bekannte Dauerkulturen der pharaonischen Zeit waren der Ölbaum, die Palme und die Weinrebe. Die wichtigste Grünfutterpflanze war Bersim, der ägyptische Klee (Trifolium alexandrinum). Als Feldfrüchte waren auch Baumwolle, Hirse und Sesam bekannt.

Im Mittelalter brachten die Araber den Anbau von Reis und von Zuckerrohr ins Land sowie verschiedene Obstkulturen, zu denen Aprikosen, Pfirsiche, Pflaumen und Zitrusfrüchte gehörten.

In osmanischer Zeit wurde der Anbau von Mais in Ägypten eingeführt.

Nach der Umstellung von Beckenbewässerung auf Dauerbewässerung seit der Zeit Mohammed Alis vollzog sich ein starker Wandel der Struktur der Anbaufrüchte im Lande. Einige Kulturpflanzen, wie z.B. Weizen, Gerste, Hülsenfrüchte, Flachs und Farbpflanzen, wurden stark zurückgedrängt bzw. verschwanden völlig. Der Anbau anderer Pflanzen, wie z.B. Mais, Bersim, Baumwolle, Reis und Gemüse, nahm flächenmäßig stark zu.

Welche Feldfrüchte angebaut werden und in welcher Reihenfolge bzw. Rotation, wird durch verschiedene Faktoren bestimmt, wie z.B. die Verfügbar-

Tab. 10: Die Entwicklung der Ernteflächenstruktur zwischen 1950 und 1994 unter Berücksichtigung der wichtigsten Kulturpflanzen

Anbauprodukt	Anteile an der Gesamterntefläche in %				
	1950–1954	1960–1964	1970–1974	1978–1981	1991–1994
Bersim[1]	23,2	23,8	25,8	24,9	20,2
Mais	18,5	16,8	14,7	17,1	15,8
Weizen	16,7	13,5	11,7	12,4	16,8
Reis	5,4	7,7	10,1	9,0	9,7
Baumwolle	18,8	17,0	14,3	10,7	6,8
Hirse u. Gerste	5,4	5,2	5,0	4,5	4,0
Hülsenfrüchte	4,7	5,0	3,8	3,0	4,8
Gemüse	2,4	4,3	7,0	9,0	8,0
Obst	1,0	1,4	2,3	3,1	8,3
Zuckerrohr u. Zuckerrüben	1,0	1,2	1,5	2,3	2,5
andere	2,9	4,1	3,8	4,0	3,1
Gesamt	100,0	100,0	100,0	100,0	100,0

[1] = Alexandrinischer Klee (Trifolium alexandrinum).

Quellen: CAPMAS 1995, S. 54 ff.; Commander 1987, Tabelle 4-1; Ministry of Agriculture and Land Reclamation 1992, S. 101 f.

keit von Bewässerungswasser, die Betriebsgröße, die Gewinnspannen, das Vorhandensein von Kapital, Maschinen und Arbeitskräften und nicht zuletzt auch durch die staatliche Agrarpolitik.

Bis zum Bau des Hochstaudammes von Assuan wurde der Anbaukalender im wesentlichen durch die saisonal schwankende Nilwasserführung bestimmt. Das Agrarjahr begann, wie traditionsgemäß noch heute, am 11. September mit dem Beginn des altägyptischen (koptischen) Kalenderjahres. Das Zusammenspiel von Nilwasserschwankungen und den Jahreszeiten bedingte die folgende charakteristische Abfolge von Anbauperioden:

- *nili*: die herbstliche Hochwasserzeit;
- *schitwi* („winterlich"): die Zeit niedriger Temperaturen und hoher Luftfeuchtigkeit und infolgedessen verminderter Evapotranspiration;
- *seifi* („sommerlich"): die Zeit hoher Temperatur bei großer Trockenheit und infolgedessen sehr hohen Wasserbedarfs der Pflanzen. Wegen des Niedrigwasserstandes des Nils beschränkte sich der Anbau zu dieser Jahreszeit auf kleinere Flächen, die mittels Wasserhebewerken bewässert werden konnten.

Abb. 14 zeigt die heutige, den veränderten Bedingungen angepaßte Form des Anbaukalenders. Beim Anbau von Baumwolle ergibt sich wegen deren relativ langer Vegetationszeit eine starke Überlappung der drei Anbauperioden.

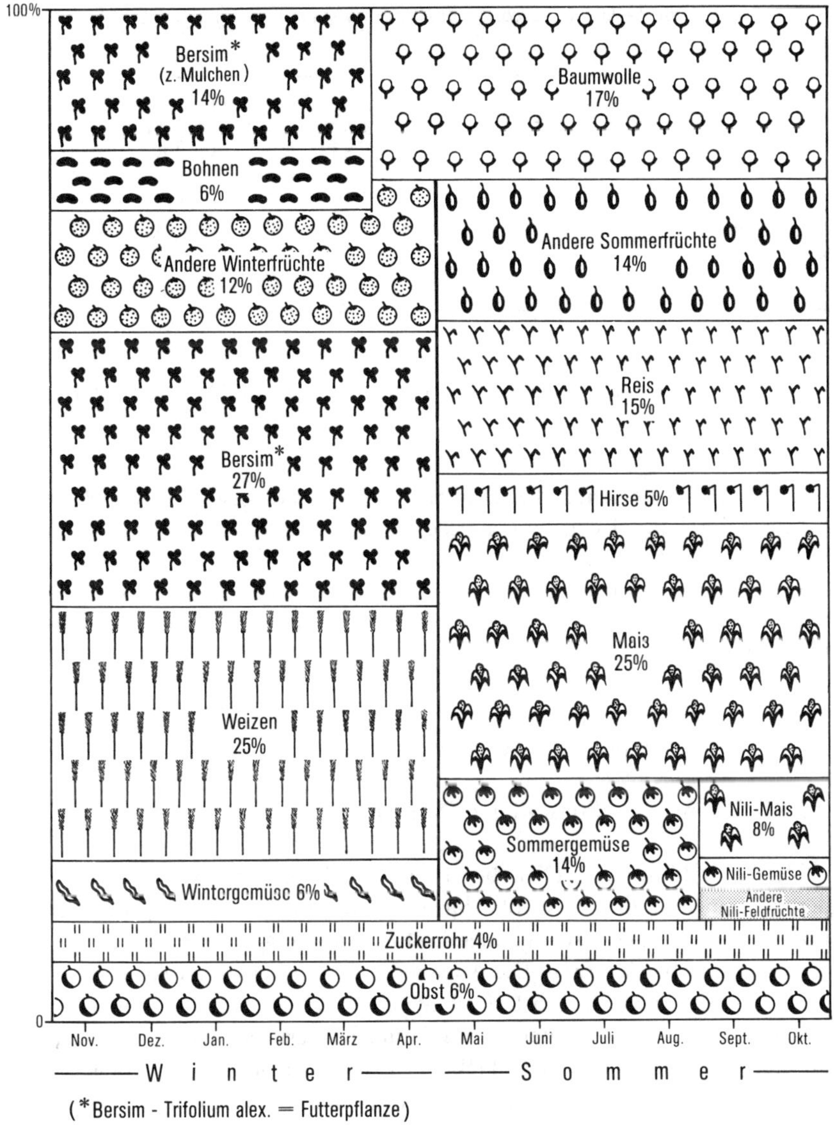

Abb. 14: Die gegenwärtige Fruchtfolge in der ägyptischen Landwirtschaft mit 1,9 Ernten im Jahr (idealisiert) (Entwurf: F. Ibrahim 1996; Zeichnung: J. Feilner; verändert nach Said 1993, S. 255).

Tab. 11: Der Wasserbedarf der wichtigsten Kulturpflanzen in Ägypten von der Aussaat bis zur Ernte

Kulturpflanzen	Wasserbedarf in m³/ha
Weizen	2500–3500
Bersim	6000
Mais	6000
Baumwolle	6000–10000
Reis	24000
Zuckerrohr	40000
Jährlicher Durchschnitt	16000

Quellen: Ministry of Public Works, Cairo 1964, nach Simons 1977, S. 577; CAPMAS 1987, S. 145 ff.

Häufig wird ihm der Anbau von Bersim oder Bohnen vorgeschaltet, weil diese Pflanzen durch ihre Fähigkeit der Fixierung von Nitraten bodenverbessernd wirken.

Der Wasserbedarf der verschiedenen Anbaupflanzen Ägyptens ist sehr unterschiedlich (vgl. Tab. 11) und bestimmt die Planungen des Bewässerungsministeriums in entscheidendem Maße.

7.4 Die Anbauprodukte Ägyptens heute

7.4.1 Baumwolle – Rohstoff und Devisenbringer

Mit der Einführung der Dauerbewässerung in Ägypten im letzten Jahrhundert bestanden für die Baumwolle dort ideale Wachstumsbedingungen: guter Boden, hohe Temperaturen, geringe Luftfeuchtigkeit und reichliche Bodenfeuchte durch Bewässerung. Die Anbauperiode von März bis Oktober umfaßt die für das Pflanzenwachstum wichtige Zeit längster Sonnenscheindauer. Infolgedessen konnte Ägypten die weltbesten langfaserigen Baumwollsorten produzieren. Auch gehörten die Hektarerträge zu den höchsten der Welt. Sie sanken zwischen 1968/71 und 1990/93 von 7,44 dz/ha auf 6,51 dz/ha, was jedoch immer noch einen Spitzenwert darstellt. Etwa hundert Jahre lang herrschte im ägyptischen Export eine Monostruktur, die durch primäre Abhängigkeit von der Baumwolle gekennzeichnet war. Noch 1938 betrug ihr Anteil am Exportwert 91%.

Die Hauptanbaugebiete der Baumwolle liegen im Nildelta, von wo die Dauerbewässerung ihren Ausgang nahm. Die Anbaufläche erreichte 1961 mit

840000 ha ein Maximum, verringerte sich jedoch seitdem fortlaufend und betrug 1992 lediglich noch 352800 ha.

Für die heute andauernde Rückläufigkeit des Anteils der Baumwolle an der gesamten Kulturfläche gibt es zwei Hauptgründe:

- Die Nachfrage nach Baumwolle auf dem Weltmarkt – insbesondere nach der hochwertigen langfaserigen Qualitätsstufe – schwächte sich ab. Das Angebot u. a. aus den Billiglohnländern Asiens ist groß.
- Die ägyptische Regierung verfolgt heute eine Politik der Erhöhung des Selbstversorgungsgrads mit Grundnahrungsmitteln, so daß sie gezielt die Anbauflächen von Baumwolle zugunsten solcher von Nahrungsmitteln reduziert.

Es ist zu vermuten, daß die Anbaufläche der Baumwolle weiter zurückgehen wird, insbesondere wenn in Zukunft die Maßnahmen der Liberalisierung der Wirtschaft voll greifen. Der Staat hob im Jahre 1994 den Anbauzwang für Baumwolle auf und beseitigte auch das staatliche Handels- und Ausfuhrmonopol für dieselbe.

Die Baumwolle war über lange Zeit hinweg nicht nur als Devisenbringer für den Staat von höchster Bedeutung, sondern spielte auch für die Binnenwirtschaft bis Ende der 1970er Jahre die wichtigste Rolle. Hamdan (1984a, S. 236f.) schreibt über die Situation während dieser Zeit folgendes:

- Ein Viertel der ägyptischen Produktion stand im Zusammenhang mit der Baumwolle.
- 25% aller ägyptischen Arbeitskräfte waren im Baumwollanbau oder in der Baumwollindustrie beschäftigt. Der Baumwollanbau [der bis heute nicht mechanisiert wurde], ist sehr arbeitsintensiv. Er erfordert 95 Arbeitstage/ha und weitere 214 Arbeitstage/ha für die Ernte, in der überwiegend Jugendliche beschäftigt werden.
- Die Textilindustrie beschäftigte 300000 Arbeiter, d. h. 25% aller Industriearbeiter des Landes.
- Das aus den Samen der Baumwolle gewonnene Öl deckte 30 % des Speiseölbedarfs des Landes, darüber hinaus lieferten die Rückstände aus den Kernen jährlich ca. 800000 t hochwertiges Viehfutter.

7.4.2 Getreideproduktion und Ernährungssicherung

Vor dem Ersten Weltkrieg zählte Ägypten zu den nahrungsmittelexportierenden Ländern. Bis Anfang der 1960er Jahre konnte sich das Land mit Nahrungsmitteln selbst versorgen. Seit Anfang der 1970er Jahre stieg der Getreideverbrauch bei nur langsam wachsender Getreideproduktion sprunghaft an. 1992/93 betrug das Defizit an Weizen 49,5% (vgl. Abb. 2) und an Mais 27,7% (CAPMAS 1995, S. 96). Im folgenden werden die Produktion und die Bedeutung der Hauptgetreidearten analysiert.

7.4.2.1 Weizen

Der Pro-Kopf-Verbrauch von Weizen, Weizenmehl und Maismehl betrug in Ägypten 1992/93 253,8 kg im Jahr, wovon allein 175,6 kg auf Weizen und Weizenmehl entfielen (vgl. Tab. 12). Dies ist die höchste Weizenkonsumrate in der Welt. Brot ist Hauptnahrungsmittel in Ägypten und bei Reich und Arm wichtiger Bestandteil einer jeden Mahlzeit.

Es gibt zwei Hauptarten von Brot, die sich nach den Getreidearten, aus denen sie hergestellt werden, und nach Verbrauchsgebieten voneinander klar unterscheiden:

- Die erste ist sehr dünn und flach und besteht entweder völlig aus Mais oder aus einer Mischung aus Mais und Weizen sowie einigen Gewürzen (u. a. Helba). Dieses Brot wird in ländlichen Gebieten von den Frauen für den Eigenverbrauch hergestellt.
- Die andere Brotsorte ist das Fladenbrot, *eesch baladi* („einheimisches Brot"), das in den Städten und den größeren Dörfern verkauft wird. Der Staat beliefert die Bäckereien mit subventioniertem Weizenmehl. 1980 zahlte der Verbraucher hierfür nur 36,6% des Weltmarktpreises für Weizen (Hamdan 1984a, S. 267).

Neben diesen beiden Sorten gibt es in den größeren Städten für den gehobenen Bedarf eine weitere Brotsorte, das teurere baguetteartige Weißbrot, *eesch fino*, das in besonderen Bäckereien hergestellt wird.

Die Gründe dafür, daß in vielen Dörfern trotz der Subventionierung des Brotpreises das Brot immer noch von den Frauen selbst gebacken wird, sind folgende:

- Das selbstgebackene Maisbrot ist billiger als subventioniertes Weizenbrot.
- Viele Dörfer besitzen keine Bäckerei in ihrer Reichweite.
- Der Verbrauch wird durch die Eßgewohnheiten bestimmt. Außerdem sind die staatlich kontrollierten Bäcker dafür bekannt, daß sie Brot schlechter Qualität backen, weil sie das bessere Mehl auf dem Schwarzmarkt verkaufen.
- Die Fellachen befürchten aus Erfahrung eine unregelmäßige Versorgung durch die Bäckereien und verlassen sich lieber auf ihre eigene Ernte. In einigen Gebieten, besonders in den Oasen, gilt es heute noch als Schande, Brot zu kaufen.

Die Abkehr vieler Ägypter von der Verwendung von Mais als Brotgetreide und der Übergang zum überwiegenden Verzehr von Weizenbrot erfolgte mit zunehmender Urbanisierung und mit dem starken Anwachsen der Einwohnerzahlen der ägyptischen Dörfer.

Nachdem ein erster radikaler Versuch, den Brotpreis anzuheben, zu innenpolitischen Unruhen führte, reduziert man heute unter dem Druck der Weltbank die Subventionen ganz allmählich.

Tab. 12: Der Verzehr an Nahrungsmitteln in Ägypten 1992/93

Nahrungsmittel	Verzehr in kg pro Kopf/Jahr
Weizen und Weizenmehl	175,6
Maismehl	78,2
Reis	43,0
Bohnen und Linsen	7,9
Frischgemüse	153,5
Obst	79,8
Fleisch und Geflügel	21,0
Fisch	6,9
Milch	40,1
Öl und Margarine	10,9
Zucker	24,4
Eier (Stück)	42,0

Quelle: CAPMAS 1995, S. 97.

Bei einer Interpretation der Verbrauchsstatistiken für Lebensmittel in Ägypten ist zu berücksichtigen, daß ein großer Teil des preisgünstig an die Bäckereien gelieferten Mehls unter der Hand als Hühnerfutter verkauft wird.

Tabelle 13 zeigt, daß Ägypten 1992–1994 jährlich ca. 4,6 Mio. t Weizen selbst produzierte und ca. 6 Mio. t Weizen einführen mußte.

Die Abhängigkeit Ägyptens von Weizenimporten begann 1950, nachdem das Land bis zum Zweiten Weltkrieg Selbstversorger mit Weizen gewesen war. 1994 mußten für Weizenimporte 8,43% des gesamten Importwerts des Landes aufgebracht werden (CAPMAS 1995, S. 303 und S. 312). Es handelte sich dabei um eine Summe in Höhe von ca. 1,174 Mrd. DM. Im gleichen Jahr machten die Einnahmen aus dem Export von Rohbaumwolle lediglich 390 Mio. DM aus.

In Ägypten wird zur Zeit die Frage der Selbstversorgung des Landes mit Grundnahrungsmitteln lebhaft diskutiert. Man fragt sich immer häufiger, ob es überhaupt erstrebenswert ist, den gesamten Weizenbedarf im Lande selbst zu erzeugen, oder ob es angesichts des für den Anbau idealen Klimas und der vorzüglichen Böden Ägyptens vielmehr sinnvoller ist, höherwertige Agrarprodukte, wie etwa Frühgemüse oder Früchte aller Art, für den Export zu erzeugen. Mit Sorge blickt man dabei auf die neuen GATT-Bestimmungen, die für Ägypten nicht sonderlich günstig sind.

Einige wichtige Argumente sprechen dafür, dem Anbau von Weizen in Ägypten besondere Bedeutung beizumessen:

Tab. 13: Die Getreideproduktion und der Grad der Selbstversorgung in Ägypten 1992–1994

Getreideart	Anbaufläche in 1000 ha	Produktion in Mio. t	Ertrag dz/ha	Anteil am Bedarf in %
Weizen	892,4	4,630	51,9	ca. 44
Mais	839,6	5,219	62,2	ca. 73
Reis	543,3	4,218	77,6	ca. 106
Hirse	151,2	0,752	49,7	–
Gerste	75,6	0,166	22,0	–
Gesamt	2502,1	14,985	–	ca. 70

Quelle: CAPMAS 1995, S. 62ff.

- Bei einem hohen Grad der Abhängigkeit von Importen können Weizenlieferungen als politische Waffe gegen das Land benutzt werden, was die Souveränität Ägyptens in Frage stellen würde.
- Weizenkulturen bedürfen relativ geringer Wassermengen (vgl. Tab. 11). Sie nehmen heute einen großen Teil der Ackerflächen ein. Träten an ihre Stelle Feldfrüchte mit höherem Wasserbedarf, so würde sich der bereits jetzt bestehende Wassermangel noch verschärfen.

Aus der Sicht der Bauern ergeben sich beim Weizenanbau einige weitere Aspekte, die besonders zu berücksichtigen sind:

- Er ist wesentlich weniger arbeitsintensiv als die meisten Kulturen, z. B. der Baumwollanbau.
- Das Weizenstroh ist für die Bauern wichtig als Viehfutter. In den 1980er Jahren überstieg zeitweise der Preis für das Stroh denjenigen des Korns selbst. Als der Staat versuchte, im Zuge der Grünen Revolution eine mexikanische Weizensorte einzuführen, die ertragreicher war als die einheimischen Arten, weigerten sich die Bauern, diese anzubauen. Sie begründeten dies damit, daß die Halme kurz und hart und nicht als Futter für die Tiere geeignet seien.
- Nach der Liberalisierung auch der Landwirtschaft und der Anhebung der Erzeugerpreise beginnt der Weizenanbau heute Gewinn abzuwerfen. In den 1980er Jahren bauten die Bauern ungern Weizen an, weil der Staat, der einzige Käufer, niedrige Preise festgelegt hatte, die beispielsweise 1980 nur 68% des Weltmarktpreises betrugen, zu dem er selbst im Ausland einkaufen mußte (Hamdan 1984 a, S. 267).

7.4.2.2 Mais und Reis

Mais und Reis haben im Vergleich zu dem traditionellen ägyptischen Getreide Weizen einen relativ hohen Wasserbedarf (vgl. Tab. 11) und wurden deshalb früher überwiegend in der *nili*-Saison angebaut. Mit der Errichtung des Hochstaudammes von Assuan stand bereits ab 1967 mehr Bewässerungswasser zur Verfügung, so daß sich der Anbau von Mais und Reis auf die *seifi*-Saison (April bis September) verlagerte. Vor dieser Zeit unterlagen die Erträge – besonders bei Reis mit seinen extrem hohen Ansprüchen an die Verfügbarkeit von Wasser – einer hohen jährlichen Schwankung, die mit der Nilhochflut korrelierte.

Tabelle 14 zeigt die Entwicklung des Anbaues von Mais und Reis von 1952 bis 1992. In diesem Zeitraum fand eine sprunghafte Zunahme der Hektarerträge statt, für die die Grüne Revolution verantwortlich ist.

Seit den 1970er, verstärkt in den 1980er Jahren wurde Hochertragssaatgut nach Ägypten eingeführt. Durch die neuen Sorten, die teilweise Hybridsorten sind, wurden die Bauern gezwungen, laufend neues Saatgut zu kaufen. Diese Sorten haben auch einen erhöhten Wasserbedarf und verlangen hohe Gaben an Handelsdünger und Pestiziden, so daß Ägypten heute unter den Ländern mit dem höchsten Verbrauch an denselben rangiert. 1994 erließ das Parlament das erste umfassende Umweltschutzgesetz, und man spricht heute in Ägypten offen über die bereits eingetretene Belastung der Böden u.a. durch Dünger und Pestizide. Es bleibt abzuwarten, wie sich die seitens der Weltbank erzwungene Strukturanpassung auswirken wird, durch die die Subventionen für Dünger und Pflanzenschutzmittel in Ägypten abgebaut werden, so daß ein großer Teil der Fellachen nicht mehr in der Lage sein wird, diese einzusetzen.

Wie Tabelle 14 zeigt, hat sich die Anbaufläche von Mais seit 1952 relativ geringfügig erweitert, während diejenige von Reis sich im gleichen Zeitraum mehr als verdreifachte. Die Hektarerträge von Mais verdreifachten sich etwa und diejenigen von Reis haben sich mehr als verdoppelt. Die Produktion von Mais stieg auf das 3,4fache, diejenige von Reis auf das 7,5fache. Der Selbstversorgungsgrad sank bei Mais auf 74,8% und stieg bei Reis leicht über 100%. 1994 exportierte Ägypten Reis im Wert von 130 Mio. DM, womit erstmals neben die Baumwolle ein anderes Agrarprodukt als Hauptexportgut getreten war. Es war jedoch nur möglich, Reis in diesem Umfang zu exportieren, weil Ägypten gleichzeitig minderwertige billigere Reissorten aus Südostasien zur Deckung des inländischen Bedarfs einführte. Teile des in Ägypten geernteten Maises wie auch des Reises werden auch als Viehfutter verwendet. Der Mais spielt daneben – wie bereits dargestellt – als Brotgetreide eine wichtige Rolle.

Der Anbau von Reis findet wegen seines hohen Wasserbedarfs bei einer gleichzeitigen gewissen Salztoleranz ausschließlich im Nildelta und in El-

Tab. 14: Der Anbau von Mais und Reis in Ägypten vor und nach Durchführung der Grünen Revolution

	Anbaufläche in ha	Ertrag in dz/ha	Produktion in Mio. t	Verbrauch in Mio. t	Selbst-versorgungs-grad in %
Mais:					
1952	715680	21,0	1,506	ca. 1,5	ca. 100,0
1992	826140	61,4	5,069	6,777	74,8
Veränderung	+15,4%	+292%	+337%	+452%	−25,2%
Reis:					
1952	157080	32,9	0,517	ca. 0,5	ca. 100,0
1992	510720	76,6	3,910	3,685	106,1
Veränderung	+325%	+232%	+756%	+713%	+6,1%

Quelle: CAPMAS 1993, S. 43 ff.

Faiyum statt. Mais hingegen wird fast gleichmäßig verteilt im Niltal und im Nildelta angebaut.

7.4.2.3 Hirse (Andropogon sorghum)

Seit Jahrzehnten ist Ägypten weltweit führend in den Pro-Hektar-Hirseerträgen (49,7 dz/ha 1992–1994, CAPMAS 1995, S. 63), flächenmäßig erlitt der Hirseanbau jedoch zeitweilig starke Rückschläge durch den Konkurrenzdruck von Mais. Allein zwischen 1980 und 1989 reduzierte sich die Hirseanbaufläche zugunsten der Maisanbaufläche um 25,4%. Ab 1990 nahm sie jedoch allmählich wieder zu und erreichte 1994 rund 158 000 ha, nachdem die Verantwortlichen staatlicherseits erkannt hatten, daß die Hirse trockenheits- und salzresistenter ist als der Mais, und insbesondere, nachdem die niedrigen Wasserstände des Nils in der 2. Hälfte der 1980er Jahre zu sinkenden Maiserträgen geführt hatten. Gegenwärtig propagiert der Staat den Anbau von Hirse auf salzhaltigen Böden sowie an den Endpunkten der Bewässerungskanäle, die bei Niedrigwasser nicht ausreichend Zufluß erhalten. Hirse findet in Ägypten als Nahrung für die Menschen ebenso wie als Viehfutter Verwendung. Ihr Nährstoffgehalt ist höher als derjenige ihres Konkurrenten Mais: Ihr Kaloriengehalt liegt um 30% höher, und was die Eiweiß- und Fettproduktion pro Flächeneinheit betrifft, so übertrifft sie alle anderen in Ägypten angebauten Getreidearten (Simons 1968, S. 124). Innerhalb der Getreideproduktion des Landes nahm die Hirse 1993 mit 761 000 t nach Mais, Weizen und Reis den 4. Rang ein. Wegen ihres relativ hohen Wärmebedarfs wird sie vornehmlich in Oberägypten angebaut. Im Zeitraum 1985–1987 befanden sich die Hirseanbauflächen Ägyptens in den Gouvernoraten Sohag (40%), Asyut (33,9%), El-Faiyum (12,5%) sowie in El-Minya, Beni Suef und Gisa (zusammen 13,6%). Vor dem Bau des Hochstaudammes von Assuan wurde ein größerer Teil der Hirse in der *nili*-Periode (August–Dezember) angebaut (1960–1963: 11,5%; Simons 1968, S. 134) als heute, wo der ganz überwiegende Teil in der *seifi*-Periode (März/April–August) angebaut wird (1990–1992: 96,3%).

7.4.2.4 Gerste

Als Napoleon 1798 Ägypten eroberte, beschrieben seine Berichterstatter die Gerste als die am häufigsten anzutreffende Kulturpflanze im Lande. Bis ins 20. Jahrhundert schrumpfte die Anbaufläche jedoch drastisch und erreichte 1988 mit nur mehr 37000 ha den bisher notierten Tiefststand. In den darauffolgenden Jahren nahm sie wieder zu und betrug 1992 104 000 ha. Diese jüngste Ausweitung der Anbaufläche bedeutete jedoch nicht gleichzeitig eine Steigerung der Produktion, denn die Hektarerträge sanken in diesem Zeitraum von 30,2 dz/ha auf 20,5 dz/ha, in erster Linie weil der Getreideanbau in die Neulandgebiete in der Wüste verlagert worden war, wo man die Gerste wegen ihrer Anspruchslosigkeit bevorzugt als Pionierkulturpflanze auf den humusarmen sandigen bzw. salzigen Böden einsetzt, so daß sich die Gerstenanbaugebiete heute vornehmlich in den Gouvernoraten mit hohem Anteil an qualitativ geringwertigen Böden befinden. 1985–1987 lag der Hauptanteil der Gerstenanbaufläche in den Gouvernoraten El-Beheira (26%), Esch-Scharqiya (17%), El-Faiyum (11%) und Ismailiya (9%). In Oberägypten dagegen spielt die Gerste als Kulturpflanze nur eine sehr untergeordnete Rolle. Für den Rückgang des Gerstenanbaues in Ägypten in unserem Jahrhundert sind zwei Hauptgründe zu nennen: Zum einen änderten sich die Eßgewohnheiten der Fellachen zugunsten von Mais und Weizen, so daß die Gerste im wesentlichen nur noch als Futter, insbesondere für Geflügel, dient, wobei sie – zum anderen – wiederum von Bersim (s. u. Futterpflanzen) verdrängt wurde, den die Fellachen als Winterfrucht anbauen, um dadurch den Boden für den Baumwollanbau vorzubereiten (Stickstoffanreicherung im Boden und Strukturverbesserung durch Unterpflügen der grünen Pflanzenteile).

7.4.3 Leguminosen und Ölpflanzen

Die Leguminosen Pferdebohnen, Linsen, Kichererbsen, Lupinen und Bockshornklee werden überwiegend in Mittel- und Oberägypten als Winterfeldfrüchte angebaut. Wegen ihres Eiweißreichtums spielen Leguminosen, insbesondere Pferdebohnen und Linsen, in Ägypten seit jeher eine wichtige Rolle als Fleischersatz für die Ernährung der ärmeren Bevölkerungsschichten.

Die Pferdebohne (Vicia faba, *ful*) ist traditionelles Hauptnahrungsmittel in Ägypten. Die Mehrheit der Ägypter, insbesondere die Städter, nehmen sie bereits morgens zusammen mit Fladenbrot zum Frühstück ein. Die über Nacht langsam gegarten Bohnen werden in vielfältigen Variationen, meist jedoch warm mit Salz, Öl und Limonensaft verzehrt. Die traditionellen Imbißstuben und die ambulanten Verkäufer bieten *ful* und *ta'miya* (*falafil*), aus zerkleinerten geschälten Pferdebohnen hergestellte Bratlinge, zu allen Tageszeiten als preiswerte Mahlzeit an.

Die Erzeugung von Pferdebohnen bewegte sich in den letzten Jahren knapp unterhalb der Selbstversorgungsgrenze. 1980 lag die Produktion bei 86% des Selbstversorgungsgrades, 1992/93 konnte man auf einer Anbaufläche von 157000 ha lediglich 69% des Inlandsbedarfs produzieren.

Der Selbstversorgungsgrad bei Linsen dagegen ist wesentlich geringer und liegt seit 15 Jahren bei ca. 10%. Linsen, die ebenfalls einst zu den traditionellen Hauptspeisen der ärmeren Ägypter gehörten, sind heute relativ teure Importware.

Kichererbsen, Bockshornklee (Trigonelia foenum-graecum, *helba*) und Lupinen gehören zu den bekannten traditionellen, aber weniger häufig eingenommenen Speisen in Ägypten. Kichererbsen werden meist geröstet wie Nüsse verzehrt, Lupinen und Bockshornklee in gekeimter Form. Gemahlener Samen des Bockshornklees, der oft als Magentee Verwendung findet, gehört auch zu den Zutaten des traditionellen blätterteigartigen Brotes (*bettau*), das die Fellachenfrauen Mittelägyptens bis heute backen. Die Anbauflächen von Linsen, Kichererbsen und Lupinen nehmen laufend ab und betragen zur Zeit zusammen im Jahresdurchschnitt rund 18000 ha (1992–1994).

Ägypten mußte Anfang der 1990er Jahre 77% seines Speiseölbedarfs einführen (CAPMAS 1993, S. 78). Das im Lande selbst produzierte Pflanzenöl wird größtenteils aus den Baumwollkernen überall im Niltal und im Nildelta gewonnen. Die jährliche Produktion belief sich im gleichen Zeitraum auf 329000 t (a. a. O., S. 92). Andere ölliefernde Anbaupflanzen nahmen geringere Flächen ein (jeweils 7000 ha bis 35000 ha; CAPMAS 1993, S. 45 f. und Ministry of Agr. 1992, S. 106).

Nach der Größe der Anbaufläche geordnet finden sich in Ägypten folgende ölliefernde Pflanzen:

- Sojabohnen (Sommerfrucht) – vornehmlich in Beni Suef, El-Gharbiya und El-Minufiya;
- Sesam (Sommerfrucht) – mit Anbauschwerpunkt in Qena;
- Oliven – überwiegend in Marsa Matruh (einschließlich Siwa), El-Faiyum und Nordsinai;
- Sonnenblumen (Sommerfrucht) – mit einer Konzentration in El-Faiyum und Beni Suef, doch könnte die Anbaufläche dieser wichtigen Pflanze möglicherweise noch stark ausgeweitet werden;
- Erdnüsse (Sommerfrucht) – bevorzugt auf den sandigen Böden des östlichen Deltas;
- Leinsamen (Flachs; Winterfrucht) – fast ausschließlich im Gouvernorat Ismailiya.

Der Anbau von Sojabohnen und Sonnenblumen wurde in Ägypten erst in den 1960er Jahren eingeführt. Man erhoffte sich insbesondere von der Sojabohne, daß sie einen wichtigen Beitrag zur menschlichen und tierischen Ernährung (hoher Eiweiß- und Fettgehalt) leisten würde. Bis heute hat sie jedoch kaum Eingang in die ägyptischen Haushalte gefunden.

Der größte Teil der angebauten Erdnüsse wird geröstet bzw. als Bestandteil von Süßwaren oder Gebäck verzehrt. Auch Sesam wird weniger zur Speiseölherstellung als für die Produktion von Süßigkeiten und Gebäck verwendet. Süßes Sesammus (*halawa tehiniya*) wird als Hauptspeise mit Brot gegessen.

Die Verwendung von Oliven zur Ölherstellung findet nur in Wüstengebieten, z.B. in der Oase Siwa, statt. Oliven werden hingegen häufig in eingelegter Form grün oder schwarz verzehrt. Ölbaumkulturen breiteten sich in den letzten Jahren in den Landgewinnungsgebieten stark aus.

7.4.4 Das Hauptanbauprodukt Ägyptens – Futterpflanzen

Im Wüstenklima Ägyptens stehen natürliche Weiden für die Tierhaltung kaum zur Verfügung. Für die Versorgung der rund 18 Mio. von den Bauern gehaltenen Tiere (1994, nach CAPMAS 1995, S. 72) muß daher Futter im Bewässerungsfeldbau erzeugt werden. Die am weitesten verbreitete Futterpflanze Bersim (Alexandrinischer Klee) nahm 1994 45,3% der gesamten Winteranbaufläche Ägyptens ein, 1989 sogar über 50%. Im Sommer entstehen regelmäßig schwerwiegende Engpässe bei der Futterversorgung, so daß man auf Trockenfutter angewiesen ist: Mais, Gerste, getrockneter Bersim (*daris*), im Dreschverfahren zerkleinertes Weizenstroh (*tibn*) sowie das hochwertige Futter aus den Rückständen der ausgepreßten Baumwollkerne (*kusb*). Als Grünfutter stehen im Sommer nur in geringem Umfang Kulturpflanzen wie Sojabohnen, Helmbohnen (*lubya*), Sudangras (Sorghum sudanensis), Elefantengras (Pennisetum benthamii) und Futterrüben zur Verfügung. Es handelt sich meistens um versuchsweise eingeführte Sommerfutterpflanzen, die den Baumwollanbau nicht gefährden (s. u. Baumwollwurm). Bislang konnte hierdurch das Problem des sommerlichen Futterengpasses nicht gelöst werden, wie die Tatsache zeigt, daß die Fellachen ihre Maispflanzen während der Wachstumsphase bereits eines Teils ihres Blattwerks berauben, um die Tiere damit vor dem Verhungern zu schützen, obwohl der Maisertrag hierdurch um schätzungsweise 40% reduziert wird (Hamdan 1984 a, S. 326).

Andere Futterpflanzen, wie z. B. die Pferdebohne, die Platterbse, der Bockshornklee und die Gerste, sind Winterpflanzen.

Der auf Hitze und Lufttrockenheit empfindlich reagierende Bersim wird in erster Linie deshalb im Sommer nicht angebaut, weil er eine Wirtspflanze für den gefürchteten Baumwollwurm ist und die Baumwolle nur im Sommerhalbjahr reifen kann. So bleibt Bersim als Futterpflanze in Ägypten konkurrenzlos. Sein Anteil an der Futteranbaufläche beträgt mehr als 95% (1980–1991, nach Ministry of Agr. 1992, S. 104 f.).

Eine Ausdehnung der Anbaufläche der hochwertigen Futterpflanze der Luzerne (Medicago sativa, *bersim higasi*) konnte nicht erfolgen, da auch diese Pflanze die Ausbreitung des Baumwollwurms begünstigt. Ihr Anbau blieb deshalb auf die Peripherie, vor allem auf Wüstengebiete beschränkt, die sich fernab der Baumwollanbaugebiete befinden. Die Luzerne verbleibt 5–6 Jahre auf dem Feld und liefert ca. 9 Schnitte jährlich. Bersim hingegen ist eine einjährige Kultur (Dezember bis Mai) und erlaubt drei- bis viermaligen Schnitt. Etwa ein Drittel des Bersims, *bersim tahrish* („unterpflügen“) genannt, wird nach einmaligem Schnitt untergepflügt. Die hierdurch meliorierten Böden werden anschließend entweder mit Baumwolle oder mit Mais als Sommerkulturen bestellt, welche beide gute Böden erfordern und von der Stickstoffanreicherung durch die Bersimwurzeln und der Humusbildung durch die untergepflügten Pflanzen profitieren.

Es stellt sich die Frage, ob es angesichts der wirtschaftlich sehr prekären Lage Ägyptens richtig ist, in solch erheblichem Umfang pflanzliche Produktion in tierische umzuwandeln. Aus der Sicht der Fellachen scheint diese Form der Veredelungswirtschaft lohnend zu sein, andernfalls würden sie sie kaum praktizieren. Makroökonomisch sind jedoch andere Faktoren zu berücksichtigen. Man stellte fest, daß der Preis der Erzeugung von 100 Kalorien durch Wasserbüffelfleisch 55mal so hoch ist wie durch Mais oder Sorghum und 21mal so hoch wie durch die besonders eiweißreichen Pferdebohnen (Abdel-Fadil 1975, S. 75). Die Preisverhältnisse wurden durch die staatliche Subvention des Brotpreises und die bis Anfang der 90er Jahre angewandte Agrarpreiskontrolle stark verzerrt. So wurde Viehfutter teurer verkauft als menschliche Nahrung. Das als Viehfutter begehrte Weizenstroh (s. o.) erzielte Anfang der 1980er Jahre den sechsfachen Preis des Weizens, was die Fellachen verständlicherweise dazu veranlaßte, den von ihnen angebauten Weizen ungedroschen als Futter zu verkaufen, obwohl dies verboten war.

Man kann unschwer voraussehen, daß sich in naher Zukunft das Problem der scharfen Konkurrenz zwischen dem Anbau von Futterpflanzen und von menschlicher Ernährung dienenden Pflanzen dramatisch zuspitzen wird, insbesondere weil der Bedarf der ägyptischen Bevölkerung an Fleisch stetig anwächst, was nicht allein auf die Bevölkerungsexplosion zurückzuführen ist, sondern auch auf veränderte Eßgewohnheiten. Zwischen 1972 und 1990 verdoppelte sich der jährliche Pro-Kopf-Verbrauch an Fleisch und Geflügel (CAPMAS 1980, S. 218 und CAPMAS 1993, S. 79). Drei Gründe sind hierfür verantwortlich:

- Die schnelle Zunahme der Urbanisierung: Städter verzehren in Ägypten mehr Fleisch als die Landbevölkerung.
- Die Geldüberweisungen der ägyptischen Gastarbeiter aus den arabischen Ländern führten häufig bei den im Lande verbliebenen Angehörigen zu einer Steigerung ihres Lebensstandards, was ihnen die Sättigung eines gewissen Nachholbedarfs, insbesondere des Verzehrs höherwertiger Nahrungsmittel, erlaubte.
- Die Umstrukturierung der Wirtschaft Ägyptens in den letzten Dekaden ließ eine kaufkräftigere Mittelschicht entstehen, die u. a. auch an die Nahrungsmittel höhere Ansprüche stellt.

Heute sind sich die Planer im Lande darüber einig, daß es geboten ist, die Bersimanbaufläche zugunsten des Weizenanbaues zu verringern. Allerdings erscheint gegenwärtig eine Durchsetzbarkeit hierfür nicht gegeben, denn den Fellachen bringt der Anbau von Bersim einen um 52% höheren Erlös als Weizen (Ministry of Agriculture 1991, S. 553 ff.).

Auch in einem anderen Punkt gehen die Vorstellungen weit auseinander: Die Planer streben eine Umwandlung der traditionellen Viehhaltung in moderne Masthaltung bzw. Milchviehhaltung an. Die Fellachen benötigen ihr Vieh allerdings auch ganz wesentlich als Arbeitstiere zur Betätigung des Wasserrads und zum Ziehen des Hakenpflugs oder des Dreschschlittens sowie für den Transport. Die auf Modernisierung bedachten Experten sehen hierin jedoch eine Verschwendung wertvoller Energie, die ihrer Meinung nach sinnvollerweise in Fleisch und Milch umgewandelt werden sollte. Sie wollen tierische Kraft durch die Leistung von Motoren und Traktoren ersetzen und übersehen dabei die Tatsache, daß die Fellachen sich keine landwirtschaftlichen Maschinen leisten können, weil sie nur Kleinstparzellen besitzen (82% aller Betriebe bewirtschaften Flächen von weniger als 0,84 ha – vgl. Tab. 9). Aus Europa oder den USA importierte Entwicklungsmodelle tragen den besonderen Gegebenheiten der ägyptischen Landwirtschaft nicht Rechnung und sind nicht tauglich für einen Transfer. Das spezielle Problem Ägyptens ist es, eine optimale Verteilung der knappen landwirtschaftlichen

Nutzfläche auf die verschiedenen miteinander konkurrierenden Anbaufrüchte zu erreichen.

7.4.5 Obst und Gemüse

Die Situation des Obst- und Gemüseanbaues ist derjenigen des Futteranbaues nicht unähnlich. Tabelle 10 zeigt, daß in den letzten vier Dekaden der Anteil der Obstanbaufläche an der gesamten Erntefläche des Landes um das 6,4fache gestiegen ist. Berücksichtigt man die Tatsache, daß Obstanbau die Flächen ganzjährig beansprucht, so muß die angegebene Fläche als Erntefläche doppelt berechnet werden, denn bei anderweitiger Nutzung wären jährlich zwei Ernten zu erzielen.

Obst wird in Ägypten vorwiegend von den kaufkräftigeren Städtern verzehrt. Der Obstanbau bedeutet Investitionen und liegt deshalb überwiegend in den Händen der reicheren landwirtschaftlichen Unternehmer aus der Stadt. Aus diesen Gründen verweist eine Ausweitung des Obstanbaues auf Kosten des Getreideanbaues auf soziale Ungerechtigkeit. Beispielhaft hierfür kann die Entwicklung der Fläche der Apfelplantagen betrachtet werden, welche einst wenig bedeutend war und dann sprunghaft anwuchs, so daß sie 1971 700 ha (Simons 1977, S. 597) und im Jahr 1993 bereits 29400 ha (CAPMAS 1994a, S. 49) bei wachsender Tendenz betrug. Äpfel erzielen immer noch Spitzenpreise im Lande und werden nur von den Wohlhabenderen verzehrt. Früher fanden sich auf dem ägyptischen Markt fast ausschließlich Importe aus den USA, aus dem Libanon oder aus Zypern, heute sind die Importmengen stark reduziert, nachdem sich die einheimische Produktion zwischen 1991 und 1993 verdoppelte und auf 354000 t anwuchs (CAPMAS 1994a, S. 57). Die Anbauflächen liegen vorwiegend in den Neulandgebieten, 70% von ihnen allein in der zum westlichen Deltagebiet gehörigen Wüstenprovinz Nubariya. Die neuen, in den 1970er Jahren durch das Landwirtschaftsministerium im Zuge einer Kampagne zur Begrünung der Wüsten aus den USA eingeführten Sorten bringen bereits nach ein bis zwei Jahren Erträge, was für die Produzenten günstig ist im Gegensatz zu Zitrusfrüchten, die nach etwa vier Jahren, oder zu Ölbäumen, die nach etwa sieben Jahren erstmals Frucht tragen. Die Haupternte des neuen Spalierobstes fällt in den Sommer, so daß auch Schulkinder dabei beschäftigt werden. Ägypten hofft für die Zukunft, Äpfel nach Libyen, einem wichtigen Apfelimporteur, nach Saudi-Arabien und in die Vereinigten Arabischen Emirate exportieren zu können, wird sich dann aber der libanesischen und der türkischen Konkurrenz zu stellen haben.

Weitere neue, auf dem Markt relativ hohe Preise erzielende Obstsorten sind die bereits erwähnten Erdbeeren sowie die besonders schmackhafte kleine Melonenart Kantalupe.

Aus wasserwirtschaftlichen Gründen ist eine Expansion des Obstanbaues ebenfalls als negativ zu beurteilen. Circa 50% des angebauten Obstes gehören zu den tropischen bzw. subtropischen Arten, wie z. B. Zitrus und Bananen, und weisen einen hohen Wasserbedarf auf.

Die hier genannten statistischen Angaben enthalten nicht die 6,6 Mio. Dattelpalmen, welche im gesamten Niltal und in den Oasen über die kultivierte Fläche verteilt sind. Datteln sind ebenso nahrhaft wie für die ärmeren Bevölkerungsschichten erschwinglich. Auch Melonen, deren Kulturen nach den offiziellen Angaben 6,3% der Gemüseanbaufläche (1990–1992) beanspruchen, sind relativ preiswert und können von Ärmeren gekauft werden.

Der Anteil der Gemüseanbaufläche an der gesamten Erntefläche des Landes hat sich in den letzten vier Dekaden (1952–1992) vervierfacht. Dies ist als positiv zu beurteilen, da Gemüse ein wichtiger Bestandteil der Nahrung aller Bevölkerungsschichten ist. Die günstigen Temperaturen Ägyptens im Jahresgang erlauben den Anbau fast aller Gemüsearten. So sind die Gemüsesorten der kühleren Breiten, z. B. Kohl, Karotten und Rote Bete, ebenso vertreten wie diejenigen des mediterranen Raumes, z. B. Paprika, Auberginen, Artischocken, wie auch diejenigen der Tropen, z. B. Okra (Hibiscus esculentus, *bamya*), *mulukhiya* (Corchorius olitorius), Pfeilwurz (Taro, Gattung Maranta, *qolqas*). Der Gemüseanbau verteilt sich über das gesamte Niltal und Nildelta, wo sich auch die Städte befinden. Aus klimatischen, aber auch aus Absatzgründen konzentriert sich der Anbau einiger Gemüsearten, wie z. B. Kartoffeln, grüne Bohnen, Karotten, Blumenkohl und Artischocken, auf das Nildelta und Gisa. Der Obstanbau ist ebenfalls aus Absatzgründen größtenteils auf Nord- und Mittelägypten konzentriert. In Oberägypten findet sich lediglich ein Schwerpunkt des Dattelpalmen- und Bananenanbaues.

Beim Obst- wie auch beim Gemüseanbau findet sich jeweils eine Anbaufrucht mit herausragender Bedeutung: Beim Obst sind dies die Zitrusfrüchte, die 40,7% der Obstanbaufläche beanspruchen, mehr als die beiden nächstbedeutenden Früchte, die Weintrauben (16,7%) und die Äpfel (7,5%) zusammen (1990–1991). Beim Gemüse nimmt die Tomate mit 38,5% den ersten Platz ein. Die Pferdebohne, die auf einer ähnlich großen Fläche angebaut wird, wird statistisch nicht als Gemüse erfaßt.

In Ägypten verfolgt man besorgt die Beschlüsse der Europäischen Union, denn man hat das Ziel, den Obst- und Gemüseexport nach Europa, aber auch in die arabischen Staaten zu verstärken. Bislang stellte sich hier kein durchgreifender Erfolg ein. 1989–1990 exportierte Ägypten 27% seiner Zwiebelproduktion, 11% der Zitrus-, 9% der Kartoffel- und 2,4% der Knoblauchernte. Die Erlöse aus dem Anbau von Obst und Gemüse sind für die Erzeuger 2–3mal so hoch wie diejenigen aus dem Weizenanbau. So stellt man Überlegungen für eine optimale Inwertsetzung des immer knapper werdenden Agrarlandes an und sieht die Lösung in der Produktion möglichst hochwertiger Exportprodukte. Hamdan (1984a, S. 338) berechnete, daß Ägypten über ausreichend Devisen zur Bezahlung seiner gesamten Weizenimporte verfügte, wenn es gelänge, den Ertrag von einer Fläche von nur 11 550 ha Erdbeerkulturen zu exportieren.

7.4.6 Zuckerrohr und Zuckerrüben

1992/93 betrug der Pro-Kopf-Verbrauch an Zucker in Ägypten 24,4 kg (vgl. Tab. 12); das ist zweieinhalbmal soviel wie der Pro-Kopf-Verbrauch der Welt. Gleichzeitig importierte Ägypten 29,9% seines Zuckerbedarfs und mußte dafür Devisen im Wert von ca. 230 Mio. DM aufwenden (CAPMAS 1993, S. 78 und S. 276). Früher produzierte Ägypten einen Überschuß an Zucker. 1965 übertraf erstmals der Inlandsverbrauch die Produktion, und 1981/82 erreichte das Defizit mit 49% (Abdel Fattah 1992, S. 125) seinen bisherigen Höhepunkt und reduzierte sich seither jährlich um etwa 1%.

Mitte der 1990er Jahre fragte man sich im Lande, ob Ägypten sich jemals wieder zu 100% selbst mit Zucker versorgen können wird. In der Tat hat das Wachstum der Zuckerproduktion in Ägypten gewisse Grenzen erreicht. Eine Erhöhung der Hektarerträge von Zuckerrohr ist kaum noch möglich, denn 1993 lag Ägypten bereits mit einem Durchschnittsertrag von 43,2 t/ha hinter Peru an der zweiten Stelle der Weltrangliste. Eine horizontale Ausdehnung empfiehlt sich aus folgenden Gründen nicht:

- Zuckerrohranbau erfolgt in erster Linie auf relativ schweren Böden, die nur im alten Bewässerungsland des Niltals zu finden sind. Das Neuland in Wüstengebieten ist hierfür nicht geeignet. Das bedeutet praktisch, daß der Zuckerrrohranbau nur auf Kosten anderer, z. T. wichtigerer Feldfrüchte expandieren kann.
- Zudem ist das Zuckerrohr keine saisonale Kulturpflanze, sondern bleibt über drei Jahre hinweg im Boden und wird während dieser Zeit einmal jährlich geschnitten. Alternativ wären jährlich je eine Ernte Weizen und eine Ernte Mais möglich.
- Zuckerrohr benötigt ca. 40 000 m^3 Wasser pro ha im Jahr, d. h. 16mal soviel wie Weizen und 6,7mal soviel wie Mais. Da in Ägypten bereits jetzt Wasserknappheit herrscht, bedeutet dies, daß – nach wasserwirtschaftlicher Kalkulation – Ägypten für jeden Hektar zusätzlicher Zuckerrohranbaufläche 16 ha Weizen- bzw. 6,7 ha Maisanbaufläche opfern muß.

Einen Ausweg aus diesem Dilemma sieht man derzeit in dem seit den 1970er Jahren begonnenen Anbau von Zuckerrüben. 1994 erreichte deren fast ausschließlich im nördlichen Nildelta gelegene Anbaufläche 17 640 ha, mit einem Hektarertrag von durchschnittlich 46,8 t. 1993 wurden in Kafr esch-Scheikh in der bislang einzigen Rübenzuckerfabrik des Landes 95 000 t Zucker produziert. Das sind 9,4% der gesamten Zuckerproduktion Ägyptens, welche sich auf über 1 Mio. t belief. Für die Ausweitung des Zuckerrübenanbaues und die Errichtung einer weiteren, 225 Mio. DM teuren Rübenzuckerfabrik in En-Nubariya auf dem neugewonnenen Land in der Wüste westlich des Nildeltas wurde 1994 ein ausländisch-ägyptisches Projekt gestartet. Es zielt auf die Produktion von 250000 t Rübenzucker, von 86000 t Viehfutter und von 80000 t Melasse jährlich. Letztere soll in die EU exportiert werden und Devisen im Wert von ca. 19 Mio. DM einbringen. Das Vorhaben soll für jährlich sechs Monate 100000 Arbeitsplätze schaffen (Al-Ahram, 26.3.94, S. 18).

Da die Zuckerrübe zwar wesentlich weniger Wasser, jedoch wie das Zuckerrohr gute Böden benötigt, ist es unwahrscheinlich, daß sie das Zuckerrohr aus Ägypten verdrängen wird. Erst 1994 ließ der Staat die große Rohrzuckerfabrik von Nag' Hammadi mit hohem Aufwand völlig renovieren. Für die Bauern ist der Anbau von Zuckerrohr besonders gewinnbringend. Es fallen dabei z.T. sehr wichtige Nebenprodukte wie Viehfutter, Sirup und Rohstoffe für die Herstellung von Papier und Alkohol sowie Brennmaterial an. Ein Nachteil der Zuckerrübe gegenüber dem Zuckerrohr, dem besondere Beachtung geschenkt werden sollte, ist, daß sich in ihr Schädlinge entwickeln, die auch die Baumwollpflanzen gefährden (Hamdan 1984a, S. 354).

7.5 Die Landgewinnung

Die Knappheit des Agrarlandes sowie des ökonomisch nutzbaren Bewässerungswassers bildet das Haupthemmnis für die Entwicklung der Landwirtschaft in Ägypten. Seit der Nasserzeit unternimmt der Staat große Anstrengungen, die von intensiver Propaganda begleitet werden, um neues Land zu gewinnen und neue Wasserquellen zu erschließen. Die offiziellen Angaben über die Größe der Fläche des neugewonnenen Landes sind – wie bereits dargestellt – stark widersprüchlich. Nach zwei verschiedenen offiziellen Quellen, die 1994 veröffentlicht wurden, beliefen sich die Flächen auf 0,741 Mio. ha bzw. auf 1,043 Mio. ha. (CAPMAS 1994b, S. 4 bzw. CAPMAS 1994a, S. 83). Träfe dies zu, so bedeutete es eine Erweiterung der Anbaufläche um 23% bzw. 29% seit 1952 bis zu diesem Zeitpunkt.

Eine realistische Einschätzung des Erreichten muß allerdings berücksichtigen, daß einerseits nur etwa die Hälfte der von offizieller Seite genannten Flächen tatsächlich bestellt werden (vgl. Abschnitt 6.4.4.2) und andererseits die durchschnittlichen Flächenerträge auf dem Neuland bei teilweise extrem hohen Input-Kosten außerordentlich gering sind, was die Agrarstatistiken des Landes in aller Regel unterschlagen, weil dadurch die Durchschnittswerte der Erträge stark herabgesetzt werden. 1991/92 trugen nach einer halbamtlichen Mitteilung die Neulandgebiete bei einem Flächenanteil an der Nutzfläche von

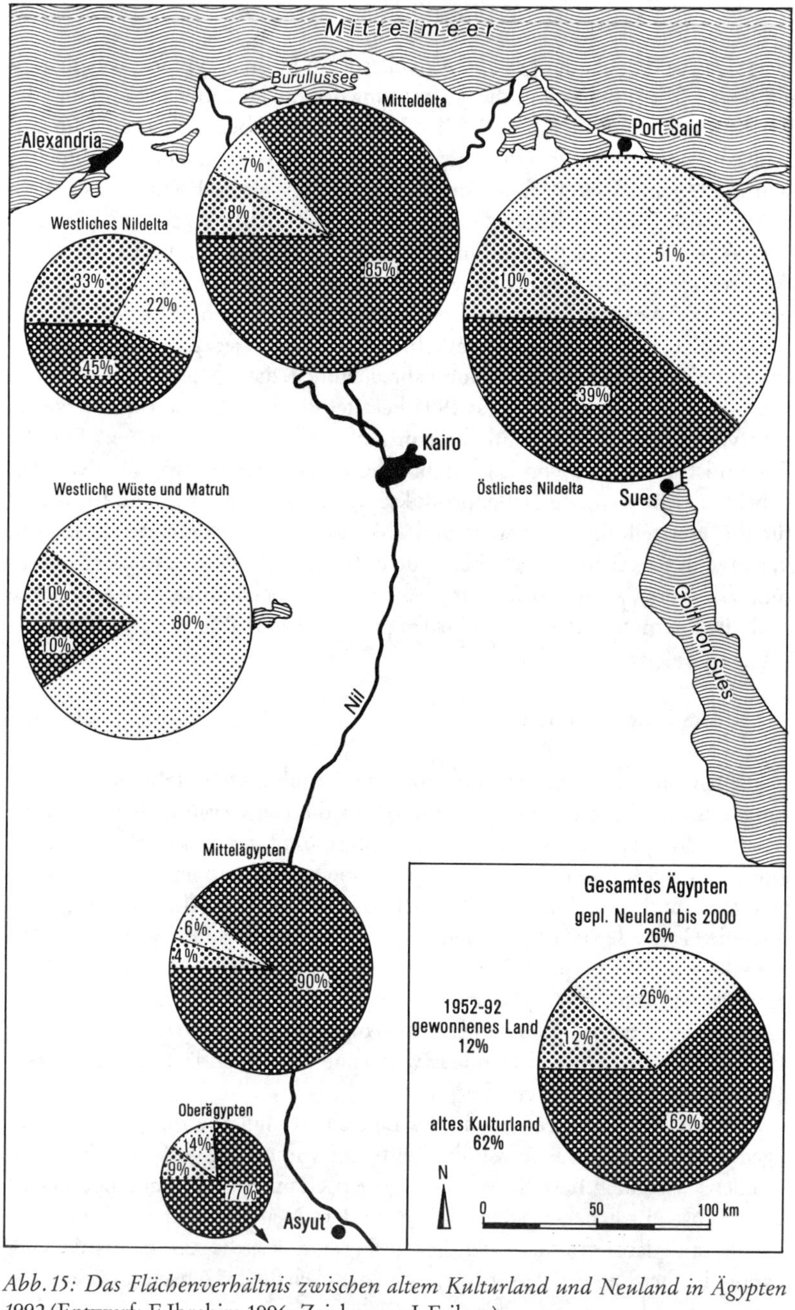

Abb. 15: Das Flächenverhältnis zwischen altem Kulturland und Neuland in Ägypten 1992 (Entwurf: F. Ibrahim 1996; Zeichnung: J. Feilner).

29% nur mit 7% zu der landwirtschaftlichen Produktion des Landes bei. Der durchschnittliche Wert der Produktion je Hektar beträgt demnach bei dem Neuland ca. 800 DM gegenüber ca. 4000 DM bei dem alten Kulturland im Niltal (Al-Ahram, 15.4.95, S.20).

Abb. 15 zeigt die Schwerpunkte der regionalen Ausprägung der Neulandgebiete bezüglich der heutigen Situation und der zukünftigen Planung.

7.5.1 Das westliche Nildelta

Allein in diesem Gebiet befanden sich 1991/92 in den Gouvernoraten El-Beheira und Alexandria 42,1% der Gesamtfläche aller Neulandgebiete Ägyptens. Hier entstand das größte Landgewinnungsprojekt der Nasserzeit: Mudiriyet et-Tahrir (Befreiungsprovinz). Das neugewonnene Land wurde seinerzeit durch die Regierung erschlossen und an Kleinbauern verteilt. Die spätere Entwicklung im westlichen Delta, besonders in West-Nubariya und im Natrun-Tal, folgte anderen Grundsätzen: Seit der Zeit Sadats und später auch Mubaraks versuchte man, das Land an Absolventen der Agrarfachschulen zu verteilen, jedoch gelangten größere Flächen in den Besitz reicher Kairoer und ehemaliger hochrangiger Militärs. Sie waren in der Lage, hohe Kapitalsummen zu investieren, und legten Plantagen an, auf denen sie Wein, Äpfel, Erdbeeren, Kartoffeln und sonstige Obst- und Gemüsearten anbauten, die auf dem einheimischen Markt oder beim Export hohe Gewinne versprachen, oder errichteten Geflügel- und Eierfarmen, für deren Produkte im Lande eine starke Nachfrage besteht.

7.5.2 Das östliche Nildelta und Sinai (vgl. Abb. 16 und Abb. 17)

Die Planung sieht vor, daß im östlichen Nildelta und auf Sinai die größte Ausdehnung des Agrarlandes stattfinden soll. Bis zum Jahr 2000 sollen ca. 600000 ha Wüste urbar gemacht werden, wovon 1991/92 bereits 165000 ha, d.h. 21,5% der damaligen Neulandfläche Ägyptens, gewonnen worden waren. Die zukünftige Entwicklung auf Sinai soll sich vornehmlich im nördlichen Bereich entlang der Mittelmeerküste zwischen Port Said und El-Arisch vollziehen und von dem Bau des Salam-(Friedens-)Kanals begleitet werden. Regionale Schwerpunkte der bisher durchgeführten Landgewinnungsprojekte sind die Gebiete der Küstenlagunen, insbesondere des Mansala-Sees, die Ostufer der Bitterseen und die Salhiya-Wüste. Im folgenden sollen die beiden zuerst genannten Projekte beispielhaft näher beleuchtet werden.

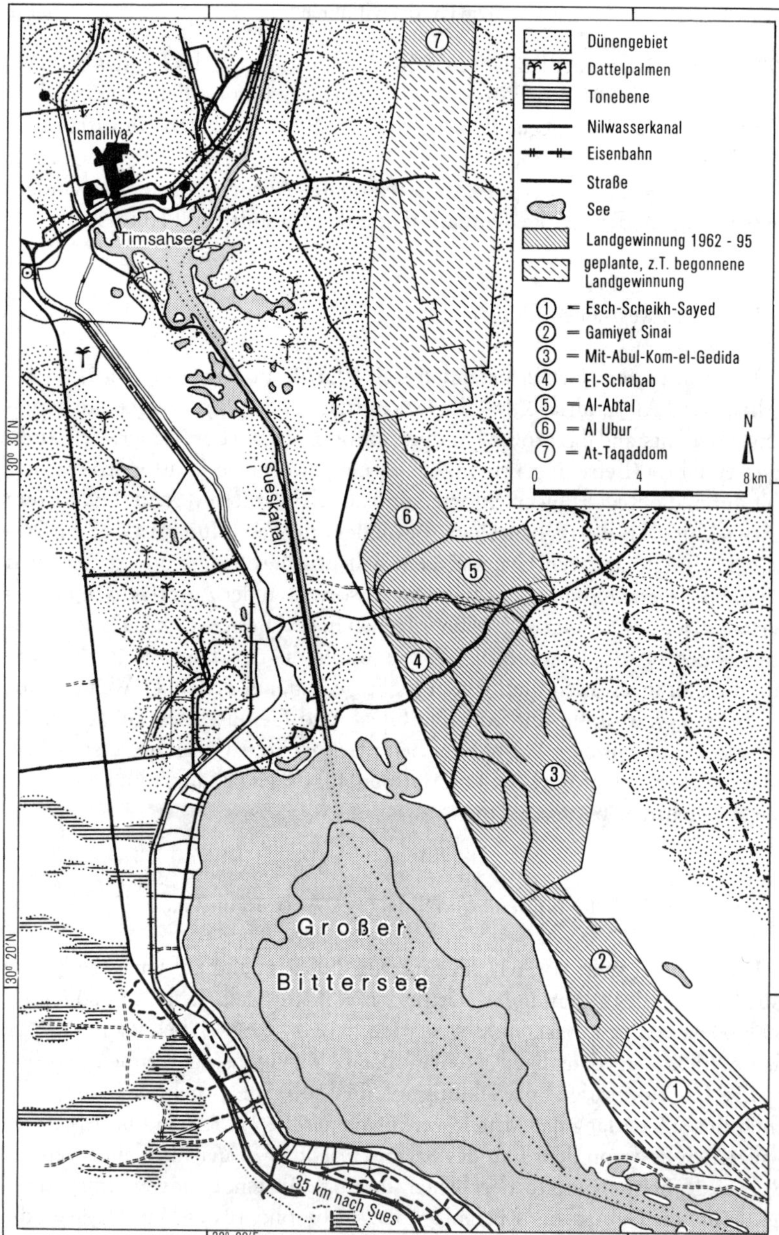

Abb. 16: Das Landgewinnungsprojekt am Großen Bittersee (Entwurf: F. Ibrahim 1996; Zeichnung: J. Feilner; nach Karte: Israel Survey 1977).

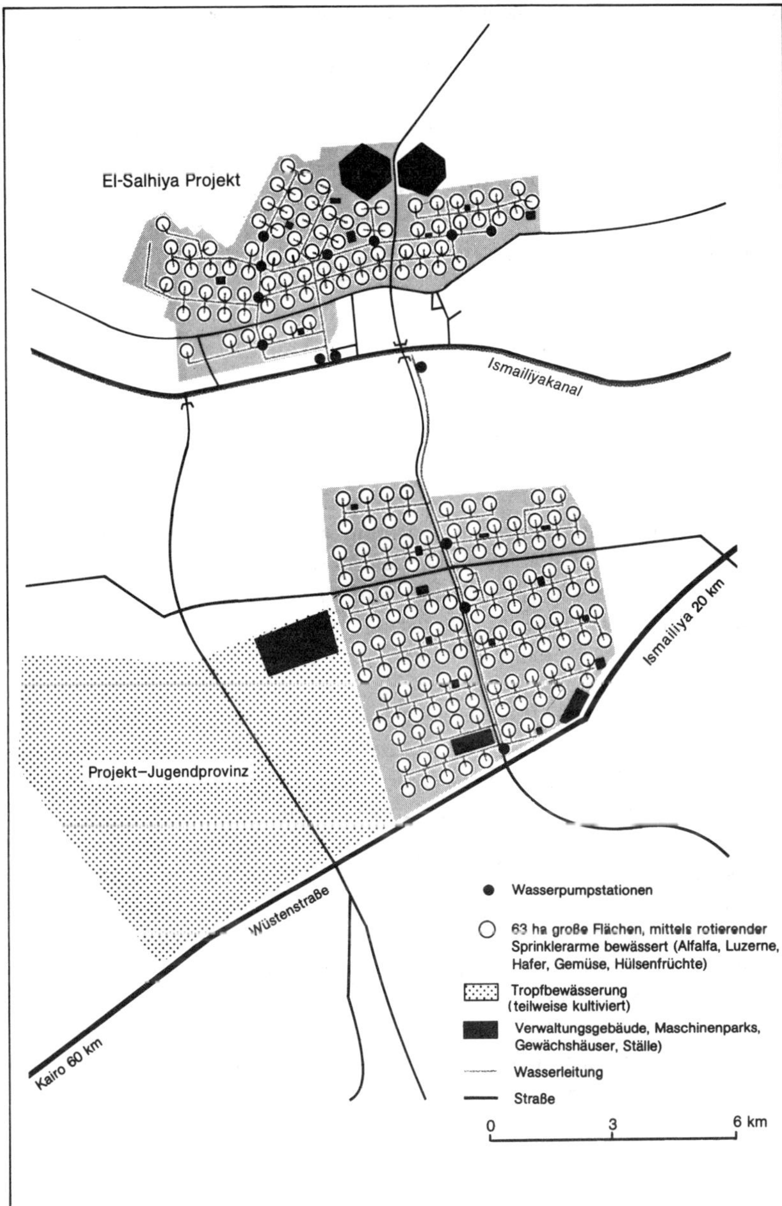

Abb. 17: Das landwirtschaftliche Musterprojekt Es-Salhiya (Entwurf: F. Ibrahim 1996; Zeichnung: J. Feilner, nach Arab Contractors, Publikation Nr. 40, 1983).

7.5.2.1 Die Trockenlegung der Küstenlagunen

Ein Schwerpunkt der Landgewinnung im nördlichen und nordöstlichen Nildelta ist die Trockenlegung des größten Teils der Lagunen an der ägyptischen Mittelmeerküste. Bis 1984 waren bereits 13% der Lagunenflächen, d.h. 28500 ha, trockengelegt. Bis zum Jahr 2000 sollen 63% der gesamten Lagunenflächen, d.h. 140200 ha, trockengelegt sein. Die bisherigen Ergebnisse sind allerdings wenig ermutigend. Einige der Nachteile, die bisher deutlich wurden, sind:

- die Unrentabilität des Ackerbaues: Der Wert der Erträge aus dem Fischfang auf der gleichen Fläche übersteigt denjenigen des Anbaues auf den salzhaltigen Böden nach der Trockenlegung der Seen;
- der Verlust der Beschäftigungsmöglichkeit für die ansässige Bevölkerung: Wegen der geringen Produktivität der trockengelegten salzigen Seeböden können nur wenige der arbeitslos gewordenen Fischer hier von der Landwirtschaft leben. Manche von ihnen gingen dazu über, in den trockengelegten Gebieten wieder Wasserflächen auszuheben, um Fischfarmen anzulegen. Volkswirtschaftlich gesehen war der Verlust ein doppelter: Zu den hohen Investitionen des Staates für die Trockenlegung, die ca. 24000 DM/ha betrugen, kam ein fast ebenso großer Aufwand, um den Vorgang rückgängig zu machen;
- die Reduzierung der Produktion von tierischem Eiweiß: In Ägypten gibt es Defizite an tierischem Eiweiß, so daß seit Jahren Fleisch, Fisch, Eier und Molkereierzeugnisse aus dem Ausland eingeführt werden müssen bzw. Investitionen getätigt werden, um diese Produkte im Land selbst zu erzeugen. Fisch, früher eine billige, auch für die Armen erschwingliche Speise, ist heute häufig selbst in Küstengebieten zu teuer sogar für die Mittelklasse;
- die Verschmutzung der Seen: Nach den Industrie- und Haushaltsabwässern werden jetzt auch die durch Herbizide, Insektizide sowie durch chemische Düngemittel belasteten Abwässer aus den sie umgebenden ackerbaulich genutzten Gebieten in die Restflächen der Seen eingeleitet. Die Zunahme organischer Schwebstoffe führte zu starker Eutrophierung und Verunkrautung des Seewassers.

7.5.2.2 Das Bitterseenprojekt (vgl. Abb. 16)

Das sogenannte Bitterseenprojekt war das erste Vorhaben der Neulandgewinnung auf Sinai mit Verwendung von Nilwasser. Es wurde während der Nasserzeit begonnen, 1967 durch die israelischen Streitkräfte jedoch völlig zerstört. In der Sadatzeit erfolgte ein Wiederaufbau der zerstörten Anlagen.

Das verwendete Nilwasser wird aus dem Ismailiya-Kanal abgeleitet und mittels eines Rohrsystems unter dem Sueskanal hindurchgeführt. Der Höhenunterschied von 11 m zwischen dem Geländeniveau östlich und westlich des Sueskanals wird durch Pumpanlagen überwunden. Bei den für die landwirtschaftliche Nutzung erschlossenen Flächen handelt es sich um Teile der ehemaligen Böden der Bitterseen, die inzwischen mit einer äolischen Sanddecke überzogen sind. Die schwach entwickelten Böden weisen einen hohen Gehalt an Gips und löslichen Salzen, insbesondere Natrium, auf. Bei Bewässerung verstärken sich die Prozesse der Gipsbildung, der Versalzung und der Kalkkrustenbildung in ihnen.

Das Projekt basierte anfänglich auf der Flutbewässerung. In der Sadatzeit wurde es auf Sprinklerbewässerung umgestellt und das zuvor mit hohem Kostenaufwand angelegte Entwässerungssystem zugeschüttet. Nachdem eine Aufteilung des gewonnenen Neulandes und eine Vergabe von Besitzanteilen von je ca. 2,1 ha je Nutznießer erfolgt war, wurden jedoch die Sprinkleranlagen nicht angenommen. Im wesentlichen waren hierfür zwei Gründe verantwortlich: Zum einen war die Wartung und Reparatur der technischen Anlagen durch die zuständigen Behörden unzulänglich, so daß sie häufig über längere Zeiträume hinweg nicht funktionstüchtig waren, zum anderen fehlte es auch bei den Besitzern der kleinen Parzellen, die zum größten Teil nicht vor Ort, sondern in der Stadt lebten, an der Kooperation untereinander, die erforderlich gewesen wäre, um die riesigen Sprinkleranlagen mit einem Halbmesser von 450 m zu betreiben. Es war geplant gewesen, daß sich je etwa 20 Bauern an einer Anlage beteiligen sollten. Auf Grund der technischen Probleme und der fehlenden Akzeptanz des Systems wurden die meisten Sprinkler nach kurzer Betriebszeit wieder stillgelegt. Die Bauern stellten sich eigenständig auf Flutbewässerung um, die ihnen vertrauter war. Dies führte zu schwerwiegenden negativen Konsequenzen:

- Da für die Flutbewässerung wesentlich mehr Wasser erforderlich ist als für die Sprinklerbewässerung, reichte die bereitgestellte Wassermenge nur für einen kleinen Teil der kostenaufwendig neuerschlossenen Flächen aus.
- Die für die Flutbewässerung zwingend nötige, für die Sprinklerbewässerung nicht erforderliche Einebnung des Bodens erfolgte nicht, so daß teils trockene, teils auch stark vernäßte Parzellen entstanden.
- Da die Entwässerungsgräben zuvor zugeschüttet worden waren, fehlte ein für die Flutbewässerung unabdingbares Entwässerungssystem völlig. Dies führte zu gravierenden Vernässungsschäden.

Bis 1995 wurden in diesem Gebiet 10000 ha Neuland gewonnen, wovon jedoch zu diesem Zeitpunkt nur ca. 30% unter Kultur standen. Ein großer Teil der kultivierten Fläche befand sich in Mit-Abul-Kom el-Gedida, wo sich eine Kooperative mit 400 Mitgliedern gebildet hatte, die Kapital einbrachten, das sie als Gastarbeiter in den Golfstaaten verdient hatten. Es gab 160 aktive Mitglieder, die jeweils 6,72 ha Betriebsfläche bewirtschafteten. Knapp die Hälfte der Fläche wurde zu jener Zeit für den Gemüse- und Obstanbau mittels Tropfbewässerung genutzt. Auf der restlichen Fläche erfolgte Anbau von Weizen, Gerste, Erdnüssen und Sesam mittels Sprinklerbewässerung. Von den 24 vorhandenen Sprinkleranlagen befanden sich seinerzeit 14 in Betrieb. Insgesamt waren ca. 1000 ha Land unter Kultur.

Die Nutznießer der neuen Agrarflächen im Bitterseenprojekt sind entweder Armeeveteranen, kapitalkräftige Personen, die in den Golfstaaten gearbeitet haben, oder Absolventen von Fachschulen und Universitäten, denen das Land zugeteilt wurde. Die meisten von ihnen gehen jedoch primär anderen Erwerbstätigkeiten nach. Die Beduinen der Sinaihalbinsel sind ebenso spärlich repräsentiert wie landlose Fellachen aus dem Niltal, denn es erfolgte keine Vergabe des Landes nach sozialen Grundsätzen. Der Staat, der hoch an die Ausführungsfirmen verschuldet war, sah sich zu einem Verkauf des Landes an zahlungskräftige Interessenten gezwungen. Eine Ausnahme wurde allerdings für Militärs gemacht, denen das Land kostenlos überlassen wurde und die auch sonst in Ägypten zahlreiche Privilegien genießen.

1995 erfolgte eine südwärts gerichtete Erweiterung des Projektes um ca. 16 800 ha. Dieser Abschnitt trägt den Namen des Sponsors Esch-Scheikh Sayid, des Staatsoberhauptes der Vereinigten Arabischen Emirate.

7.5.3 Das Mitteldelta

Auch in den Gouvernoraten Kafr esch-Scheikh und Daqahliya im nördlichen Mitteldelta bemüht man sich seit mehreren Dekaden, durch die Trockenlegung von Küstenlagunen Land zu gewinnen. Bis 1991/92 wurden dort auf diese Weise 107 000 ha Land neu gewonnen. Dies ist nicht unproblematisch, da die nördlichen Deltagebiete zum großen Teil unter Meeresniveau liegen und deshalb seit jeher Entwässerungsschwierigkeiten bestanden. Der salzhaltige Boden benötigt große Wassermengen zur Auswaschung, die infolge fehlender Drainage den Grundwasserspiegel weiter erhöhen und so zu einer Verstärkung der Salzkonzentration in der Bodenkrume führen. Abb. 10 zeigt, daß in den betreffenden Gebieten der Salzgehalt höher liegt als im Meereswasser.

7.5.4 Das Niltal

Die Sand- und Schotterböden der höheren Nilterrassen sind ebenso wie die versalzungsgefährdeten alten Seeböden um den Qarunsee (Moeres-See) herum für den Anbau relativ ungeeignet. Dennoch versuchen die Verwaltungen aller am Nil liegenden Gouvernorate, dem allgemeinen Trend zu folgen und sich an der staatlicherseits propagandistisch begleiteten Neulandgewinnung in diesen Bereichen zu beteiligen. Eine gravierende Folge dieser Maßnahmen ist die Versalzung des fruchtbaren Altagrarlandes im Niltal, da die Entwässerung der höher liegenden Neulandgebiete zu Lasten des Altsiedellandes geht.

7.5.5 Die Westliche Wüste

In der Westlichen Wüste wurde 1958 das Projekt Neues Tal (El-Wadi el-Gedid) mit der Ambition begonnen, 3,2 Mio. ha Wüstenland als Agrarland zu gewinnen (Schamp 1967). Das Projektgebiet umfaßt eine sich in N-S-Richtung parallel zum Niltal erstreckende Depression, in der die alten Oasen El-Bahariya, El-Farafra, Ed-Dakhla und El-Kharga liegen (vgl. Abb. 5). Heute, nach fast vier Dekaden großer Anstrengungen und gewaltiger öffentlicher Investitionen, die von intensiver politischer Propaganda begleitet wurden, stellen sich die Ergebnisse äußerst mager dar: Neben etwa 6200 ha altem Kulturland werden hier lediglich ca. 10000 ha Neuland kultiviert. Zieht man davon die ca. 7000 ha Kulturland ab, die infolge des Versiegens der traditionellen Brunnen bzw. der Bodenversalzung durch exzessive Bewässerung bei mangelhafter Entwässerung der Desertifikation zum Opfer fielen, so erkennt man, wie zweifelhaft der Erfolg des Projektes ist. Nach Bliss (1989, S. 169 ff.) verfügten die Oasen Dakhla und Kharga am Anfang des 20. Jahrhunderts zusammen über ca. 12500 ha Kulturfläche. Das bedeutet, daß die seinerzeit verwendeten traditionellen Technologien zur Förderung und Nutzung des Grundwassers nicht weniger effizient waren als die modernen, die auf der Grundlage von Tiefbohrungen basieren. Die traditionellen Technologien waren zudem billiger, besser an die natürlichen und gesellschaftlichen Bedingungen der Oasen angepaßt sowie umweltfreundlicher, und sie garantierten eine dauerhafte Nutzung.

Der Mißerfolg des El-Wadi el-Gedid-Projektes kann in folgenden Punkten umrissen werden:

- Die Einschätzung, daß Wassermangel das einzige Hindernis für die Entwicklung von Wüstengebieten darstellt und daß folglich eine positive Entwicklung allein dadurch eingeleitet werden kann, daß Wasser bereitgestellt wird, erwies sich als irrig.
- Es mangelte an koordinierender Planung zwischen den Behörden, die für die Förderung des Wassers verantwortlich waren, und denjenigen, die über den Anbau bestimmten.
- Die jahrhundertelange Erfahrung der endogenen Oasenbevölkerung bei der Wasserförderung und der ökonomischen Nutzung des kostbaren Grundwassers wurde mißachtet.

- Die Kosten der Wasserförderung mittels Tiefbohrungen wurden unterschätzt. Bis heute bauen sowohl die Politiker als auch die Techniker im Lande auf die Nutzung der Wasservorräte des riesigen Nubischen artesischen Beckens (Hamida 1992) und vergessen dabei, daß es unwirtschaftlich ist, Wasser für den Bewässerungsanbau zu verwenden, das aus einer Tiefe von mehr als 50 m gehoben werden muß (Abulila, Leiter der Landwirtschaftsabteilung in El-Kharga, mdl. Mitteilung 1989). Das im Wadi el-Gedid genutzte Wasser entstammt in den meisten Fällen einer wesentlich größeren Tiefe.
- Wegen der Unzulänglichkeit des Drainagesystems besteht erhebliche Versalzungsgefahr.
- Da eine effektive Kontrolle der artesischen Quellen nicht stattfindet, erfolgt Überbewässerung. 1980 schätzte man die Menge des vergeudeten Wassers auf 30% der gesamten entnommenen Wassermenge (Lloyd 1992, S. 64). Auch ist Reisanbau, wie er hier betrieben wird, wegen des hohen Wasserbedarfs dieser Kulturpflanze unter den gegebenen Umständen nicht sinnvoll.
- Es wird wenig unternommen, um der Korrosionsgefahr entgegenzuwirken, welche die Lebensdauer der Wasserleitungen und der Wasserreservoire erheblich herabsetzt.

Aus allem resultiert, daß die ägyptischen Oasen, welche in der Vergangenheit die Ernährung ihrer Bewohner sicherten und in der Lage waren, Überschüsse an Lebensmitteln zu produzieren, heute völlig von Einfuhren aus dem Niltal abhängig sind. Fast das gesamte Obst und Gemüse sowie die anderen Lebensmittel, die auf dem Markt von El-Kharga angeboten werden, stammen heute aus Asyut bzw. werden über Asyut nach El-Kharga transportiert.

Anfang der 1990er Jahre begann man, die Wasserressourcen des Nubischen Aquifersystems in Scharq-Uweinat (Ost-Uweinat) in Wert zu setzen. Es bleibt abzuwarten, ob die gleichen Probleme, die sich in El-Kharga und in Ed-Dakhla zeigten, in Zukunft auch die Entwicklung in Ost-Uweinat hemmen werden.

In der Oase Siwa gibt es bislang keine größeren Landgewinnungsprojekte. Die traditionelle Bewässerungskultur ist dort noch vorherrschend. Die relative Abgeschiedenheit und periphere Lage der Oase, die erst spät durch eine Asphaltstraße erschlossen wurde, förderte die Beibehaltung des Prinzips der weitgehenden Selbstversorgung. Es wurden allerdings in jüngster Zeit zahlreiche neue Quellen erbohrt, was in der Oase geringen Aufwand erfordert und auch bereits zu Problemen bei der Ableitung des Entwässerungswassers führte.

7.6 Die Viehhaltung und die Fischerei

Die Versorgung der ägyptischen Bevölkerung, besonders der ärmeren ländlichen, mit tierischem Eiweiß ist mangelhaft. Der Preis für ein Kilogramm Fleisch oder Fisch beträgt etwa ein Zehntel oder ein Fünftel des Monatsgehalts eines Jungakademikers. Der durchschnittliche Verzehr eines Ägypters an Fleisch, Milch und Eiern (vgl. Tab. 15) beträgt nur etwa ein Fünftel desjenigen eines Europäers.

Obwohl die Viehbestände zahlenmäßig relativ hoch sind (vgl. Tab. 16), ist die inländische Fleisch- und Milchproduktion gering. Dies ist auf die bereits dargestellte problematische Futterversorgung besonders in den Sommermonaten und die starke Inanspruchnahme der Rinder als Arbeitstiere zurückzuführen.

Seit einigen Dekaden versucht man, mit staatlicher Förderung spezielle Mast- und Milchviehfarmen zu errichten, und führt hierfür hochwertige Tiere, insbesondere Friesische Rinder, aus dem Ausland ein. Meist werden diese mit Tieren einheimischer Rassen gekreuzt, um besser an die ägyptischen Umweltbedingungen angepaßte Tiere zu erhalten. Ein Beispiel für die Bemühungen in dieser Richtung ist die Viehhaltung im Es-Salhiya-Projekt im östlichen Nildelta. 1993 wurden dort in einem staatlicherseits geförderten Projekt 4200 Milchkühe gehalten, die eine durchschnittliche Jahresproduktion von 1786 l Milch pro Tier erzielten. Die durchschnittliche Milchleistung einer einheimischen Kuh liegt bei nur ca. 700 l/Jahr (4% Fettgehalt), diejenige eines Wasserbüffels bei ca. 1200 l/Jahr (7% Fettgehalt). Auch mit Hilfe des sogenannten „Kalbfleischprojekts“ versucht der Staat, die Fleischversorgung der Bevölkerung zu verbessern. Dabei werden den Besitzern bestimmter Kälbermastbetriebe zinslose Kredite gewährt und der Kauf von subventioniertem Viehfutter zu einem Preis ermöglicht, der nur gut 10% des marktüblichen Preises beträgt. Hier werden ausschließlich reiche Investoren durch den Staat unterstützt, und auch das durch sie erzeugte Produkt dient den ärmeren Bevölkerungsschichten nicht, denn etwa 90% der Bevölkerung sind nicht in der Lage, Kalbfleisch zu kaufen, das doppelt so teuer ist wie das ebenfalls für viele nicht erschwingliche Hühnerfleisch.

Die aus Tabelle 16 ersichtliche Zunahme der Zahl der Schweine ist auf die gestiegene Nachfrage nach Schweinefleisch zur Deckung des Bedarfs für Touristen zurückzuführen. Schweine werden in Ägypten ausschließlich von den überwiegend christlichen Müllsammlern gehalten, die die Gemüse- und Obstabfälle an die Tiere verfüttern. Die vor einigen Jahren begonnene Neuorganisation und Modernisierung der Müllabfuhr, zu der auch die Bundesrepublik Deutschland durch die Lieferung einer modernen Müllverbrennungsanlage beitrug, kann die Produktion von Schweinefleisch in naher Zukunft beeinträchtigen.

Tab. 15: Die Entwicklung der Versorgung mit den wichtigsten Nahrungsmitteln in Ägypten 1985/86, 1988/89 und 1992/93

Nahrungsmittel	Importierter Anteil in % 1985/86	1992/93	Jährl. Pro-Kopf-Verbrauch in kg 1988/89	1992/93
Weizen	79	50	180	176
Mais	40	28	76	78
Reis	0	0	32	43
Pferdebohnen	5	31	7	5
Gemüse	0	0	169	154
Obst	0	0	71	80
Fleisch	26	18	13	12
Geflügel	9	0	9	9
Fisch	33	22	7	9
Milch	0	0	43	40
Eier (Stück)	3	0	58	42
Speiseöl	78	84	10	9
Zucker	50	29	32	24

Quellen: CAPMAS 1992, S. 29 u. 1995, S. 96 f.

Trotz der stetigen Steigerung der Fischfänge ist die Gesamtmenge des in Ägypten angelandeten Fischs, die 1993 308000 t (CAPMAS 1995, S. 80) betrug, relativ gering. Für den überwiegenden Teil der Bevölkerung ist Fisch eine begehrte, jedoch teure Speise. Obwohl Ägypten über Meeresküsten in einer Gesamtlänge von mehr als 2500 km verfügt, stammen nur 23% der Fischfänge aus dem Meer. Tabelle 17 zeigt, daß sich in den vergangenen drei Jahrzehnten im Lande starke Veränderungen bezüglich der Bedeutung der verschiedenen Herkunftsgebiete des verzehrten Fischs vollzogen haben.

Nach dem Bau des Hochstaudammes von Assuan verlor der Fischfang an der Mittelmeerküste – einst das Hauptfanggebiet Ägyptens – drastisch an Bedeutung. Die Ursache ist das Ausbleiben des Nilschlamms, der eine wichtige Voraussetzung für die Entwicklung von Plankton war, das die Grundlage des einstigen Fischreichtums hier bildete (vgl. Abschnitt 6.4.4.3). Durch das Einsetzen größerer Fangschiffe konnte sich die Fischereiwirtschaft im Mittelmeer in den letzten Jahren jedoch leicht erholen.

In dem einst zweitwichtigsten Fischfanggebiet Ägyptens, den Lagunen des nördlichen Nildeltas, ist – insbesondere im Burullus- und im Mansala-See – eine sprunghafte Zunahme der Fischfänge zu verzeichnen. Allein aus diesen beiden Brackwasserseen stammten 1990 37% der ägyptischen Fangmenge. Die in letzter Zeit größtenteils entlang der nördlichen Lagunen entstandenen Fischfarmen tragen mit 14,3% zu der Fangmenge des Landes bei.

Tab. 16: Die Entwicklung des Viehbestandes in Ägypten 1983–1992

	1983 in 1000 St.	1993[1] in 1000 St.	Zunahme 1983–1992 in %
Wasserbüffel	2322	2570	11
Rinder	2870	3688	29
Kamele	162	232	43
Schafe	3153	4530	44
Ziegen	2834	5373	90
Schweine	44	125	180

[1] Angaben nach offiziellen Schätzungen auf der Grundlage der Zählung von 1982.
Quellen: CAPMAS 1993, S. 59 u. 1994 a, S. 63.

Der Grund für die teilweise starke Zunahme der Fischerei im Nildelta und -tal ist die Gunstlage zum Absatzmarkt. Weder der Nasser-See noch das Rote Meer können mit solchen Vorteilen aufwarten. Der Transport der leicht verderblichen Ware im heißen Klima verursacht beim Einsatz von Kühlwagen auf den langen Transportwegen hohe Kosten.

Das Problem der nördlichen Küstenlagunen, insbesondere des Mansala- und des Maryut-Sees, ist ihre starke Verschmutzung durch Industrie- und Haushaltsabwässer. Untersuchungen wiesen für Fische aus dem Maryut-See Quecksilber- und Cadmiumkonzentrationen nach, die das 2- bis 3fache der von der Weltgesundheitsorganisation (WHO) als zulässig erklärten Werte betragen, so daß der Verzehr des Fisches Krankheiten verschiedener Art verursachen kann. Auch leiden Tausende von Kleinfischern, die regelmäßig mit dem verseuchten Wasser dieser Seen in Berührung kommen, an Bilharziose, Nierenversagen und Leberkrankheiten. Durch Entsorgung von Abwässern und Müll in den Maryut-See wurde in diesem das Wachstum von Schilf und von anderen Wasserpflanzen begünstigt, so daß ein rascher Verlandungsprozeß einsetzte. Das Gewässer wurde flacher und schrumpfte innerhalb von 40 Jahren auf ein Viertel seiner ursprünglichen Fläche (Al-Ahram Iktisadi, 28. 3. 94, S. 21 und Abdel-Hakim 1958, S. 23).

Der Nasser-See, einst als wichtiger zukünftiger Fischlieferant hochstilisiert, konnte als solcher u. a. wegen seiner Verbraucherferne, aber auch aus anderen Gründen die in ihn gesetzten Erwartungen nicht erfüllen und insbesondere den durch seinen Bau verursachten Rückgang der Fangmenge an der günstiger zum Markt gelegenen Mittelmeerküste nicht ausgleichen.

Gegenwärtig sehen die Programme zur Förderung der Fischerei in Ägypten folgende Maßnahmen vor:

– Verbesserung der Wasserqualität der Lagunen und des Nils durch Verminderung der Wasserverschmutzung;

Tab. 17: Die Entwicklung des Fischfangs in Ägypten 1962–1990

Fanggebiet	Fischfanganteil in %			Zu- bzw. Abnahme der Fangmenge in %
	1962	1985	1990	1962–1990
Süß- und Brackwasser:				
Mittelmeer-Küstenlagunen und Quarunsee (Faiyum)	30,8	26,8	42	234
Nil und seine Kanäle	15	14,1	12,8	110
Nasser-See	0	15,7	7,5	−12 (1985–1990)
Meere:				
Mittelmeer	31,4	7,5	10,9	−15
Rotes Meer (mit Sueskanal)	22,8	13,6	12,5	25
Fischfarmen:				
(meist im Nildelta)	0	22,3	14,3	87 (1985–1990)
Gesamt in %	100	100	100	145
Gesamt in t	120318	159945	295155	174837

Quellen: Simons 1968, S. 185; CAPMAS 1992, S. 62 u. 1994 a, S. 69.

- Förderung der Errichtung von Fischfarmen auf für den Anbau nicht geeignetem Land;
- Förderung der Jungfischaufzucht auf überfluteten Reisfeldern. Zur Zeit werden bereits ca. 170000 ha Land im Nildelta zu diesen Zwecken als sog. „Fischgärten“ genutzt;
- Aussetzen von Fischbrut in den ägyptischen marinen Gewässern;
- Einführung einer eingeschlechtlichen Art („super-male“) des Nilbarschs, welche innerhalb von nur 145 Tagen ca. 4000 kg/ha Fischmasse erzeugen kann,
- Einführung einer Fischart (*mabruk*) im Nil, welche sich hauptsächlich von Süßwasserschnecken ernährt, die man bislang mit chemischen Mitteln zu bekämpfen versuchte, da einige Arten von ihnen Zwischenwirte für den Erreger der Bilharziose sind. Die angestrebte biologische Bekämpfung dieser Schnecken stellt eine Ideallösung dar, da sie zugleich zu einer Verbesserung der Versorgung der Bevölkerung mit Fisch führen kann.

8. ALTE UND NEUE INDUSTRIEN – IHRE ENTSTEHUNG UND DIE HEUTIGEN STRUKTUREN

8.1 Die Phasen der Industrialisierung Ägyptens

8.1.1 Die vorindustrielle Zeit

Der Technologiestand des verarbeitenden Gewerbes in Ägypten um die Zeit der Wende vom 18. zum 19. Jahrhundert wurde durch Simon Gérard, ein Mitglied der wissenschaftlichen Expedition, die Napoleon nach Ägypten führte (1799–1801), sehr genau dokumentiert. Damals wurden die Bedürfnisse der Bevölkerung durch die Erzeugnisse des einheimischen Handwerks gedeckt. Der Schwerpunkt der Baumwollverarbeitung lag in Oberägypten, insbesondere in dem Gebiet zwischen Girga und Assuan, in dem Baumwollanbau stattfand. Es wurde allerdings auch Rohbaumwolle aus Syrien eingeführt. Die Wollverarbeitung hatte ihren Schwerpunkt in der Oase El-Faiyum, in der es Schafe mit einer Wolle besonders hoher Qualität gab. Das Nildelta hingegen, insbesondere die Gebiete von Minuf, von Schebin el-Kom und Tanta waren auf den Anbau und die Verarbeitung von Leinen spezialisiert. Die Seidenweberei konzentrierte sich in El-Mahalla el-Kubra, wo seinerzeit ca. 900 Seidenweber tätig waren. Da Ägypten selbst keine Seide produzierte, wurde diese über den Hafen von Dumyat aus Syrien ins Land gebracht. Die gewebten Produkte wurden teilweise wieder nach Syrien ausgeführt, der größte Teil jedoch gelangte nach Kairo, um dort weiterverarbeitet zu werden.

Neben dem Textilhandwerk zählten die Farbherstellung, die Binsenmattenweberei, das Mahlen von Getreide, das Pressen von Oliven- und Sesamöl, die Töpferei und die Pulversalzherstellung zu den wichtigsten Handwerkszweigen Ägyptens. Außerdem gab es in Kairo eine breite Palette von Handwerkszweigen, die nach Branchen sortiert in bestimmten Straßen und Gassen vertreten waren. Die Handwerker, zum größten Teil christliche Kopten, organisierten sich in Zünften.

8.1.2 Die frühindustrielle Phase Ägyptens (1815–1838)

Der Wunsch Mohammed Alis (1805–1848), Ägypten zu einer selbständigen Militärmacht unter seiner Führung zu machen, veranlaßte ihn zum Aufbau einer Rüstungsindustrie. Er holte Industrieexperten aus Frankreich und Eng-

Tab. 18: Die Industriestruktur Ägyptens 1816–1844

Industriezweig	Verbreitung	Besonderheiten
Baumwollentkernung und - pressen	Bulaq (Kairo)	z. T. mit amerikan. Dampfmaschinen
Baumwollweberei (32 Betriebe)	Bulaq u. restl. Ägypten	Export n. Syrien, Kleinasien, Europa Europa
Leinenweberei	Nildelta	30000 Webstühle mit 3 Mio. Tüchern Jahresproduktion; Export nach Europa
Seidenweberei	Kairo	Armenier als Arbeiter
Wollweberei	Bulaq	Wolle aus Tunesien
Herstellung des *tarbusch* (trad. Kopfbedeckung, Fes)	Fuwa/Raschid (Rosetta)	Wolle aus Spanien, Arbeiter aus Tunesien
Indigoherstellung	nicht konzentriert	Experten aus Indien
Reispolieren (3 Betriebe)	Raschid	z. T. mit Dampfmaschinen
Zucker- u. Rumherstellung	Kairo	ca. 300 Besch., tier. Kraft
Speiseölherstellung	Kairo, Oberägypten	Verab. v. Lein, Sesam, Salatsamen
Lederverarbeitung	Raschid	russ. Verwaltung
Glasherstellung	Alexandria	für einheim. Bedarf
Druckerei	Bulaq	für Staatsbedarf, u. a. Schulbücher
Papierherstellung	Kairo	Rohstoff: Lumpen
Schießpulverherstellung (7 Betriebe)	Kairo	französ. Experten
Eisengießerei	Bulaq	engl. Experten
Schiffsbau	Alexandria	1500 Besch., frz. Leitung
Waffenherstellung (5 Betriebe)	Bulaq	Gewehre u. Munition, Kriegsschiffe

Quelle: Kassem 1987, S. 46f.

land ins Land und zwang die ägyptischen Handwerker, in seinen Fabriken zu arbeiten, nachdem er ihre Handwerksbetriebe hatte schließen lassen. Die Zahl der Industriebeschäftigten erreichte zu jener Zeit 40000. Hinzu kamen mehrere tausend Frauen, die in Verlagsheimarbeit Halbfertigprodukte (meist Garne) herstellten. Mohammed Alis Vertreter zwangen die Frauen mit grausamen Methoden zur Arbeit, so daß sich einige von ihnen verstümmelten, um der Gewaltanwendung zu entgehen. Daneben ließ Mohammed Ali auch Sklaven aus dem Sudan als Arbeitskräfte für die Industrie ins Land bringen. Tabelle 18 gibt einen Hinweis auf die Struktur der Industrie zu jener Zeit.

8.1.3 Der Rückgang des Industrialisierungsprozesses (1838–1882)

Der Zusammenbruch der von Mohammed Ali aufgebauten Industrie vollzog sich bereits am Ende seiner Herrschaftszeit. Dafür gab es sowohl außenpolitische als auch interne Gründe. Die Hohe Pforte in Istanbul und die europäischen Mächte zwangen Mohammed Ali zur Verringerung seiner Streitkräfte und zur Öffnung des ägyptischen Marktes für europäische Waren. Das unterwarf die ägyptische Rüstungsindustrie einem Schrumpfungsprozeß. Die meisten anderen Industriezweige, die durch Mißmanagement, durch Zwangsarbeit und hohe Produktionskosten gekennzeichnet waren, konnten diesem Druck nicht widerstehen, so daß die ägyptischen Fabriken nach und nach geschlossen werden mußten.

Erst während der Zeit des Khediven Ismail (1863–1879), der für Ägypten das Ziel eines Anschlusses an Europa verfolgte, kam es zu einer Wende. Auf Kosten hoher Auslandsverschuldung trieb er die Industrialisierung des Landes voran. Im Gegensatz zu der Industrie unter Mohammed Ali handelte es sich hier jedoch um eine abhängige Wirtschaft, bei der die Textilindustrie die führende Rolle spielte, an zweiter und dritter Stelle gefolgt von der Zuckerindustrie und der Rüstungsindustrie. Die Lage des Handwerks, das unter hohen direkten und indirekten Steuern litt, verschlechterte sich weiter.

8.1.4 Die ägyptische Industrie unter dem Einfluß der britischen Besatzungspolitik (1882–1927)

Der britische Einmarsch in Ägypten bedeutete für die ägyptische Wirtschaft das Einläuten einer Epoche absoluter Abhängigkeit. Die Engländer waren an der ägyptischen Baumwolle interessiert, um ihre eigene Textilindustrie mit billigen Rohstoffen zu versorgen. Sie bauten deshalb die Bewässerungswirtschaft am Nil stark aus. Eine Zeit ständig neuer Wasserbauten mit Dämmen und Kanälen brach an. Innerhalb von 35 Jahren (1882–1917) wurde die Erntefläche Ägyptens um 68,4% von 1,9 Mio. ha auf 3,2 Mio. ha ausgeweitet. Gleichzeitig wurde die unter Mohammed Ali und dem Khediven Ismail entwickelte Industrie systematisch vernichtet, damit die britischen Industrieprodukte auf dem ägyptischen Markt konkurrenzlos abgesetzt werden konnten. Die meisten Fabriken und Werften wurden geschlossen, und die Privatindustrie wurde einer Besteuerung von 8% unterworfen.

8.1.5 Der industrielle Aufschwung (1927–1959)

Dem Rückgang des Welthandels während des Ersten Weltkrieges und später im Zusammenhang mit der Weltwirtschaftskrise von 1929/1932 verdankt Ägypten, daß es aus der völligen wirtschaftlichen Abhängigkeit von Großbritannien ausbrechen konnte. Da der Umfang des Warenflusses ins Land sich reduzierte, war Ägypten gezwungen, seinen Bedarf an Industrieerzeugnissen selbst zu decken. Infolgedessen entstand nunmehr im Lande eine Vielzahl kleinerer Fabriken. Der Rückgang des Baumwollexports veranlaßte manche Großgrundbesitzer, in Industrien anstelle im Baumwollanbau zu investieren. 1920 wurde Misr Bank, die erste Bank in Ägypten, mit dem Ziel einer Förderung der Industrie gegründet, und 1930 wurden die Zollbestimmungen zwecks Schutzes der einheimischen Industrie reformiert. Importe von Fertigwaren wurden seitdem höher besteuert als die von Rohstoffen. Durch die Entdeckung und Förderung von Erdöl in El-Ghardaqa (1913) und in Ras Gharib (1938) konnte der Energiebedarf Ägyptens selbständig gedeckt werden.

Der industrielle Aufschwung setzte sich während des Zweiten Weltkrieges fort, während dessen Ägypten seine eigene Bevölkerung und die Alliierten Streitkräfte mit Grundverbrauchsgütern versorgen mußte. Die Strategie der Selbstversorgung und des Ersetzens von Importen durch einheimische Produkte wurde in den Jahren nach dem Zweiten Weltkrieg fortgeführt, so daß 1950 der Anteil der Verbrauchsgüter an den Importen gegenüber 1945 um 63% gesunken war (Kassem 1987, S. 310).

Die Revolution von 1952 brachte zunächst keine grundlegende Veränderung in der Industriepolitik, jedoch verstärkte sich ab diesem Zeitpunkt die Intervention des Staates in die industrielle Entwicklung durch seine direkte Beteiligung an der Schwerindustrie. 1954 war er mit einem Kapitalanteil von ca. 50% an der Eisen- und Stahlgesellschaft in Heluan beteiligt. Gleiches galt für die Finanzierung der Gesellschaft für Eisenbahnbedarf sowie die Zementindustrie. Die Industrieproduktion wuchs zwischen 1952 und 1965 um 410%, doch blieb die Industriestruktur nahezu unverändert: Die Produkte umfaßten etwa zwei Drittel Konsumgüter und nur 3% Produktionsgüter.

8.1.6 Die Expansion der Industrie in der sozialistischen Phase (1959–1967)

Unter Anwendung einer rigorosen Planwirtschaft und durch Verstaatlichung der Banken und aller großen Wirtschaftsunternehmen, die sich in ägyptischem und ausländischem Besitz befanden, versuchte Nasser, die ägyptische Wirtschaft unabhängig zu machen. Trotz aller Nachteile einer staatlich gelenkten Wirtschaft sozialistischer Prägung kam es während dieser Epoche zu einer hohen jährlichen Wachstumsrate im Industriesektor von 8,9% gegenüber lediglich 2% in der Phase zuvor. 1965 beteiligte sich die Industrie mit 21,8% am Nationaleinkommen, gegenüber 8% bis 10% in der vorausgegangenen Phase (Kassem 1987, S. 357 ff.). Die Größe der Betriebe wuchs stark an, so daß 1961 nur 2,5% der Betriebe 50,5% aller Industriearbeiter beschäftigten und 63,1% zum industriellen Produktionswert beitrugen (Ismail 1988, S. 159).

8.1.7 Die Epoche der Politik der offenen Tür (ab 1974)

Nach der Niederlage im Krieg gegen Israel im Juni 1967 begann eine Zeit der Vernachlässigung der gesamten Wirtschaft. Der größte Teil der staatlichen Investitionen floß in die Rüstungsindustrie. Erst nach dem Teilerfolg Ägyptens im Oktober-Krieg von 1973 verbesserte sich die Aussicht auf einen dauerhaften Frieden mit Israel und damit auch das Klima für ausländische und einheimische Investitionen. 1974 und 1977 erließ Sadat Gesetze zu einer wirtschaftlichen Öffnung des Landes. Diese beinhalteten für ausländische und inländische Investoren zahlreiche Vergünstigungen:

- Zollvorteile;
- Freiheit beim Devisenhandel;
- Erleichterungen bei der Durchführung der Import- und Exportformalitäten;
- Befreiung von der Besteuerung von Handels- und Industriegewinnen für eine Dauer von 5 Jahren mit einer Verlängerungsmöglichkeit bis zu 8 oder mehr Jahren;
- offizielle Garantien gegenüber einer Verstaatlichung oder Konfiszierung.

Darüber hinaus wurde eine Vielzahl bilateraler Abkommen geschlossen, in denen Garantien für Investitionen gegeben wurden.

8.2 Die Industrien verschiedener Typen und ihre wirtschaftliche und geographische Bedeutung

In Ägypten lassen sich folgende Industrietypen unterscheiden:

- die Altindustrien, die bereits im 19. Jahrhundert auf der Grundlage einheimischer agrarischer Rohstoffe entstanden. Die wichtigsten dieser Industrien sind die Baumwollverarbeitung und die Nahrungsmittelindustrie;
- die neuen Industrien, die größtenteils erst in der zweiten Hälfte des 20. Jahrhunderts entstanden bzw. stark ausgebaut wurden;
- die Kleinindustrien, die sowohl traditionelle als auch moderne Komponenten aufweisen. Diese gehören zum überwiegenden Teil zum informellen Sektor und sind kaum registriert, da die ägyptische Industriestatistik lediglich Betriebe einer Größe ab 10 Beschäftigten erfaßt.

Tab. 19: Die Veränderungen der Wertanteile der Produktion verschiedener Zweige von Industrie und Bergbau in Ägypten 1973–1992/93

Wirtschaftszweig	Wertanteile in %	
	1973	1992/93
Nahrungsmittelindustrie	32,8	26,0
Textilindustrie	30,0	14,0
Chemische Industrie	9,4	11,6
Baustoffindustrie	3,6	4,6
Maschinenbau und Elektroindustrie	13,6	10,5
Erdölförderung und Bergbau	10,6	33,3
Gesamt	100,0	100,0

Nicht enthalten sind: staatliche Reparaturwerkstätten, Rüstungsindustrie, Baumwollentkernung, Getreidemühlen, Bäckereien, Teeverpackung und Druckindustrie sowie alle Betriebe mit weniger als 10 Beschäftigten.

Quellen: CAPMAS 1980, S. 125 u. 1994 a, S. 90.

8.2.1 Die Altindustrien

Die traditionellen Industriezweige im Agrarstaat Ägypten sind die Agroindustrien, d. h. die Textilindustrie und die Ernährungsindustrie. Seit den 1970er Jahren, mit zunehmender Bedeutung der Erdölproduktion und der damit verbundenen chemischen Industrie, ist der Anteil der Agroindustrien am Gesamtwert der Industrieproduktion erheblich gesunken. Tabelle 19 zeigt, daß der Anteil der Nahrungsmittelindustrie und des Textilgewerbes in den 20 Jahren von 1973 bis 1993 von ca. 63% auf 40% sank. In der gleichen Zeitspanne wuchs dagegen der Anteil von Bergbau, Erdöl- und chemischer Industrie von 20% auf 45%. Jedoch sind die Altindustrien aufgrund ihrer größeren Arbeitsintensität beschäftigungspolitisch von größerer Bedeutung. Tabelle 20 zeigt, daß die Hälfte aller Industriebeschäftigten ihren Arbeitsplatz in der Agroindustrie haben. Dagegen beschäftigen Bergbau, Erdöl- und chemische Industrie zusammen lediglich 13,1% der Industriearbeiter.

Die Mechanisierung der Textilindustrie Ägyptens begann bereits 1899 in Alexandria durch die Pionierarbeit der dort ansässigen Bürger europäischen Ursprungs. Der Durchbruch mit der Errichtung einer modernen Textilindustrie erfolgte jedoch erst 1927 durch die Gründung der Misr-Textilgesellschaft in El-Mahalla el-Kubra durch Talaat Harb. Wenig später wurde auch die Textilindustrie in Alexandria und seinen Vororten Kafr ed-Dawar und El-Beida ausgebaut. Alexandria mit seinem Ergänzungsraum im nordwestlichen Nildelta war für die Textilindustrie ein besonders günstiger Standort. Das im trok-

Tab. 20: Beschäftigtenzahlen und Betriebsgrößen in der Industrie und im Bergbau in Ägypten 1991/92 (Betriebe mit 10 Beschäftigten und mehr)

Wirtschaftszweig	Zahl der Betriebe	durchschnittl. Betriebsgröße	Beschäftigte	Beschäftigte in %
Textil- und Bekleidungsindustrie	1458	206	300462	25,7
Nahrungsmittelindustrie	3947	72	282660	24,2
Holzverarbeitung	226	65	14733	1,3
Papierindustrie und Druckerei	263	177	46523	4,0
Gummi-, Kunststoff-, Glasindustrie und Töpferei	897	62	55376	4,7
Metall-, Maschinen- und Elektroindustrie	1629	194	316200	27,0
Chemische Industrie	272	473	128693	11,0
Erdölproduktion und Bergbau	65	383	24915	2,1
Gesamt	8757	134	1169562	100,0

Quelle: CAPMAS 1994e, S. 9ff.

kenen Klima Ägyptens gewöhnliche Sprödewerden der Baumwollfasern trat hier wegen der relativ hohen Luftfeuchtigkeit nicht als Störfaktor auf. Zudem verfügt die Stadt über gute Verkehrsverbindungen, u. a. auch einen Hafen, und stellt selbst einen großen Absatzmarkt dar. Bis 1940 spielte der Standort Kairo eine sehr untergeordnete Rolle als Standort für die Textilindustrie. Während in Alexandria und Kafr ed-Dawar zusammen über 51% sowie in El-Mahalla el-Kubra 45% der Spinnereiproduktion im Lande erfolgte, trug Kairo lediglich ca. 1,3% hierzu bei (Eman 1943, S. 66).

Erst nach dem Zweiten Weltkrieg siedelte sich die Textilindustrie in stärkerem Maße im Gebiet von Kairo an, besonders im Norden, in Schubra el-Kheima. Ende der 1970er Jahre erzielte Groß-Kairo 28,5% des Produktionswertes der ägyptischen Textilindustrie und beschäftigte 37,5% ihrer Arbeitskräfte. In der Folgezeit konnten Alexandria und Kafr ed-Dawar bei einer gewissen Konzentration auf Konfektion ihre führende Stellung behaupten, jedoch erfuhr der Standort El-Mahalla el-Kubra einen Bedeutungsverfall. Durch eine gezielte Dezentralisierungspolitik während der Nasserzeit breitete sich die Textilindustrie in fast alle Gouvernorate aus. Dennoch liegt der Schwerpunkt der Produktion heute nach wie vor im Norden des Landes.

Seit den 1970er Jahren vollzog sich in der Nahrungsmittelindustrie eine sprunghafte Entwicklung. Tabelle 19 zeigt, daß die Produktion dieses Industriezweigs auf nahezu das Doppelte des Wertes der Textilindustrie stieg, obwohl beide 1973 etwa gleiche Anteile hatten.

Für die Nahrungsmittelindustrie ist in erster Linie die Rohstofforientierung standortbestimmend. So konzentriert sich z. B. die Zuckerindustrie auf die optimalen Anbaugebiete des Zuckerrohrs im Süden des Landes. 1993/94 betrug die Zuckerproduktion Ägyptens 1,11 Mio. t und deckte 70% des inländischen Bedarfs (CAPMAS 1995, S. 96 und S. 107). Die Speiseölproduktion ist vorwiegend im Norden des Landes, in den Gebieten von Tanta, Kafr es-Saiyat und Alexandria, anzutreffen. Es handelt sich hierbei in erster Linie um die Schwerpunkte des Anbaues bzw. der Verarbeitung von Baumwolle, denn in Ägypten wird der größte Teil des Speiseöls aus Baumwollsamen gewonnen. 1993/94 betrug die Speiseölproduktion im Lande rund 300000 t, wodurch jedoch der ägyptische Bedarf lediglich zu 15% gedeckt wurde.

Zu den wichtigsten Nahrungsmittelindustrien Ägyptens zählen die Reispolierbetriebe sowie die Herstellung von Obst- und Gemüsekonserven. Sie konzentrieren sich sämtlich in den betreffenden Anbaugebieten im Nildelta. Eine Ausnahme bildet Sohag in Südägypten, wo sich das größte Zwiebelanbaugebiet des Landes und eine industrielle Zwiebeltrocknungsanlage befindet.

8.2.2 Die neuen Industrien

Die wichtigsten neueren Industrien Ägyptens sind die chemische Industrie, der Maschinenbau und die metallverarbeitende sowie die Elektroindustrie. Zwar gehen einige Zweige dieser Industrien im Lande historisch auf ältere Vorläufer zurück, doch läßt ihr hoher Technologiestand heute sie eher den neuen Industrien zurechnen.

Die Grundlage des gewaltigen Aufschwungs der chemischen Industrie ist die sprunghafte Zunahme der Erdölförderung seit Beginn der 1970er Jahre. Die Gebiete von Kairo und Alexandria bilden die Hauptzentren. Wichtigste Erzeugnisse der chemischen Industrie Ägyptens sind Farbstoffe zur Verwendung in der Textilindustrie, Handelsdünger für die Landwirtschaft und pharmazeutische Produkte.

Ägypten besitzt 9 Düngemittelfabriken: 5 im Norden des Landes, 2 im Süden und 2 weitere im Großraum Kairo. 4 von ihnen erzeugen Superphosphat und 5 Kalziumnitrat. Für letzteres erfolgt die Verwendung von Erdöl bzw. Erdgas als Energieträger. Nur in der 1960 mit deutscher Hilfe errichteten Düngemittelfabrik Kima in Assuan gelangt elektrische Energie zum Einsatz, um den Strom aus den Turbinen des Hochstaudammes inwertzusetzen. Nach Hamdan (1984 a, S. 764 f.) handelt es sich bei dieser Fabrik um eine Fehlplanung. Eine Studie der Weltbank stellte fest, daß der für die Herstellung von 1 t Stickstoffdünger dort verbrauchte Strom das 7fache dessen kostet, was die Herstellung in Nordägypten unter Verwendung von Erdöl kosten würde und daß die Kosten das 4–5fache des Weltmarktpreises ausmachen. Zudem benötigt die Düngemittelfabrik Kalk als Rohstoff, der praktisch überall in Ägypten abgebaut werden kann – außer in Assuan. So muß dieser aus Kom Ombo herangeschafft werden. 1993/94 produzierte Ägypten ca. 780000 t Superphosphat und ca. 6 Mio. t Kalziumnitrat mit einem N-Gehalt von 15,5% als Düngemittel. Diese Mengen decken etwa 90% des Landesbedarfs. Auf den übermäßigen Einsatz von Handelsdünger wurde bereits hingewiesen.

Die pharmazeutische Industrie Ägyptens wuchs allein in den 5 Jahren zwischen 1988/89 und 1993/94 um das 3fache (CAPMAS 1995, S. 114). Internationale Gesellschaften errichteten Niederlassungen ihrer Firmen in Ägypten, um ihre Erzeugnisse dort unter ihrem Namen kostengünstig zu produzieren und um sich den Absatz zu sichern.

Eine moderne schwerindustrielle Produktion begann erst 1958–1960 mit dem Bau zweier Hochöfen in Heluan, die eine Jahreskapazität von 265000 t Stahl hatten. Die Produktion verlief jedoch nicht reibungslos, u. a. da das Eisenerz aus den weit entfernt gelegenen Sandsteinschichten bei Assuan herantransportiert werden mußte und sich zudem als minderwertig erwies, so daß man zu der Nutzung der besseren und in geringerer Entfernung abbaubaren Eisenerze von El-Bahariya überging. Koks mußte importiert und Kalkstein aus 200 km Entfernung aus Mittelägypten zu den Hochöfen von Heluan geschafft werden. 1982 begann man, mit japanischer Hilfe das Eisen- und Stahlwerk von Ed-Dekheila/Alexandria zu errichten. Die hier verarbeiteten Importerze gelangen über den in unmittelbarer Nähe gelegenen neuen Hafen von Ed-Dekheila in die Anlage. Anstelle von Koks kommt für das Reduktionsverfahren heimisches Erdgas zum Einsatz. Zu Beginn der 1990er Jahre machte die Produktion des Werkes mit 745000 t etwa ein Drittel der Landesproduktion an Eisen und Stahl aus.

Im Zusammenhang mit dem Bau des Hochstaudammes von Assuan entstand die Aluminiumindustrie von Nag' Hammadi in Oberägypten. Dieser Standort liegt etwa auf halber Strecke zwischen Assuan, der Quelle der verwendeten Energie, und Safaga, über dessen Hafenanlagen zugleich der Import von Bauxit und der Export des produzierten Aluminiums erfolgt. Man mußte jedoch feststellen, daß die Produktionskosten des hier erzeugten Aluminiums den Weltmarktpreis überstiegen. Ähnlich wie die Düngemittelfabrik von Assuan bezieht diese Aluminiumfabrik Strom zu staatlich subventionierten Preisen und arbeitet volkswirtschaftlich gesehen unrentabel. Sieht man von den Umweltbelastungen ab, so ist festzustellen, daß die Beschäftigungsmöglichkeiten, nicht nur bei der Erzeugung des Rohaluminiums, sondern auch im Zusammenhang mit Hunderten von Kleinfabriken in Kairo und Alexandria, die sich auf die Herstellung von Aluminiumerzeugnissen spezialisiert haben, als positiv bewertet werden müssen.

Auf die Entwicklung der modernen Industrie in Ägypten wirkten sich zwei Faktoren begünstigend aus: Der eine besteht in der führenden Rolle der Rüstungsindustrie, welche durch die Militärregierungen seit 1952 als Folge der Kriege mit Israel stark ausgebaut und mit hochentwickelter Technologie ausgestattet wurde. Die im Lande befindlichen 15 Betriebe, deren Produktion militärischen Zwecken dient, stehen nicht isoliert da. Sie beteiligen sich vielmehr intensiv an der Herstellung von Maschinen verschiedener Art, von Fahrzeugen und Elektrogeräten für den zivilen Gebrauch. So produzierten die Rüstungsfabriken bereits in den 1950er Jahren die ersten Kühlschränke, Waschmaschinen, Radios und Fernsehgeräte in Ägypten. Der zweite Faktor ist die Errichtung von neuen Industriestädten in Wüstengebieten, wie zum Beispiel Al-Aschir min Ramadan, Sitta Oktober, Madinet es-Sadat und Burg el-Arab el-Gedida (vgl. Abschnitt 10.4). Hierbei handelt es sich um relativ arbeitsintensive Industrien, die mit zahlreichen staatlicherseits gewährten Vergünstigungen ausgestattet sind.

8.2.3 Die Kleinindustrien

In den offiziellen ägyptischen Statistiken werden die Kleinindustrien als Betriebe des verarbeitenden Gewerbes mit weniger als 10 Beschäftigten definiert. 1992/93 waren ca. zwei Drittel der rund 3 Mio. Beschäftigten im produzierenden Gewerbe in den Kleinindustrien tätig. Es handelt sich hierbei meist um Handwerksbetriebe des informellen Sektors, wobei teilweise auch mehr als 10 Arbeiter pro Betrieb beschäftigt sind, die jedoch keine gesetzlichen Verträge haben. In diesem privaten Sektor sind zwar die Sozialleistungen der Arbeitgeber geringer als im staatlichen Sektor, jedoch sind die Löhne höher und ist die Arbeit wesentlich effizienter.

Während der sozialistischen Epoche unter Nasser litt die Kleinindustrie stark infolge des eingeschränkten Imports von notwendigen Rohstoffen und Maschinen. Andererseits profitierten sämtliche Industriebranchen von den hohen Schutzzöllen auf Importwaren, durch die der inländische Absatz ägyptischer Produkte von geringer Qualität sichergestellt wurde. Durch die Politik der wirtschaftlichen Öffnung unter Sadat und die spätere Anwendung der GATT-Bestimmungen auf Ägypten wurde eine gegenteilige Entwicklung eingeleitet.

Die Arbeitsbedingungen sind in den meisten Betrieben des traditionellen Handwerks schlecht. Kinderarbeit ist weit verbreitet. Wichtige Bereiche der Kleinindustrie sind der Tourismusindustrie zuzuordnen. Dies trifft insbesondere für die Weberei von Wandteppichen, das Holzkunsthandwerk, die Papyrusmalerei, die Steinmetzarbeit sowie eine breite Palette weiterer Zweige des Kunsthandwerks zu. Das Schicksal aller Branchen des tourismusorientierten Handwerks ist an die Schwankungen innerhalb dieses Wirtschaftszweigs geknüpft.

8.3 Die Probleme der Industrie heute

8.3.1 Die Ineffizienz des staatlichen Industriesektors

Obwohl die Privatisierungswelle bereits vor einer Reihe von Jahren einsetzte, liegt der größte Teil der Industrieproduktion immer noch in der Hand des Staates. Das erklärt auch die relativ hohen in Tabelle 20 genannten Beschäftigtenzahlen. Aufgrund von Mißmanagement, von Korruption und von Innovationsmangel sind viele dieser Betriebe heruntergewirtschaftet. Die meisten staatlichen Textilfabriken, wie die von Kafr ed-Dawar und El-Mahalla el-Kubra, arbeiten seit Jahren in der Verlustzone. Solche Betriebe lassen sich nur schwer privatisieren, da potentielle Käufer darauf bestehen, den Arbeitskräfteüberhang abzubauen, weil ohne dies die Betriebe nicht saniert werden können. Bisher ist es dem Staat lediglich gelungen, erfolgreich arbeitende Betriebe zu verkaufen.

8.3.2 Die Krise in der Baumwollindustrie

Mit der Liberalisierung des Baumwollhandels im Jahre 1994 geriet der gesamte Sektor der Baumwolle verarbeitenden Textilindustrie in eine schwere Krise. Sowohl die staatlichen als auch die privaten Betriebe hatten sich auf den durch den Staat niedriggehaltenen Preis und die gesicherte Lieferung einheimischer Baumwolle eingestellt. Nach Aufgabe von staatlichem Monopol und Anbauzwang stieg der Baumwollpreis stark an, und die Versorgung der verarbeitenden Betriebe war nicht jederzeit sichergestellt. Viele von ihnen, die ohnehin am Rande der Rentabilität gearbeitet hatten, mußten schließen. Zudem ist seit der wirtschaftlichen Liberalisierung der inländische Markt mit textiler Billigstware aus China, Pakistan und anderen asiatischen Ländern überschwemmt. Infolge des Wegfalls bzw. der Reduzierung der Subventionen für die Energiepreise im Zuge der Durchführung des Strukturanpassungsprogrammes der Weltbank erhöhten sich die Produktionskosten so stark, daß die inländischen Textilprodukte teurer waren als die meisten Einfuhrwaren aus Südostasien. Trotz erfolgreicher Bemühungen um eine Qualitätssteigerung bei ägyptischen Textilien bestehen die Absatzprobleme fort, denn die Konkurrenz mit westlichen Qualitätsstandards gestaltet sich schwierig, und die Ware ist zu teuer für einen Absatz in Entwicklungsländern.

8.3.3 Die Unsicherheit der Grundlagen der Industrie in den Neuen Städten

Hohe staatliche Subventionen und zahlreiche Vergünstigungen bei der Errichtung von Industriebetrieben in den Neuen Städten schufen ein künstliches Investitionsklima. Nach einem Fortfall der Subventionen werden diese Industrien auf dem Prüfstand stehen. Manche Investoren spezialisierten sich auf eine Ausschöpfung der Vergünstigungen, wie die Bereitstellung billiger Grundstücke, günstiger Kredite, Import- bzw. Exportlizenzen und Zollfreiheit, ohne tatsächlich funktionierende Betriebe zu errichten. Ein weiteres Problem der Industrien in den Wüstenstädten ist der lokale Arbeitskräftemangel. Der tägliche Transport von Arbeitern aus Kairo oder Alexandria zu diesen Betrieben verursacht hohe Kosten.

8.3.4 Die starke Abhängigkeit von ausländischen Produktionsmitteln und importiertem Know-how

Bei dem größten Teil der durch ausländische Investoren errichteten Betriebe und der Joint-ventures, die nach der offiziellen Verkündung der Öffnungspolitik entstanden, handelt es sich um importabhängige Industrien, die einem Aufbau bodenständiger Industrien entgegenwirken. Beispiele hierfür sind die Automontagebetriebe der verschiedenen internationalen Firmen sowie die Werke ausländischer Pharmakonzerne. Sowohl Halbfertigwaren als auch das spezielle Know-how werden ins Land gebracht, um die Funktionsfähigkeit dieser Betriebe sicherzustellen. Die ausländischen Firmen zahlen Löhne, die im Falle einer späteren Ägyptisierung der Betriebe die Finanzkraft einheimischer Unternehmer übersteigen.

8.3.5 Die Überflutung des ägyptischen Marktes mit Importwaren

Für eine Entwicklung einheimischer Industrien bedarf es der Schutzzölle. Diese wurden jedoch im Zusammenhang mit der Einführung der Politik der wirtschaftlichen Öffnung unter Sadat sowie den gegenwärtigen Strukturanpassungsprogrammen weitgehend aufgehoben. Die ägyptischen Industrieprodukte sind jedoch gegenwärtig weder preislich noch qualitätsmäßig gegenüber den Importwaren insbesondere aus Südostasien konkurrenzfähig, so daß der Markt mit diesen überflutet wird, obwohl Ägypten über Potentiale verfügt, ähnliche Dinge zu produzieren.

8.3.6 Die industriefeindliche Haltung der ägyptischen Investoren

Seit der Sadatzeit bildete sich in Ägypten eine Schicht von Kapitalisten, denen es an Erfahrung mit der verarbeitenden Industrie und ihrer Technologie mangelt und die an diesem Sektor kein Interesse haben. Die Erfahrung lehrte sie, daß schneller Reichtum leichter durch Investitionen in Immobilien und den Handel mit Importwaren erzielt werden kann, insbesondere wenn sich durch gute Beziehungen zum Regierungsapparat, durch Korruption, die Vorteile noch entscheidend verstärken.

9. DER TERTIÄRE SEKTOR

9.1 Das Bildungswesen

Bis in das 19. Jahrhundert hinein war die Bildung in Ägypten eine Aufgabe der religiösen Institutionen. Die muslimischen Scheikhs unterhielten Quranschulen (*kuttab*, Pl. *katatiib*), in denen vornehmlich die Kinder den Quran auswendig lernten. Indem sie Quranverse auf Täfelchen schrieben, lernten sie das klassische Arabisch. Die koptische Kirche besaß ebenfalls Schulen, in denen neben Religion insbesondere auch Rechnen unterrichtet wurde, so daß Kopten, die solche Schulen besucht hatten, wegen ihrer Fähigkeit in der Buchhaltung häufig in den staatlichen Verwaltungsdienst berufen wurden. Die von den Fatimiden im 10. Jahrhundert errichtete Al-Azhar-Moschee mit der dazugehörigen Universität war jahrhundertelang die wichtigste Hochschule der arabischen Welt.

Im 19. Jahrhundert wurde durch Mohammed Ali ein modernes Schulwesen nach europäischem Vorbild in Ägypten eingeführt, das insbesondere durch Ismail weiter ausgebaut wurde. In der britischen Kolonialzeit wurde dies im Prinzip fortgeführt, jedoch beschränkten die Engländer den Umfang der Bildungsmöglichkeiten, da sie befürchteten, daß von einer aufgeklärten einheimischen Elite Unruhe gestiftet werden könnte. Sie bildeten jedoch Einheimische aus, die in ihrem Staatsapparat Dienste leisten konnten. Zur gleichen Zeit kamen christliche Missionare ins Land, vor allem Italiener, Franzosen, Engländer und Nordamerikaner. Sie errichteten Missionsschulen, die von den Kindern der im Lande lebenden Ausländer, aber auch von denjenigen der ägyptischen Oberschicht besucht wurden. Es erfolgte keine Missionierung von Muslimen, da nach dem Quran ein abtrünniger Moslem ebenso wie derjenige, der ihn dazu verleitet hat, mit dem Tode zu bestrafen ist. Westliche Missionare mit ihren Schulen missionierten deshalb in erster Linie koptische Christen und machten sie zu Katholiken oder Protestanten. Als Reaktion darauf entwickelten die Kopten ebenfalls ein modernes Schulsystem, das jedoch frei von einem Missionierungsauftrag und für Muslime wie für Christen in gleicher Weise offen war.

Der Ausbau des öffentlichen Schulsystems wurde im 20. Jahrhundert weiter vorangetrieben. Heute besteht es aus einer 5jährigen obligatorischen Primarschule, auf die eine 3jährige Vorbereitungsschule folgt, die durch eine ebenfalls 3jährige Sekundarschule ergänzt wird. Die Übernahme in die Vorbereitungs- und die Sekundarschulen setzt gute Noten der Schüler in den Abschlußprüfungen voraus. Wer in den allgemeinbildenden Schulen keine Zulassung erhält, bemüht sich häufig, in einer der Berufsschulen (Technik-, Agrar- oder Handelsschulen) unterzukommen. Eine Zulassung zur Universität erhält nur, wer die allgemeinbildende Sekundarschule mit guten bis sehr guten Noten im Zentralabitur abgeschlossen hat. Der Staat verteilt die Studienplätze nach einem Quotensystem und den Ergebnissen dieser Prüfung. Die begehrtesten Studienrichtungen sind das Ingenieurwesen, die Architektur, Pharmazie, Human- und Zahnmedizin. Gut qualifizierte Absolventen der Berufsschulen haben die Möglichkeit, einen Studienplatz an einer der Technischen Hochschulen zu bekommen.

Es gibt in Ägypten heute 15 Universitäten und etwa ebenso viele Fachschulen. Allein in Kairo befinden sich 5 Universitäten: die Al-Azhar-Universität, die einst nur aus einer islamisch-theologischen Fakultät bestand, in den 1960er Jahren jedoch zu einer modernen Universität ausgebaut wurde, die Universität Kairo, die 1908 als Privatuniversität entstand, die Ain-Schams-Universität (gegr. 1950), die Universität Heluan (gegr. 1975) und die private American University Cairo (gegr. 1920). Nach den Universitäten Kairo und Ain Schams ist die Universität von Alexandria (gegr. 1942) die drittgrößte Universität im Lande. Weitere Universitäten wurden ab 1957 in Asyut, Assuan, El-Minya, Es-Sagasig, El-Mansura, Tanta, Schebin el-Kom und Ismailiya gegründet. Die bedeutendste dieser Neugründungen ist die Universität von Asyut. Zu Beginn der 1990er Jahre wurde in Madinet es-Sadat eine Privatuniversität eröffnet.

1993/94 studierten an den ägyptischen Universitäten insgesamt 613 000 Personen, von denen 231 000 Frauen waren. In speziellen Lehrerbildungsinstituten befanden sich 95 000 junge Leute in Ausbildung, von denen 51 000 weiblich waren. 1993/94 gab es knapp 1,7 Mio. Vollzeit-Berufsschüler mit einem Anteil junger Frauen von 44%. In den allgemeinbildenden Schulen befanden sich 7 Mio. Primar- und 6 Mio. Sekundarschüler bei einem Anteil der Mädchen von ca. 45%. Der Anteil der Studentinnen an den Universitäten betrug 38%. Die Anteile der Schülerinnen und der Studentinnen wuchsen in den 1980er Jahren, da die jungen Frauen heute meist auch eine Berufstätigkeit anstreben.

Die Probleme des ägyptischen Bildungswesens heute können folgendermaßen zusammengefaßt werden:

1. Obwohl in Ägypten seit mehreren Jahrzehnten Schulpflicht herrscht, ist die Analphabetenquote der Fünfzehnjährigen und Älteren mit 51,6% (1990) noch immer recht hoch, insbesondere für die Frauen mit 66,2% (Männer: 37,1%). Gemäß einer UNICEF-Studie aus dem Jahre 1992 werden 20% der ägyptischen Kinder niemals eingeschult und sind ca. 30% der Eingeschulten Abbrecher. Der häufigste Grund für Fernbleiben der Kinder von der Schule oder für Schulabbruch ist die Armut der Eltern, die nicht in der Lage sind, die Kosten für Schulkleidung und Schulbücher aufzubringen. Daneben werden

Kinder Ärmerer meist als Arbeitskräfte eingesetzt. Obwohl Kinderarbeit in Ägypten gesetzlich verboten ist, schätzt man die Zahl der arbeitenden Kinder auf 1,5–2,5 Mio.

2. Die Qualität der Schulbildung verschlechtert sich von Jahr zu Jahr. Klassenfrequenzen von 70 Schülern in der Primarstufe sind keine Seltenheit, doch strenge Erziehungsmethoden sorgen für die erforderliche Disziplin.

3. Die ägyptischen Lehrer erhalten eine sehr schlechte Bezahlung, weshalb sie ihre Tätigkeit in der Schule vernachlässigen. Damit die Kinder die jährlichen Abschlußprüfungen dennoch bestehen können, sehen sich viele Eltern gezwungen, hohe Summen für Privatunterricht aufzuwenden, den häufig die Lehrer selbst erteilen, die die Kinder auch in der Schule unterrichten. Viele Lehrer verdienen auf diese Weise das Mehrfache ihres Lehrergehaltes. 1995 versuchte der Staat, dem Erteilen von Privatunterricht durch die Lehrer durch drastische Maßnahmen ein Ende zu setzen. Ohne eine Erhöhung der staatlichen Lehrergehälter wird dies aber kaum möglich sein. Gute Lehrer wandern ohnehin seit Jahren in das arabische Ausland ab, um dort einen wesentlich besseren Verdienst zu erzielen.

4. Die Ausbildung in den gewerblichen Schulen ist antiquiert und dem Bedarf des Arbeitsmarktes nicht angepaßt. Deshalb sind die Einstellungschancen der Absolventen gering, und die Betriebe müssen ihre Arbeitskräfte selbst ausbilden.

5. Der Staat ist aus finanziellen Gründen nicht in der Lage, den Absolventen der Sekundarschulen ausreichend Studienplätze zu bieten. Seit Beginn der 1990er Jahre bemüht man sich, durch Errichtung neuer Fachschulen, für die höhere Studiengebühren zu entrichten sind, die Situation zu entspannen. Die Eröffnung der neuen Privatuniversität in Madinet es-Sadat zielt in die gleiche Richtung.

6. Die Qualität der Ausbildung an den Universitäten ist auf ein niedriges Niveau gesunken. Die Gründe hierfür sind einerseits in der Überfüllung der Hörsäle zu suchen, andererseits waltet auch hier die Korruption, so daß Bestechlichkeit unter den ebenfalls schlecht bezahlten Hochschullehrern an der Tagesordnung ist.

9.2 Das Beschäftigungsproblem

Die Arbeitslosenquote in Ägypten wurde für 1995 auf 21% der Erwerbstätigen geschätzt, was etwa 3,2 Mio. Arbeitslosen entspricht. Für das Jahr 2000 erwartet man eine Arbeitslosenquote von 25% bei einer Erwerbsbevölkerung von 19 Mio. (Länderbericht Ägypten 1993, S. 55). Dabei ist festzustellen, daß in Ägypten die Arbeitslosigkeit der Frauen zweieinhalbmal so hoch ist wie die der Männer und daß allgemein die Arbeitslosigkeit die Schul- und Hochschulabsolventen und -absolventinnen stärker betrifft als die übrigen Bevölkerungsgruppen. Die Arbeitslosigkeit muß gegenwärtig als das Hauptproblem Ägyptens betrachtet werden.

Zu der durch die genannten Zahlen erfaßten Form der Arbeitslosigkeit kommt die versteckte Arbeitslosigkeit hinzu, die in Ägypten in vielfältigen Ausprägungen anzutreffen ist und die sich insbesondere im öffentlichen Sektor zeigt. Drei Dekaden lang verpflichtete sich der Staat, alle Hochschulabsolventen mit Arbeitsstellen zu versorgen, was zu einer starken Überbesetzung aller öffentlichen Ämter führte. 1994 beschäftigte der öffentliche Sektor 5,215 Mio. Menschen, von denen 3,9 Mio. unmittelbar im Staatsdienst und mehr als 1,3 Mio. in staatlichen Betrieben beschäftigt waren (CAPMAS 1995, S. 318). Dieses bedeutet, daß etwa ein Drittel aller Erwerbspersonen im Lande im öffentlichen Sektor tätig sind. Aus dieser Tatsache ergeben sich schwerwiegende Probleme:

1. Die Arbeitsleistung im öffentlichen Sektor erfuhr eine deutliche Degradation, da sich infolge der Überbesetzung der Stellen niemand für die Arbeit verantwortlich fühlte.

2. Im Zuge der sozialistisch orientierten Politik der Nasserzeit wurden Gesetze erlassen, die es unmöglich machten, Bedienstete zu bestrafen oder sie gar zu entlassen, wenn sie ihren Arbeitsverpflichtungen nicht nachkamen. So vernachlässigen viele Staatsbedienstete ihre offizielle Arbeit, die ihnen gewisse Privilegien und eine spätere Rente sichert, und wendeten sich mit ihrer Hauptschaffenskraft Nebentätigkeiten wie z. B. als Taxifahrer, Hotelangestellter oder Handwerker zu, so daß dem leistungsschwachen öffentlichen Sektor ein hochproduktiver informeller Sektor gegenübersteht.

3. Aufgrund der enormen Gesamtausgaben für die Beschäftigten ist der Staat gezwungen, die Gehälter der einzelnen niedrig zu halten. So erhält ein Akademiker im Staatsdienst ca. 40 DM als Anfangsgehalt, wovon er etwa ein Fünftel für ein Kilogramm Fleisch ausgeben muß. Solche Mißverhältnisse führen zwangsläufig zu Korruption und sogar Diebstahl im Staatsdienst.

4. Die beschriebenen Mißstände erschwerten die seit einer Reihe von Jahren angestrebte Privatisierung von Staatsbetrieben. Für die neuen Besitzer war es unerläßlich, große Teile der Belegschaften zu entlassen, um die Betriebe wieder funktionsfähig zu machen.

Die Entwicklung der Berufsstruktur in Ägypten in den 1980er Jahren und der ersten Hälfte der 1990er Jahre zeigt, daß der Anteil der Beschäftigten im produzierenden Gewerbe bei etwa 21% stagnierte, wohingegen der von der versteckten Arbeitslosigkeit besonders betroffene tertiäre Sektor (1991/92: 46%) auf Kosten des Agrarsektors (1991/92: 33%) zunahm. Dies erklärt sich teilweise durch die auch an anderer Stelle erwähnte verbreitete Abneigung der Ägypter, im produzierenden Gewerbe zu investieren. Handel und Spekulation auf dem Immobilienmarkt führten in der Vergangenheit zu höheren Gewinnen, schufen aber kaum Arbeitsplätze.

Der informelle Sektor ist in Ägypten beschäftigungspolitisch ebenso wie ökonomisch von überaus großer Bedeutung und reagiert sehr sensibel auf sich wandelnde Bedingungen. Von ihm ist sowohl der Einzelhandel als auch das Handwerk abhängig. Er ermöglicht es insbesondere in den Großstädten zahlreichen Menschen, die keinen Zugang zu anderen Erwerbsquellen haben, sich ihren Lebensunterhalt durch Arbeit zu sichern. Die Zahl der Beschäftigten in diesem Sektor ist unbekannt, dürfte jedoch derjenigen der Beschäftigten im formellen Sektor vergleichbar sein. Der Verdienst liegt im informellen Sektor höher und ist im Gegensatz zu demjenigen im formellen Sektor überwiegend leistungsbezogen. Jedoch fehlt die soziale Absicherung in der Regel völlig und herrschen katastrophale Arbeitsbedingungen. In diesen Bereichen ist auch die außerhalb der Legalität liegende Kinderarbeit angesiedelt. Ohne den informellen Sektor würde die Infrastruktur der Großstädte Ägyptens jedoch völlig zusammenbrechen. Das Beispiel der etwa 50 000 Müllsammler (Zabbalin) von Groß-Kairo, die die rund 15 Mio. Einwohner der Hauptstadt bislang davor bewahrt haben, in ihrem eigenen Müll zu ersticken, zeigt, wie wichtig er für das Funktionieren der Städte ist.

Die Zahl der im Ausland tätigen Ägypter wurde Anfang der 1990er Jahre auf 2 bis 4 Mio. geschätzt. Der größte Teil von ihnen befindet sich in den Golfstaaten. Allein im Irak waren vor dem Golfkrieg von 1991 mehr als 1 Mio. Ägypter tätig, die bei Ausbruch der Kriegshandlungen das Land verlassen mußten. Diese Ereignisse und die seit der Mitte der 1980er Jahre sich allmählich abzeichnende durch den Verfall des Erdölpreises ausgelöste Wirtschaftskrise in den arabischen Erdölstaaten lösten eine starke Welle der Remigration ägyptischer Gastarbeiter in ihr Heimatland aus. Dies führte zu einer zusätzlichen Belastung des Arbeitsmarktes in Ägypten, zumal die Rückkehrer häufig diejenigen Arbeiter mit geringerer fachlicher Qualifikation waren, während die qualifizierten Fachkräfte sich im Ausland weiterhin behaupten konnten.

Der Export von Arbeitskräften brachte Ägypten große Nachteile, die durch die erzielten Devisengewinne und die Entlastung des Arbeitsmarktes auch nicht gänzlich aufgewogen werden. Die schwerwiegendsten Nachteile sind:

- Ägypten unterliegt einem „brain drain“. Es verliert seine besten Fachkräfte, deren Ausbildung dem Staat hohe Kosten verursacht hat.
- Ein erheblicher Teil der im Ausland erwirtschafteten Gelder wird zum Kauf von staatlich subventionierten Wohnungen verwendet, die in der Regel über Jahre hinweg leerstehen, bis ihre Eigentümer aus dem Ausland zurückkehren. So werden die Bemühungen des Staates um eine Lösung des Problems der Wohnungsnot im Lande untergraben.
- Durch die Geldüberweisungen der ägyptischen Gastarbeiter an ihre im

Lande verbliebenen Angehörigen steigert sich der Konsum derselben in einem solchen Umfang, daß es hierdurch zu Preissteigerungen kommt. Dies hat erhebliche negative Konsequenzen für die große Masse der Armen im Lande.

- Die Beschäftigung durch Arbeitsmigration in die arabischen Staaten ist ein Faktor der Instabilität für Ägypten. So lösten in der Vergangenheit politische und wirtschaftliche Krisen in den Nachbarländern teilweise praktisch von einem Tag auf den anderen Massenrückwanderungen von Ägyptern aus dem Irak, Kuwait, dem Jemen, Libyen und dem Sudan aus, wodurch sich die Arbeitslosigkeit in Ägypten dramatisch erhöhte.
- Remigranten fügen sich nicht problemlos in die bestehende Arbeitswelt Ägyptens ein. Sie haben häufig erhebliche Anpassungsschwierigkeiten allein wegen des von ihnen im Ausland erreichten höheren wirtschaftlichen Status, auf den sie nicht mehr verzichten möchten. Am stärksten sind hiervon vermutlich die Fellachen betroffen, die in den erdölproduzierenden Staaten häufig nicht in der Landwirtschaft tätig waren. Nach ihrer Rückwanderung sind sie oft nicht mehr wie zuvor arbeitsam und genügsam, sondern konsumorientiert, wohlgekleidet und arbeitslos.

9.3 Der Fremdenverkehr

Der Tourismus in Ägypten teilt sich deutlich – abgesehen von einigen Fällen, in denen es zu Überschneidungen kommt – in zwei Haupttypen: den internationalen und den Binnentourismus. Während der Fremdenverkehr, an dem Ausländer als Gäste beteiligt sind, statistisch relativ genau erfaßt ist, gibt es kaum Angaben über den Fremdenverkehr der einheimischen Landesbewohner. Ihm wird von staatlicher Seite weniger Beachtung geschenkt, und das Tourismusministerium widmet seine Aktivitäten ausschließlich dem Außentourismus. Die arabische Bezeichnung für Fremdenverkehr, *siyaha*, wird nur für Tourismus aus dem Ausland verwendet.

9.3.1 Der Ausländertourismus

9.3.1.1 Die Entwicklung und Struktur des Ausländertourismus (vgl. Abb. 18)

Für die Europäer war Ägypten das erste außerhalb ihres Kontinents gelegene Ziel des aufkommenden Tourismus im 19. Jahrhundert, nachdem infolge der napoleonischen Ägypten-Expedition von 1798–1801 starkes Interesse für das Land geweckt worden war. Napoleon hatte seinen Feldzug durch eine

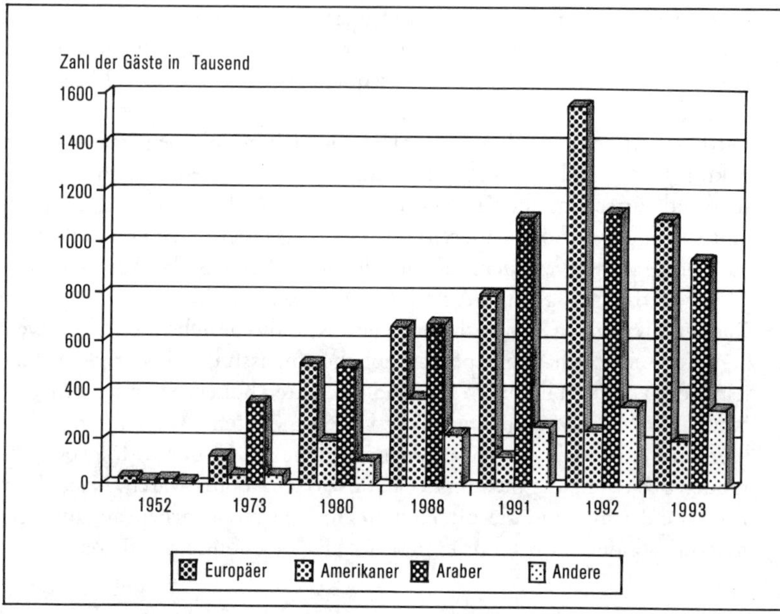

Abb. 18: Die Fluktuation der Anteile der Hauptgruppen der Auslandsgäste in Ägypten 1952–1993 (Entwurf: F. Ibrahim; Zeichnung: J. Feilner; Quelle: CAPMAS, Tourismusstatistiken verschiedener Jahre).

große Gruppe von Wissenschaftlern aller Fachrichtungen begleiten lassen, deren Beobachtungen in dem ebenso berühmten wie vielbändigen Werk ›Description de l'Egypte‹ dokumentiert wurden. Überdies löste die Entzifferung der hieroglyphischen Schrift durch Champollion eine Welle ärchäologischer Ausgrabungen und Entdeckungen aus, durch die die Begeisterung für die altägyptische Kultur gestärkt wurde. Eine weitere Steigerung des Interesses an Ägypten erfolgte durch die Entwicklung der Photographie, die in ihrer Anfangsphase besonders günstige Lichtverhältnisse erforderte und für die die pharaonischen Denkmäler zusammen mit den in großer Vielfalt im Niltal und in der Wüste sich bietenden Motiven einen besonderen Reiz darstellten.

Der Ausländertourismus in Ägypten bestand in dieser ersten Phase aus einem Individualfremdenverkehr, bei dem die Besucher der Oberschicht ihrer Heimatländer angehörten und die Aufenthaltsdauer in der Regel mehrere Wochen, wenn nicht sogar Monate betrug. In der Mitte des vergangenen Jahrhunderts zählte man 20000 Touristen dieser Art im Jahr. Bis zum Ersten Weltkrieg wuchs die Besucherzahl auf 50000 an. Die beiden Weltkriege sowie die sich dazwischen ereignende Weltwirtschaftskrise führten jedoch zu einem starken Rückgang des Fremdenverkehrs in Ägypten. Erst danach erholte sich der Tou-

Tab. 21: Die Entwicklung des Ausländerfremdenverkehrs in Ägypten 1974–1994

Jahr	Zahl der Gäste in 1000	Übernachtungen je Gast	Zahl der Hotels	Bettenzahl in 1000	Deviseneinnahmen in Mio. US-$
1974	676	9,3	887	53	ca. 200
1980	1253	6,5	1098	62	562
1985	1519	5,9	1168	81	901
1990	2600	7,7	1346	109	860 (1989/90)
1991	2214	7,3	1365	121	810 (1990/91)
1992	3207	6,8	1328	119	2520 (1991/92)
1993	2508	6,0	1326	115	2380 (1992/93)
1994	2582	6,0	–	–	1800 (1993/94)

Quellen: CAPMAS, Tourismusstatistiken versch. Jahre; CAPMAS 1992, 1993, 1994a u. 1995; Akhbar el-Yom, 8. 4. 1995, S. 14; Al-Ahram, 9. 4. 1995, S. 11.

rismus langsam wieder, wobei die durchschnittliche Aufenthaltsdauer im Land jedoch nur noch etwa zwei Wochen betrug. Die Gästezahl verzwölffachte sich jedoch zwischen 1950 und 1966, bis diese Aufwärtsentwicklung durch die beiden israelisch-ägyptischen Kriege von 1967 und 1973 jäh unterbrochen wurde. Erst nach dem Friedensschluß Ägyptens mit Israel 1979 begann der Höhenflug der Touristenzahlen, so daß 1980 1,253 Mio. ausländische Besucher mit über 8 Mio. Übernachtungen verzeichnet wurden (vgl. Tab. 21). Als unmittelbare Auswirkung des Friedens ergab sich ein Zustrom israelischer Touristen nach Ägypten, der bis heute andauert. Allein 1992 besuchten 181 000 Israelis das Land.

Durch den Golfkrieg von 1991 geriet das Tourismusgeschäft in Ägypten in eine schwere Krise, von der es sich jedoch bereits ein Jahr später wieder erholt hatte, als mit 3,2 Mio. Auslandsgästen und nahezu 22 Mio. Übernachtungen erstmals die 3-Mio.-Grenze überschritten wurde.

Dieser Höhenflug setzte sich jedoch 1993 nicht fort, da mittlerweile islamische Fundamentalisten eine Serie von Anschlägen gegen Touristen verübt hatten. Abb. 18 und Tabelle 21 zeigen, daß die Europäer und die Amerikaner auf diese Ereignisse empfindlicher reagierten als die übrigen, hauptsächlich in den arabischen Ländern beheimateten Besucher: Während die Gesamtzahl der Auslandsgäste in den Jahren 1991 und 1993 um 14,8% bzw. um 21,8% fiel, sank die Zahl der Besucher aus Europa bzw. aus Amerika um 27,5% bzw. um 28,6%. Allein im Jahr 1991 entstand ein Devisenverlust, der auf 1 Mrd. US-$ geschätzt wird (Länderbericht Ägypten 1993, S. 106).

Nach Herkunft und kulturellem Hintergrund teilen sich die Auslandsgäste in Ägypten in zwei Hauptgruppen: die Touristen aus Europa und Amerika, die zusammen etwa die Hälfte aller Auslandsgäste ausmachen, und die Besucher aus den arabischen Ländern, die ca. 40% der Auslandsgäste darstellen. Abb. 18 zeigt die Fluktuation der Relation dieser beiden Hauptgruppen zwischen 1952 und 1993.

Folgendes ist ersichtlich:

- In den 1950er Jahren, als noch der klassische Kulturtourismus in Ägypten vorherrschte, überwog der Anteil der westlichen Reisenden (Anteile an der Gesamtzahl der eingereisten Ausländer 1952: Europäer 35,5%, d.h. 27000 Gäste; Amerikaner 23,7%, d.h. 18000 Gäste; Araber 27,6%, d.h. 21000 Gäste).
- Während infolge der israelisch-ägyptischen Kriege von 1967 und 1973 die Zahl der westlichen Touristen deutlich sank, brachte der Erdölboom seit Beginn der 1970er Jahre zahlreiche Araber auf Geschäfts- oder Urlaubsreisen nach Ägypten (Anteile an der Gesamtzahl der eingereisten Ausländer 1973: Europäer 22%, d.h. 119000 Gäste; Amerikaner 7,7%, d.h. 41000 Gäste; Araber 62,2%, d.h. 333000 Gäste).
- 1979, unmittelbar nach dem Abschluß des ägyptisch-israelischen Friedensabkommens, reisten doppelt so viele westliche Touristen nach Ägypten ein wie 1973. Diese Positiventwicklung dauerte während der 1980er Jahre fort. 1988 war mit einem Anteil der westlichen Touristen an der Gesamtzahl der eingereisten Ausländer von 55,8% (d.h. über 1 Mio. Gäste) die Proportion der 1950er Jahre annähernd wiederhergestellt.
- Unter den europäischen Touristen waren 1992 die Deutschen mit 22,9% am stärksten vertreten, gefolgt von den Briten (20,4%), den Franzosen (13,7%) und den Italienern (12,9%). Die Osteuropäer waren seinerzeit lediglich mit einem Anteil von knapp 1% beteiligt, ihr Anteil stieg jedoch infolge des Falls des Eisernen Vorhangs in jüngerer Zeit deutlich an.
- Obwohl 1991, im Jahr des Golfkriegs, der Anteil der Gäste aus den arabischen Ländern in Relation zu demjenigen der aus den westlichen Ländern eingereisten stark anstieg, kam die absolute Zahl der arabischen Gäste mit rund 1 Mio. derjenigen des Jahres zuvor (1990) und derjenigen des Jahres danach (1992) gleich. Die Anteile der arabischen Gäste nach Herkunftsländern veränderten sich jedoch, so daß die Zahl der Gäste aus Kuwait und Saudi-Arabien, deren Heimatländer im Krieg durch Ägypten unterstützt wurden, 1991 gegenüber dem Vorjahr um 23% bzw. um 80% stieg, während im gleichen Zeitraum die Zahl der eingereisten Palästinenser und Sudanesen, deren Länder sich mit dem Irak verbündet hatten, sich um 45% bzw. um 49% reduzierte.
- Seit Jahren stellen die Libyer den Hauptteil der arabischen Besucher in Ägypten. 1992 machten sie 24,8% von diesen aus, dicht gefolgt von den Saudis mit 21,3 %, während der Anteil der Sudanesen mit 11,5%, derjenige der Kuwaitis mit 8,7% und derjenige der Palästinenser mit 5,6% wesent-

lich geringer war. Besucher aus den übrigen 16 arabischen Staaten waren insgesamt lediglich mit einem Anteil von 28,1% beteiligt.

Die arabischen Gäste sind untereinander keinesfalls homogen, was ihre Herkunft, den Zweck ihrer Reise und ihr Konsumverhalten anbetrifft. Zwei unterschiedliche Gruppen sind erkennbar: Die eine besteht aus reichen Arabern aus den erdölproduzierenden Ländern, die entweder als Geschäftsleute vornehmlich nach Kairo reisen oder als Urlauber den heißen Sommer im relativ kühlen Alexandria verbringen. Ägypten ist für manche dieser Araber an die Stelle des einst von ihnen bevorzugten und heute kriegszerstörten Libanon getreten. Viele genießen auch die größere Freiheit des Alkoholkonsums oder sonstiger Vergnügungen, da in ihren Herkunftsländern bei strenger Strafe die Einhaltung der islamischen Gebote durchgesetzt wird. Araber dieser Art sind in den teuren Touristenhotels anzutreffen und mieten dort teilweise auch ganze Suiten oder andere Räumlichkeiten der Luxusklasse. Die weitaus größte Zahl der arabischen Gäste tritt jedoch für die Europäer weniger spektakulär in Erscheinung, denn sie gehört der Schicht mittleren Einkommens an und verhält sich bezüglich ihres Konsums mehr oder weniger analog der Verhaltensweisen der Ägypter gleicher Einkommensklasse. So mieten sie bei längerer Verweildauer häufig möblierte Wohnungen oder quartieren sich bei kürzeren Aufenthalten in kleinen Hotels oder Pensionen der „einheimischen" (*scha'bi*) Kategorie ein, die unter der Ein-Stern Kategorie liegt. Vergleicht man die arabischen Gäste mit den amerikanischen bezüglich ihrer Unterkunftswahl, so stellt man fest, daß beispielsweise in einem gewissen Zeitraum des Jahres 1992 nur 47,7% der Araber, jedoch 97,2% der Amerikaner in Hotels übernachtet haben. 21% der Araber, aber nur 5% der Amerikaner wählten Hotels der o. g. untersten Kategorie (CAPMAS 1994c).

Ein Vergleich der Aufenthaltsdauer der Auslandsgäste verschiedener Herkunft läßt erkennen, daß diese für alle einem gemeinsamen Trend zur Verkürzung unterliegt, wobei im allgemeinen Durchschnitt die Besuche 1952 10,4 Tage, hingegen 1993 lediglich noch 6,0 Tage dauerten. Im gleichen Zeitraum reduzierte sich die Verweildauer der Araber von 13,0 auf 6,4 Tage, diejenige der Europäer von 12,4 auf 6,2 Tage und diejenige der Amerikaner von 6,3 auf 5,4 Tage. Der Grund für die relativ kurzen Besuche der Amerikaner liegt darin, daß diese häufig im Rahmen einer größeren Rundreise nach Ägypten kommen, die beispielsweise auch einen Besuch des Heiligen Landes miteinschließen kann.

Die Verteilung der Aufenthalte der Auslandsgäste über das Jahr (vgl. Abb. 19) zeigt zwei Hauptschwerpunkte in den Monaten April und August sowie zwei weniger bevorzugte Zeiten, die der Monat Juni sowie der Winter bilden. Zum besseren Verständnis dieses Phänomens muß man die Hauptgruppen der beteiligten Reisenden getrennt betrachten. Daraus ergibt sich, daß die Hochsaison für die arabischen Gäste eindeutig der Sommer ist, während dessen sie

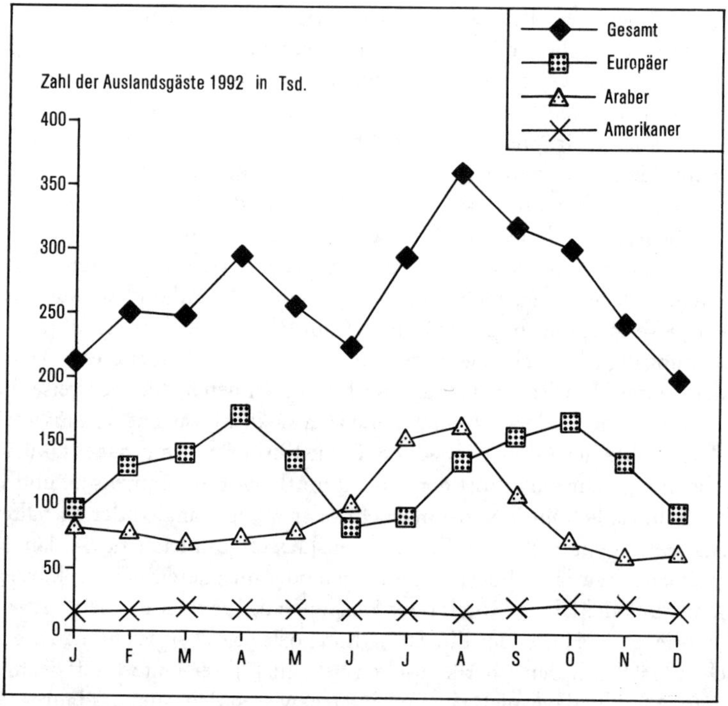

Abb. 19: Die saisonale Struktur des Ausländertourismus in Ägypten 1992 (Entwurf: F. Ibrahim; Zeichnung: J. Feilner; Quelle: CAPMAS 1994 c).

ihren Herkunftsländern wegen der dann dort noch höheren Temperaturen entfliehen und die dreimonatigen Schulferien liegen.

Für die Europäer hingegen gibt es zwei Hauptreisezeiten: im Frühjahr und im Herbst. Sie bevorzugen offensichtlich die sonnige, warme Zeit, vermeiden jedoch den Zeitraum mit den höchsten Temperaturen. Allerdings ist die Zahl europäischer Touristen im Lande auch im August relativ hoch, weil dieser Monat für sie in der Haupturlaubszeit liegt. Die Aufenthalte der amerikanischen Besucher in Ägypten verteilen sich weitaus gleichmäßiger über das Jahr. Für sie spielt Ägypten als sonniges Reiseziel eine untergeordnete Rolle; sie treten ihre große Reise in die Alte Welt relativ unabhängig von den Jahreszeiten an.

9.3.1.2 Der Wandel des Ausländertourismus

Bis in die 1970er Jahre hinein herrschte bei den westlichen Touristen die klassische Ägyptenreise mit Kairo und Luxor als räumlichen Hauptschwerpunkten vor. In der Regel gab es die Option einer Verlängerung der Reise bis Assuan. Nach der Verlegung des Tempels von Abu Simbel im Zusammenhang mit dem Bau des Hochstaudammes wurde häufig der Flug von Assuan zu der Tempelanlage, und seit der Fertigstellung der Straßenverbindung durch die Wüste die Bus- oder Taxifahrt dorthin, in das Programm aufgenommen – eine Unternehmung, die lediglich 1/2–1 Tag in Anspruch nimmt.

Wenige Jahre zuvor, zu Beginn der 1960er Jahre, hatte der klassische Reisetyp mit der Einführung der Nilkreuzfahrten moderner Art bereits einen Wandel erfahren. Die Zahl der Hotelschiffe auf dem Nil wuchs in der Folgezeit rasch an und erreichte 1990 mehr als 200. Die mehrtägigen Nilkreuzfahrten finden zwischen Kairo und Luxor sowie zwischen Luxor und Assuan statt, wobei verschiedene pharaonische Tempel entlang des Nils besucht werden. Auf diese Weise kann Kulturgenuß mit Erholung kombiniert werden, denn die Schiffe sind häufig mit Swimmingpools ausgestattet, und den Reiseteilnehmern wird ein Unterhaltungsprogrammm geboten.

Die Nilkreuzschiffahrt erlitt einen starken Rückschlag, als in der ersten Hälfte der 1990er Jahre islamische Fundamentalisten Touristenschiffe unter Beschuß nahmen. Daraufhin wurde sie zeitweise völlig eingestellt, und auch in der Folgezeit fanden praktisch keine Kreuzfahrten mehr zwischen Kairo und Luxor statt, da Asyut, die Hochburg der Fundamentalisten, an dieser Strecke liegt. Statt dessen konzentrierten sich die Fahrten auf die verbliebene Strecke Luxor–Assuan, so daß es an den Schleusen teilweise zu Engpässen kam.

Etwa zeitgleich mit dem Boom der Nilkreuzfahrten in den 1980er Jahren fand ein gewaltiger Ausbau des Bade- und Wassersporttourismus am Roten Meer statt mit den Schwerpunkten in El-Ghardaqa und in dem annähernd auf gleicher Breitenlage wie dieses, jedoch an der Südspitze des wenige Jahre zuvor befriedeten Sinai liegenden Scharm esch-Scheikh. Man errichtete dort zahlreiche, teils recht weitläufige Hotelkomplexe nach dem Muster des zeitweilig als Club Méditerrannée geführten und später wieder in staatliche Regie übernommenen Feriendorfes Magawish.

Was zunächst als Notlösung erschien, daß Touristen mit Bussen oder Taxen von Luxor zur Übernachtung nach El-Ghardaqa umdirigiert wurden, wenn dort die Kapazitäten nicht ausreichten, entwickelte sich später als Standardtyp der Ägyptenreise: die Kombination einer klassischen Rundreise mit einem Badeurlaub am Roten Meer.

Die Entwicklung dieses neuen Reiseprogramms wurde durch folgende Faktoren begünstigt:

- Der Flugverkehr wurde ausgebaut, so daß binnen kürzester Zeit von Kairo und Luxor aus auch die Badeorte am Roten Meer erreicht werden konnten.
- Die Landverbindungen wurden durch den Ausbau breiter Asphaltstraßen in Gebieten, die teilweise noch in den 1970er Jahren militärische Sperrgebiete waren oder von Ausländern nicht besucht werden durften, ebenfalls wesentlich verbessert. Dies gilt insbesondere für die Wüstenstrecken zwischen dem Niltal und dem Roten Meer, über die die Badeurlauber von El-Ghardaqa oder Safaga aus ein- bis zweitägige Ausflüge nach Luxor unternehmen können, oder für die Straße entlang des Golfs von Sues, auf der heute von El-Ghardaqa aus Kairo in ca. 5 Stunden mit den mehrmals täglich verkehrenden Schnellbussen erreicht werden kann.
- Zeitweilige Überlastung der Kapazitäten in Luxor bei gleichzeitiger mangelnder Belegung ständig neu entstehender Hotelanlagen am Roten Meer veranlaßte insbesondere Reiseveranstalter, die in beiden Gebieten operieren, durch stark verbilligte Pauschalangebote (Kombination von Flug und Hotelaufenthalt mit Voll- bzw. Halbpension) den Badeurlaub attraktiv zu machen.
- Während der Zeit der terroristischen Angriffe auf Touristenbusse, -züge und -schiffe galten die dicht ummauerten und gut bewachten Feriendörfer am Roten Meer als besonders sicher. Ausländische Reiseveranstalter, die sich für die Sicherheit ihrer Kunden verantwortlich fühlten, empfahlen ihnen deshalb den Aufenthalt am Roten Meer – ggf. kombiniert mit einer Nilkreuzfahrt zwischen Assuan und Luxor.
- Wegen des zeitweiligen Sicherheitsrisikos im Lande sahen sich viele Reiseveranstalter veranlaßt, Ägyptenreisen bis zu einer Änderung der Lage ganz aus dem Programm zu nehmen. Andere boten diese Reisen jedoch zu Schleuderpreisen an, weil auch die Preisangebote der Hotels so niedrig waren, daß diese häufig nicht einmal kostendeckend arbeiteten. Durch diese Billigangebote erhielt in Europa eine völlig andere Klientel zu Ägyptenreisen Zugang, da für eine zweiwöchige Komplettreise häufig nicht mehr als etwa DM 2000 zu zahlen waren, als Last-Minute-Buchung oft noch wesentlich weniger. Dieser neue Touristentyp in Ägypten war einerseits jünger, andererseits auch weniger bildungsorientiert, so daß sich ein Trend hin zum Badeurlaub, sogar zum Familienurlaub, im sonnigen Ägypten mit seinem orientalischen Flair und Möglichkeit zum Basarbesuch entwickelte.
- Durch den allgemeinen Schwund an klassischer Bildung in Europa war schon lange der Rückgang des klassischen Bildungstourismus vorprogrammiert. Noch Anfang der 1970er Jahre konnte man in Luxor Reisegruppen erleben, die an diesem Ort eine ganze Woche bei täglichem Besuch im Tal der Könige zum intensiven Studium der einzelnen Grabanlagen verbrachten. Solche Touristen waren teilweise fortgeschrittenen Alters und

hatten nicht selten DM 3000–4000 für die Reise investiert, die in der Regel unter hochkarätiger wissenschaftlicher Leitung stand.

– Nach der Rückgabe Sinais durch Israel nach 1979 erhielt Ägypten den Ruf, hervorragende Tauch- und Schnorchelmöglichkeiten zu bieten, wobei die Infrastruktur auf der Halbinsel teilweise durch Israel während der Besatzungszeit erstellt worden war und bei der Übergabe vom ägyptischen Staat bezahlt und übernommen wurde. Als zudem in Europa das Surfen in Mode kam, verstärkte sich der Trend, da auch für diese Sportart an den südlich gelegenen Küsten Ägyptens ganzjährig teilweise optimale Bedingungen herrschen. Damit war ein Zustand erreicht, der mit dem ursprünglichen historischen Individualtourismus in Ägypten nichts mehr gemein hatte, hingegen Chartergesellschaften erlaubte, Gruppen binnen weniger Stunden in Direktflügen aus dem kalten Europa an die korallenumsäumten Strände des Roten Meeres zu bringen – nicht selten bei kostenlosem Transport der Wassersportausrüstungen.

Mit dieser Entwicklung ist heute ein Zustand geschaffen, in dem die Touristen meist mit minimalsten Vorkenntnissen über Land und Leute – ganz zu schweigen von Kultur oder Geschichte – ihre Reise antreten und weniger als alle anderen Touristen zuvor vom Lande erfahren. Wer zwei Wochen Urlaub in El-Ghardaqa verbringt, lebt in aller Regel in einem Touristenghetto und sieht im günstigsten Fall bei einem Kurztrip nach Luxor im Taxi einige Fellachen von ferne bzw. einige „Beduinen“ bei einer organisierten Begegnung in der Wüste unweit der Hotelanlage.

9.3.1.3 Die regionale Struktur des Ausländertourismus

Aufgrund der historischen Entwicklung des Tourismus in Ägypten erwuchs eine markante regionale Ausprägung, die ihrerseits nicht ohne Folgewirkungen auf die betroffenen Gebiete blieb.

Kairo und Umgebung

In Groß-Kairo allein befanden sich 1992 mit 42721 Betten 42% der gesamten Bettenkapazität Ägyptens. Kairo ist die Drehscheibe des Fremdenverkehrs im Lande, mehr als bloßer Knotenpunkt des internationalen Flugverkehrs nach und von Ägypten. Immer wieder ist es Schauplatz internationaler Konferenzen und Kongresse und bietet darüber hinaus eine reiche Palette an Sehenswürdigkeiten. Der Besucher trifft hier auf eine einmalige Konzentration von Kulturdenkmälern aus fünf Jahrtausenden aus pharaonischer, römischer, koptischer und islamischer Zeit sowie Museen und wird gleichzeitig mit einer 15-Millionen-Metropole der Dritten Welt konfrontiert, die bei ihm unauslöschliche Eindrücke hinterläßt.

Im Gegensatz zu den reinen Touristenorten wie Luxor und El-Ghardaqa bietet Kairo seinen Besuchern Hotels und Pensionen aller Preiskategorien. Die Mehrzahl der Luxushotels reiht sich in Form von Wolkenkratzern nahe des Stadtzentrums entlang der Nilufer bzw. auf den Inseln dort. Eine weitere Konzentration von Hotels der höheren Preiskategorie – allerdings in flacherer Bauweise – befindet sich in der Nähe der Pyramiden von Gisa unweit des bereits historischen Luxushotels Mena House, in dem früher Könige abstiegen. Hotels der Mittelklasse, zum Teil aus der Anfangszeit des Tourismus in Ägypten stammend, liegen in der kolonialzeitlichen City, zwischen dem Stadtviertel Asbakiya und dem Tahrir-Platz. Die Hotels und Pensionen der unteren Preiskategorien befinden sich größtenteils in der Nähe des Hauptbahnhofs sowie unweit der Endstationen der aus den Provinzen kommenden Busse und Sammeltaxen. Im Vorort Heliopolis sind in Flughafennähe neuere Hotels der mittleren und der gehobenen Kategorien entstanden, die meist von Geschäftsleuten in Anspruch genommen werden.

Kairo bietet ein vielfältiges Angebot an Gaststätten, Schiffsrestaurants, Cafés, Bars, Theatern, Cabarets, Discos und anderen kulturellen bzw. Vergnügungseinrichtungen. Diese Etablissements weisen ähnliche Verteilungsmuster auf wie die Hotels: Während sich die Angebote für Ansprüche lokalen, unteren und mittleren Niveaus überwiegend in der Innenstadt befinden, liegen diejenigen der höheren Touristenklasse entweder am Nil oder an der großen Ausfallstraße, welche das Stadtzentrum mit den Pyramiden in Gisa verbindet. Letzterer Standort entwickelte sich in den 1970er Jahren zu einem Schwerpunkt des Vergnügungs- und Unterhaltungsangebots für Touristen und reiche Araber und Ägypter. Dies veranlaßte islamische Fundamentalisten 1980, Brandanschläge auf Lokale und Touristenhotels an der Pyramidenstraße zu verüben.

Seit Mitte der 1950er Jahre versucht man, in der ca. 60 km südlich der Stadt in ihrem Einzugsbereich gelegenen Oase El-Faiyum mit dem Qarunsee den Ausländertourismus zu entwickeln, da sich dort mehrere sehenswerte altägyptische Kulturdenkmäler befinden. Die inmitten einer faszinierenden Wüstenlandschaft gelegene Oase mit ihren blühenden grünen Fruchtgärten, dem fischreichen See, den malerischen Wasserrädern, charakteristischen Taubentürmen und einer Mineralquelle bietet dem Touristen eine willkommene Abwechselung nach seinem Aufenthalt in dem staubigen und lärmerfüllten Kairo. Wegen ihrer Nähe zu der Stadt blieb El-Faiyum jedoch bislang lediglich ein Ziel für Tagesausflüge. Südlich des Qarunsees wurde 1995 eine Seeuferstraße fertiggestellt, an der mehrere Gaststätten der Mittelklasse, z. T. mit Übernachtungsmöglichkeiten, liegen. Seit pharaonischer Zeit, insbesondere auch zur Zeit König Faruks, war die Oase Jagdgebiet. Heute hat die Regierung der illegalen Jagd, die in erster Linie Ausländer dort betreiben, den Kampf angesagt.

Die Mittelmeerküste

Die ägyptische Mittelmeerküste mit ihren verschiedenen Badeorten von Marsa Matruh im äußersten Westen bis nach El-Arisch auf Sinai im Osten liegt abseits des Haupttouristenstroms, der zwischen Kairo und Luxor verläuft. Deshalb machen Reisende, die sich besonders für die griechisch-römische Geschichte interessieren, meist Ausflüge von ein bis drei Tagen nach Alexandria, wo fortwährend neue Ausgrabungen erfolgen und man derzeit in einem gigantischen von der UNESCO unterstützten Projekt ein Äquivalent der berühmten antiken Bibliothek von Alexandria aufzubauen bemüht ist. Von Kairo aus fahren die Touristen in der Regel nicht auf der langsameren und wegen der vielen Verkehrsunfälle gefürchteten Straße, die durch das grüne Fruchtland des Nildeltas führt, sondern auf der autobahnartig ausgebauten Wüstenstraße, von der heute gut ausgeschilderte und ebenfalls gut ausgebaute Asphaltstraßen zu den vier koptischen Klöstern im Wadi Natrun führen, die von vielen besucht werden.

Eine Weiterfahrt von Alexandria aus in westlicher Richtung etwa zu den Kriegsgefallenengedenkstätten verschiedener Nationalitäten bei El-Alamein (Schlacht vom 23. Oktober 1942 mit der Niederlage der Deutschen unter Rommel) unternehmen nur wenige Individualtouristen, ebenso wie einen Besuch der Oase Siwa mit ihrem berühmten Tempel Alexanders d. Gr., die heute durch eine Asphaltstraße mit Marsa Matruh verbunden und seitdem nicht mehr nur das Ziel junger Rucksacktouristen ist, die gerne in den zahlreichen Thermalquellen der Oase baden und deshalb bei den Einheimischen nicht in bestem Ruf stehen.

Ein Badetourismus nicht-arabischer Gäste hat sich an der Mittelmeerküste Ägyptens praktisch nicht entwickeln können. Im Sommer sind die Strände durch Ägypter und Araber mehr als überfüllt, im Winter ist das Klima unberechenbar und die See oft rauh, nicht unähnlich den sommerlichen Verhältnissen an der deutschen Nordseeküste. Wer die Strände außerhalb der kurzen Sommersaison aufsuchen will, findet zudem keinen Badebetrieb und keinen oder einen stark eingeschränkten Service. Die Tatsache, daß die Städte an der Mittelmeerküste zusammen über 25% der gesamten Bettenkapazität Ägyptens verfügen (vgl. Abb. 20), beweist lediglich die Bedeutung des Binnenfremdenverkehrs dort.

Luxor

Ein Besuch in Luxor ist für jeden auch nur halbwegs kulturbewußten Ägyptentouristen unerläßlich. Auf engstem Raum gedrängt finden sich dort Theben-West mit dem Tal der Könige und dem Tal der Königinnen, das einstige Weltwunder der Memnonskolosse, der Hatschepsuttempel, die Tempel von Karnak und Luxor sowie zahlreiche andere Tempel und Sehenswürdigkeiten. Die Erschließung des Fremdenverkehrs in Luxor und in Oberägypten

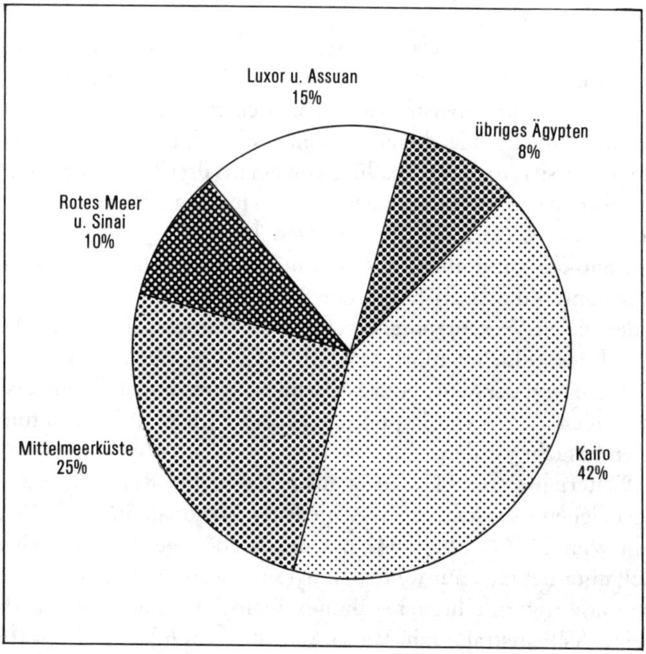

Abb. 20: Die Verteilung der Gästebettenkapazitäten in Ägypten 1992 (Entwurf: F. Ibrahim; Zeichnung: J. Feilner; Quelle: Zahlen nach CAPMAS 1994c).

überhaupt geht auf den Briten Thomas Cook zurück, der 1869 auf zwei von dem Khediven gemieteten Dampfern 32 Engländerinnen und Engländer nilaufwärts beförderte. Die weitere Entwicklung verlief jedoch in quantitativer Hinsicht langsam, so daß im Jahre 1974 in Luxor erst vier Hotels mit insgesamt ca. 1000 Fremdenbetten zur Verfügung standen (Standl 1988/1989, S. 213). Die 1980er Jahre brachten der Stadt den großen Aufschwung, während dessen die Bettenkapazität in Luxor steil anstieg, so daß sie 1992 rund 9000 erreichte.

Die völlige Abhängigkeit der ca. 60000 Bewohner (1986) der Stadt Luxor von der Tourismusbranche führte zu katastrophalen Auswirkungen, als die Gäste aus aller Welt in den Jahren 1991 und 1993 weitgehend ausblieben. 1994/95 kam es zu einer leichten Erholung, doch wegen des bereits erwähnten Trends der Verlagerung des Tourismusschwerpunkts zum Roten Meer konnte nicht mehr an die erfolgreichste Zeit Mitte der 1980er Jahre angeknüpft werden, obwohl der Staat vielfältige Aktionen zur Werbung für die Stadt unternahm (s. u. a. Aida-Aufführung vor der Kulisse des Hatschepsut-Tempels anläßlich der Weltbevölkerungskonferenz 1994 in Kairo) und auch durch Investitionen die Niluferstraße baulich aufwertete.

Die Errichtung der 1996 fertiggestellten neuen Nilbrücke zwischen Luxor und Theben-West weckte vielfältige Befürchtungen in der Stadt. Man erwartet einerseits einen Bauboom in Qurna, in unmittelbarer Nachbarschaft zu den ohnehin gefährdeten Kulturdenkmälern im Tal der Könige, andererseits vermutet man auch eine weitere Verkürzung der Aufenthaltsdauer der Touristen in Luxor. Da das früher in Spitzenzeiten übliche stundenlange Warten auf einen Platz auf der vorsintflutlichen Nilfähre entfällt, läßt sich nunmehr das gesamte obligatorische Luxor/Theben-West-Besuchsprogramm an einem Tag erledigen, so daß eine einzige Übernachtung am Ort ausreicht. Bislang waren Einkaufsbummel in den Boutiquen-umsäumten Straßen Luxors sowie Segelfahrten auf dem Nil nach den anstrengenden Besichtigungen des Tages bei den Fremden beliebt – und davon lebte der Großteil der Bewohner der Stadt. Dafür wird in Zukunft vermutlich die Zeit nicht mehr ausreichen.

Das Rote Meer und Südsinai

Der Tourismus an den Küsten des Roten Meeres, des Golfes von Sues und des Golfes von Aqaba unterscheidet sich sehr stark von dem Tourismus an der Mittelmeerküste Ägyptens bezüglich seines Typs, der Herkunft der Gäste, der Beherbergungskategorien, der Entwicklungsgeschichte und der saisonalen Ausprägung. Es handelt sich hier um die jüngsten Tourismusgebiete Ägyptens, deren Entwicklung noch voll im Gange ist und in denen derzeit die Hotels der höchsten Preiskategorien im Lande entstehen (vgl. Abb. 21). Die riesigen Touristendörfer sind oft Kapitalinvestitionen reicher Ägypter oder werden von großen internationalen Hotelgesellschaften an den korallenreichen Stränden fernab der von Einheimischen besiedelten Gebiete errichtet und gegen diese abgeschirmt. Die einzigen Einheimischen, denen die Gäste begegnen, sind meist das Hotelpersonal, denn die Hotelanlagen besitzen in der Regel mehrere Restaurants, Lounges und Bars für unterschiedliche Ansprüche, häufig auch Tennisplätze und in jüngster Zeit auch Fitnessanlagen sowie Ladenzeilen, in denen die Gäste von Zeitungen und sonstiger Urlaubslektüre bis hin zu Kleidung, Schmuck und Souvenirs jeder Art alles kaufen können, was sie sich wünschen könnten, so daß sich auch ein Besuch des *suqs* (Basars), so im Ort ein solcher vorhanden ist, erübrigt. Der Tourist bewegt sich in dieser künstlichen Welt gewöhnlich ohne zu erfahren, daß er sich hier zum einen in der Dritten Welt, zum anderen auch in der Vollwüste befindet und daß z. B. in El-Ghardaqa das Wasser, das er verbraucht, in Pipelines über mehr als 200 km aus dem Niltal bei Qena hergeleitet wird und daß das Obst und Gemüse, das er verzehrt, einen mindestens ebenso weiten Weg zurückgelegt hat. Da es sich in der Regel nicht um alte, gewachsene Orte handelt – kaum einer von ihnen hat vor Beginn der sprunghaften Entwicklung eine Bevölkerung von nennenswerter Anzahl besessen –, kommen die Hotelangestellten meist aus Kairo oder Oberägypten und wohnen häufig in von den

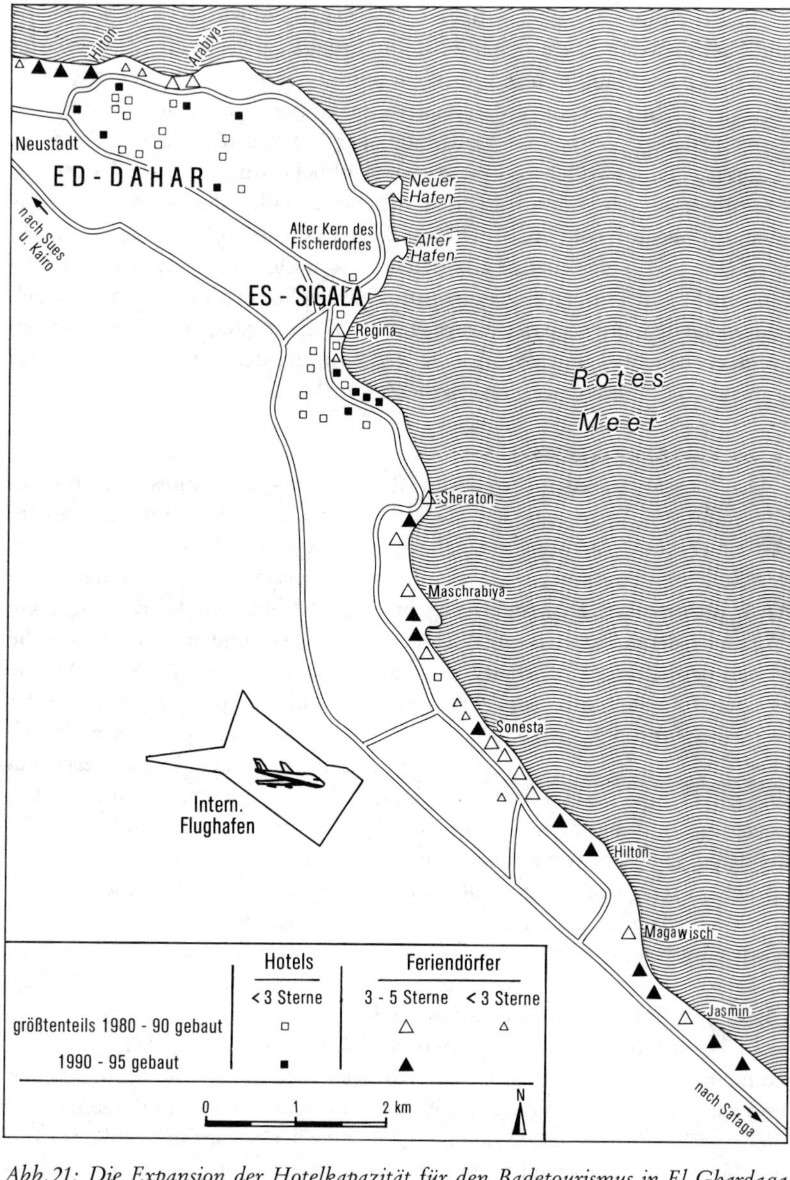

Abb. 21: Die Expansion der Hotelkapazität für den Badetourismus in El-Ghardaqa 1980–1995 (Entwurf: F. Ibrahim 1996; Zeichnung: J. Feilner).

Hotelverwaltern bereitgestellten Sammelunterkünften, während ihre Familien in Kairo zurückgeblieben sind.

Die durchschnittliche Bettenkapazität je Hotel bzw. Feriendorf war am Roten Meer und auf Südsinai 1992 mit 158 Betten höher als in Kairo (137 Betten/Hotel) und fast doppelt so hoch wie im Lande insgesamt (89 Betten/Hotel).

Vergleicht man die Entwicklung des Tourismus auf Südsinai mit derjenigen im Raum El-Ghardaqa/Safaga, so muß man feststellen, daß in dem zuletzt genannten Gebiet eine viel raschere Entwicklung erfolgt, so daß es seit Jahren einer einzigen Baustelle gleicht und die Strandbereiche in Ortsnähe bereits weitgehend zugebaut sind. 1992 hatten El-Ghardaqa und Safaga zusammen etwa das Achtfache der Hotelkapazität von Südsinai, und unweit beider Orte harren immer noch lange weiße Sandstrände mit vorgelagerten Korallenriffen der Erschließung. In der Hashish-Ebene südlich von El-Ghardaqa soll in nächster Zeit ein riesiges Touristenzentrum mit 12000 Hotelzimmern entstehen. Die Weltbank stellte für den Ausbau der Infrastruktur bereits einen Kredit in Höhe von 150 Mio. US-$ zur Verfügung. Insgesamt sollen dort ca. 1,5 Mrd. DM investiert und hierdurch 20000 unmittelbare Arbeitsplätze geschaffen werden. Unternehmungslustige Jungtouristen benutzen gerne die seit einiger Zeit bestehende und nicht immer ganz regelmäßig verkehrende Fährverbindung zwischen El-Ghardaqa und Scharm esch-Scheikh. Auch erfreut sich bei Individualtouristen die Kombination eines Aufenthaltes am Roten Meer oder auf Sinai mit einem Abstecher mit öffentlichen Bussen nach Israel wachsender Beliebtheit, obwohl die Abfertigung an der Grenze immer noch zeitraubend sein kann.

Safaga hat sich in den letzten Jahren zu einem bevorzugten Urlaubsort für Surfer und Taucher sowie zu einem heilklimatischen Kurort für Rheumakranke entwickelt. In dem 85 km südlich davon gelegenen Hafenort El-Quseir wurde 1995 ein Touristendorf der Luxusklasse eröffnet, und der 138 km südlich von diesem gelegene Hafenort Marsa Alam weist ausgezeichnete Tauchgründe auf, die ihrer Erschließung für ausländische Taucher in naher Zukunft harren.

Auf der Sinaihalbinsel, deren Entwicklung und Besiedelung die Regierung zum vorrangigen Ziel erklärt hat, geht der Trend des Ausbaues des Badetourismus von dem überlasteten Scharm esch-Scheikh allmählich weg hin zum Golf von Aqaba. Von Dahab bis nach Nuweiba' und Taba sind bereits zahlreiche Ferienanlagen – Hotels der Luxusklasse ebenso wie gut ausgestattete Campingplätze – entstanden. Die reizvolle Wüstenlandschaft, feinsandige Strände, Korallenriffe, die ruhige Lage und das fast ganzjährig warme Klima ziehen viele Badeurlauber, u. a. auch aus Israel, an. Doch Scharm esch-Scheikh mit dem Naturschutzgebiet Ras Muhammad, wo sich die besten Tauchgründe Ägyptens, wenn nicht der Welt, befinden und wegen der südlicheren Lage im

Winter höhere Temperaturen herrschen als im Golf von Aqaba, ist nach wie vor unumstrittener Favorit der Gäste.

Die Gebiete mit überwiegendem Individualtourismus

Infolge der beschriebenen Verkürzung der Dauer der Ägyptenreisen und des Wandels der Tourismusart, der eine Schwerpunktverlagerung hin zu den südlichen Küsten des Landes bewirkte, fallen Gebiete, die durchaus eines Besuches Wert sind, jedoch nicht unmittelbar an den Hauptachsen des Tourismusstroms liegen, dem allgemeinen Trend zum Opfer. Zu diesen Standorten, die heute um jeden einzelnen Besucher kämpfen müssen, gehören viele archäologisch interessante Gebiete und manche Klöster sowie die Oasen der Westlichen Wüste. So berühmte Tempel- und Grabanlagen wie Tuna el-Gabal, Tell el-Amarna, Abydos, Dandara, Idfu oder Beni Hasan bleiben trotz der vielfältigen Bemühungen der ägyptischen Altertumsbehörden den selteneren Individual- oder Studienreisen überlassen. Diese Standorte entlang des Nils und der mit ihnen in Verbindung stehende Tourismus waren durch die Beliebtheit der Nilkreuzfahrten von den 1960ern bis Anfang der 1990er Jahre stark begünstigt worden, bis diese fast völlig zum Erliegen kamen.

Die koptischen Klöster St. Paulus (Deir Anba Pola) und St. Antonius (Deir Anba Antonius) im Wüstengebirge am Golf von Sues und die Klöster im Natruntal, St. Makarius, St. Bishoy, Syrian und Baramos, wurden seit den 1970er Jahren zunehmend Ziel von Individual- und Studienreisen, nachdem die Straßenverbindungen dorthin und die Beherbergungsmöglichkeiten in ihnen ausgebaut wurden. Der Besuch des griechisch-orthodoxen Katharinenklosters auf Sinai erfolgt heute meist von Kairo oder von Scharm esch-Scheikh aus per Bus oder Flugzeug, wobei insbesondere bei jüngeren Besuchern eine Übernachtung im Kloster oder den in seiner Nähe gelegenen einfachen Hotels mit einer Besteigung des Mosesberges beliebt ist.

Die Entwicklung des Tourismus zu den Oasen der Westlichen Wüste, in denen ebenfalls verschiedene Anlagen von großer kunsthistorischer Bedeutung zu finden sind, erfolgte im Zusammenhang mit der Errichtung des Projektes Neues Tal in den 1960er Jahren mit Schwerpunkten in El-Kharga und in Ed-Dakhla. Will der Tourist sich auf einen solchen Besuch einlassen, muß er mindestens fünf Tage erübrigen können, um etwa mit dem Bus von Luxor über Asyut nach El-Kharga zu fahren und von dort über Ed-Dakhla, El-Qasr, El-Farafra und El-Bahariya nach Kairo weiterzureisen. Die 1995 fertiggestellte direkte Straßenverbindung von Luxor nach El-Kharga soll den Fremdenverkehr in den Oasen fördern. Die Unzulänglichkeit der Beherbergungsmöglichkeiten in El-Farafra und El-Bahariya stellt zwar ein Hindernis für eine touristische Entwicklung größeren Stils dar, kann allerdings Unternehmungslustige nicht davon abhalten, sich die Oasen auch per Fahrrad zu erschließen.

9.3.1.4 Die wirtschaftliche Bedeutung des Ausländertourismus für Ägypten

Neben den Rücküberweisungen der ägyptischen Gastarbeiter im Ausland, dem Erdölexport und den Einkünften aus den Sueskanalgebühren stellt der Tourismus eine wichtige Devisenquelle für das Land dar. Im Finanzjahr 1991/1992 erreichte sie die bisherige Rekordzahl von 3 Mrd. US-$ (Länderbericht Ägypten 1993, S. 106). Volkswirtschaftlich gesehen ist der Tourismus im Gegensatz zur Erdölförderung, dem Lotsen- und dem hochrationalisierten Transportbetrieb auf dem Sueskanal als ein sehr arbeitsintensives Gewerbe bedeutungsvoll. Für 1993 schätzte die ägyptische Tourismusbehörde die Zahl der Arbeitskräfte, deren Verdienst direkt oder indirekt von dem Wirtschaftszweig abhängt, auf 3 Mio. Diese Zahl umfaßt nicht nur die im Hotel- und Gaststättengewerbe Beschäftigten, sondern auch die in Reiseagenturen, im Touristentransportgewerbe, bei Fremdenführungen, im tourismusorientierten Handwerk und Handel Tätigen. Hinzu kommen die mit dem Bau und der Einrichtung von Hotels Beschäftigten. In letzterem Sektor erfolgte ein starker Aufschwung mit der Einführung der Politik der wirtschaftlichen Öffnung durch Sadat in den 1970er Jahren. Der Baumboom, insbesondere derjenige an den Küsten des Roten Meeres, ist ein deutliches Beispiel für die Auswirkung dieser Politik des Staates, die den Investoren neben einer fünfjährigen Steuerfreiheit die Konzession gewährt, zollfrei Material für den Bau und die Einrichtung der Hotels zu importieren. Kapitalkräftige Einheimische sowie ausländische Investoren, die vom Staat die Garantie erhalten, daß ihre Betriebe im Lande nicht verstaatlicht werden dürfen, schöpfen die Vorteile dieser Vergünstigungen voll aus. Nicht selten kommt es auch zu Mißbrauch, indem die Importwaren zweckentfremdet und teuer anderweitig im Lande verkauft werden. Allerdings ist allein die Tatsache, daß durch das vom Staat geschaffene günstige Investitionsklima der Kapitalabfluß aus Ägypten verhindert wird, zu begrüßen. Sowohl ägyptische als auch arabische Investoren nutzten die Reprivatisierungswelle aus, während deren der Staat die in der Nasserzeit von ihm übernommenen und inzwischen heruntergewirtschafteten Hotels abstieß, indem sie diese entweder kauften oder pachteten. Da sie jedoch meist nicht der Hotelbranche entstammten, übergaben sie oft das Management dieser Betriebe, ebenso wie derjenigen, die sie selbst errichteten, an ausländische Gesellschaften, die einschlägige Erfahrungen besaßen.

Eine Neuentwicklung im Bereich der Tourismus-Immobilien in Ägypten sind die Time-Sharing-Anlagen der Luxusdörfer am Roten Meer, die teils Bestandteil normaler Hotelanlagen sind und in die meist reiche Kairoer investieren.

Jede Prognose über die Zukunft des Tourismus in Ägypten muß in den Bereich der Spekulation verwiesen werden. Derzeit ist die Gefahr weiterer Anschläge durch die islamistischen Terroristen noch nicht gebannt – und diese wissen, daß sie den Staat, der das eigentliche Ziel ihrer Aktionen ist, mit einer Vernichtung des Tourismus an einer seiner sensibelsten Stellen treffen. Kein anderer Wirtschaftszweig reagiert so empfindlich auf innenpolitische Instabilität oder – wie die jüngste Vergangenheit lehrte – auf kriegerische Auseinandersetzungen in der Region. Dabei steht es außer Zweifel, daß Ägypten optimale Ressourcen für Tourismus unterschiedlicher Ausprägung hat: Einmalige kulturgeschichtliche Denkmäler, geeignetes Klima, verlockende Natur und die Freundlichkeit seiner Menschen bei einer Erreichbarkeit von Europa aus in nur wenigen Stunden in Direktflügen sind optimale Bedingungen und geben zu einiger Hoffnung Anlaß.

9.3.2 Der Binnenfremdenverkehr und seine regionale Ausprägung

Der ägyptische Binnentourismus ist volumenmäßig umfangreicher und wahrscheinlich auch volkswirtschaftlich relevanter als der Ausländertourismus. Er hat eine Jahrtausende alte Tradition, denn bereits zu pharaonischer Zeit fuhren die Ägypter auf ihren Nilbarken zu den verschiedenen Kultstätten Ober-, aber auch Unterägyptens, um dort einige Zeit, u.a. auch mit Festlichkeiten, zu verbringen. Viele der Kulte waren mit dem Nil als Lebensspender bzw. mit dem Isis-/Osiriskult verbunden.

In der frühchristlichen, d.h. koptischen Zeit setzte sich dies in Form eines Pilgerfremdenverkehrs fort, bei dem die Stationen der Flucht der Heiligen Familie entlang des Nils bei den Ortschaften Matariya, Zaitun, Alt-Kairo, Baiyad (Beni Suef), Gabal et-Teir (El-Minya) sowie dem El-Miharraq-Kloster und Durunka (bei Asyut) aufgesucht wurden, wo Marienkirchen und Klöster entstanden. Auch die Wüstenklöster entwickelten sich zu Zielorten der Pilgerfahrer. Eine der berühmtesten und weit über die Landesgrenzen hinaus bekannten Pilgerstätten der frühchristlichen Zeit, dem Hl. Menas geweiht, lag in der Wüste SW von Alexandria und entwickelte sich zu einer regelrechten Stadt. Nach teilweisen Ausgrabungen ist der Ort heute wieder Ziel von Wallfahrern, während viele der alten Marienkirchen und Klöster über die Jahrhunderte hinweg niemals aufhörten, zu den jeweiligen Festzeiten Anziehungspunkt für Tausende von Pilgern zu sein.

Diese Form des Fremdenverkehrs – an manchen der Orte treffen heute kunstbeflissene, die uralten Kichengewölbe und Ikonen studierende ausländische Touristen auf ägyptisch-christliche Wallfahrer – erfuhr mit der religiösen Renaissance innerhalb der koptisch-orthodoxen Gemeinschaft in diesem Jahrhundert und insbesondere in den letzten Dekaden durch den Ausbau der Straßen und die zunehmende Motorisierung auch der Mittelschicht einen starken Auftrieb.

Die größte muslimische Pilgerstätte befindet sich im Nildelta in der Stadt Tanta, wo sich das Grab des als Heiligen verehrten Sufis Es-Saiyed el-Badawi befindet. Hier versammeln sich alljährlich im Oktober Tausende von Pilgern aus dem ganzen Land. Da sie überwiegend dem Fellachenmilieu angehören, sind ihre Ansprüche bezüglich der Infrastruktur entsprechend gering und Transport, Unterkünfte, Verpflegung und Vergnügungen nicht dem von den ausländischen Kulturtouristen oder den ägyptischen Badeurlaubern erwarteten Standard gemäß. Trotzdem bewirken die religiösen Feste, *mulid* (d.h. Geburt; für christliche wie islamische Feste gebrauchter Ausdruck) genannt, eine starke Belebung der lokalen Wirtschaft der betreffenden Pilgerstätten und tragen zur Erhaltung des kulturellen Erbes bei, da sie häufig den Charakter bunter Volksfeste besitzen.

Die zweite, aber wichtigste Form des Binnenfremdenverkehrs ist der Badetourismus an der Mittelmeerküste und an der Küste des Roten Meeres sowie des Golfs von Sues und des Golfs von Aqaba. Der neuzeitliche Badetourismus in Ägypten ist allerdings nicht endogenen Ursprungs, sondern entstand aus einer Übernahme der Verhaltensweisen der im Lande lebenden Europäer. Er wurde zuerst von den europäischen Alexandrinern praktiziert und anschließend von der ägyptischen Oberschicht übernommen. Charakteristischerweise gibt es bis heute in der arabischen Sprache kein eigenes Wort zur Bezeichnung eines Badeanzugs oder einer Badehose; statt dessen wird das französische Wort „maillot" verwendet. Ebenso blieb Alexandria der klassische Standort des Badefremdenverkehrs der Ägypter, obwohl sich in der zweiten Hälfte dieses Jahrhunderts eine Reihe von beliebten Badeurlaubsorten an anderen Standorten entwickelte. Noch immer zieht Alexandria etwa zwei Drittel der rund 3 Mio. ägyptischen Badeurlauber an.

An zweiter Stelle, jedoch mit großem Abstand hinter Alexandria, stand bis in die 1960er Jahre hinein der Ort Ras el-Barr, an der Mündung des Dumyat-(Damietta-)Arms des Nils gelegen. Als nach dem Bau des Hochstaudammes von Assuan die erosive Kraft der Meeresströmung durch das Ausbleiben der Nilsedimente stärker wirksam wurde, bedeutete dies den Verlust des Badestrandes des Ortes, so daß der Badetourismus dort praktisch zum Erliegen kam.

Heute steht das ebenfalls an der Mittelmeerküste, jedoch relativ peripher unweit der libyschen Grenze gelegene Marsa Matruh an zweiter Stelle bezüglich des inländischen Badetourismus. Die rasche Entwicklung des Ortes in den 1970er Jahren ist nicht zuletzt auf die politischen und wirtschaftlichen Beziehungen zwischen Ägypten und seinem westlichen Nachbarn zurückzuführen, die zeitweilig sehr rege waren, nachdem Libyen sich in die Reihe der reichen Erdöl exportierenden Länder einordnen konnte. Verkehrsmäßig ist der Ort durch eine gut ausgebaute Küstenstraße an Alexandria angeschlossen sowie durch eine Eisenbahnlinie, die früher auf ägyptischer Seite endete, heute aber bis nach Tobruk in Libyen weiterführt. Marsa Matruh bietet eine Reihe von Vorteilen gegenüber dem heute stark unter Umweltbelastungen aller Art leidenden Alexandria: Es besitzt herrliche weiße Sandstrände, z.T. mit bizarren Felsformationen aus Karst (Kleopatras Bad), sauberes Meereswasser, saubere Luft und eine ruhige Lage. Sein größter Nachteil ist die erhebliche Entfernung zu dem Haupteinzugsgebiet der Urlauber in Groß-Kairo (ca. 500 km). Marsa Matruh wird vorwiegend von den motorisierten einkommensstärkeren Erholungssuchenden aus Alexandria oder Kairo frequentiert, die der umweltbelasteten und überfüllten Strände von Alexandria überdrüssig sind. Wer jedoch außer dem Strandleben ein abwechslungsreiches Angebot an Unterhaltungsmöglichkeiten sucht, zieht in der Regel Alexandria mit seinen vielen Restaurants, Cafés, Nachtlokalen und anderem mehr vor.

Westlich von Alexandria sind nahezu bis hin nach El-Alamein mit staatlicher Unterstützung für die Angehörigen der Verbände verschiedener Berufsgruppen höheren Einkommens große Feriendörfer errichtet worden (vgl. Abschnitt 10.2). Außerdem haben in Alexandria und z.T. auch in Marsa Matruh die großen staatlichen und parastaatlichen Firmen und Banken ganze Hochhäuser gemietet und stellen darin ihren Angestellten und Arbeitern und deren Familien zu ermäßigten Preisen Unterkünfte für einen Badeurlaub im Sommer zur Verfügung. Andere Betriebe dieser Art bringen ihre Beschäftigten mit Bussen zu Tagesausflügen ans Meer. Durch diese Form des Sozialfremdenverkehrs überfluteten Massen von Urlaubern aus den Provinzen die stadtnahen Strände, so daß sie ihr typisches westlich geprägtes mediterranes Bild verloren und durch die mehr konventionelle Kultur der ländlichen Bevölkerung sowie in jüngerer Zeit auch durch den islamischen Bekleidungsstil der städtischen Mittelklasse in ihrer Physiognomie verändert wurden. Die verwestlichte Bourgeoisie wich aus und suchte die neueren Strände westlich des Stadtgebietes oder an den neuerschlossenen Küsten des Roten Meeres auf.

Die Badegebiete in der Sueskanalzone in Port Said und Ismailiya, am Timsah-See, am Großen Bittersee, in Abu Sultan und Port Fuad haben überwiegend eine nur lokale Bedeutung und ziehen wenige Urlauber aus Kairo und dem östlichen Nildelta an. In den 80er Jahren gewann jedoch Port Said an Anziehungskraft, teils durch die Verbesserung der Infrastruktur des Badebetriebes, teils auch durch die Errichtung einer zollfreien Handelszone am Hafen.

Übernahmen die Ägypter der Oberschicht und der gehobenen Mittelklasse zu Beginn unseres Jahrhunderts das Freizeitverhalten der Kolonialherren, so folgen sie heute dem Beispiel der westlichen Touristen, was den Trend zum bevorzugten Aufenthalt am Roten Meer und auf Sinai anbetrifft. Die Entwicklung begann in den 1950er Jahren mit Tages- und Wochenendausflügen aus Kairo nach Ain Sukhna, einer Thermalquelle am Golf von Sues. Wegen des Mangels an Infrastruktur konnten dort jedoch nur wenige in Kairo lebende

Ausländer, gefolgt von noch weniger Mitgliedern der begüterten und motorisierten ägyptischen Oberschicht an dieser Aktivität teilhaben. Zur gleichen Zeit entstand weiter südlich am Roten Meer gelegen in El-Ghardaqa ein Sheraton-Hotel sowie das Feriendorf Magawish. Mit der Entwicklung von El-Ghardaqa zu einem großen Zentrum für ausländische Bade- und Wassersport-Touristen wuchs dort auch der Anteil der ägyptischen Gäste. Besonders in den Sommermonaten, in denen die Lufttemperatur auf über 30° C steigt und es für die Europäer zu heiß wird, werben die Hotels mit Sonderangeboten, um ägyptische Gäste für eine Woche oder ein verlängertes Wochenende in die leerstehenden Zimmer zu locken. Ägypter erhalten in der Regel im Lande in den Touristenhotels der Mehrsterne-Kategorien einen Preisnachlaß von 60% auf den Zimmerpreis. Dieser Preis ist jedoch immer noch zu hoch für die einheimische Mittelklasse. Der ermäßigte Preis für eine einmalige Übernachtung in einem Doppelzimmer eines Vier-Sterne-Hotels entspricht dem Monatsgehalt eines Akademikers. Erstaunlicherweise wählen Angehörige der Mittelklasse dennoch häufig solche Hotels am Roten Meer für ihre Hochzeitsreise oder verbringen dort sogar einen Familienurlaub. Ein solcher Prestige-Urlaub verschlingt nicht selten die gesamten Ersparnisse, doch gehört man in den Augen von Verwandten oder Arbeitskollegen einer höheren Schicht an, wenn man sich dieses zu leisten in der Lage ist.

Die Billigangebote der völlig unterbelegten Hotels und Feriendörfer in El-Ghardaqa während der Flautezeit des Ausländertourismus 1991 und 1993 ermutigten zahlreiche Großfirmen, Banken und sonstige Organisationen und Verbände, ihre Fachkonferenzen dort abzuhalten, die häufig auch von ausländischen Partnern oder fachlichen Beratern besucht werden. Diese verlängern dann den Aufenthalt oft noch um einige Erholungstage.

Im Gegensatz zu der bereits als historisch zu bezeichnenden Übernahme des Badetourismus der Europäer in Alexandria durch Einheimische und zu der gegenwärtigen Übernahme des Bade- und Wassersport-Tourismus mit Schwerpunkt am Roten Meer folgen die Ägypter dem Beispiel der Europäer nicht, was deren Kulturtourismus, vor allem nach Luxor anbetrifft. Für sie ist dies zu teuer, zu anstrengend und nicht Prestige-bringend. Lediglich Schulen, Universitäten und Jugendorganisationen verschiedener Art bieten billige Exkursionen für die jungen Leute nach Luxor, Assuan, Kairo oder Alexandria an.

10. DIE SIEDLUNGSHIERARCHIE

10.1 Die Metropole Kairo

10.1.1 Einführung

Kairo ist die bei weitem bevölkerungsreichste und in verschiedenster Hinsicht bedeutendste Metropole Afrikas, des Mittleren Ostens und der islamischen Welt. Für Ägypten selbst hat die Stadt eine überragende Bedeutung, denn sie ist ca. viermal so groß wie die zweitgrößte Stadt des Landes, Alexandria, und etwa 30mal so groß wie die drittgrößte Stadt, Port Said (vgl. Abb. 22 und Tab. 22). In Kairo leben 46% der städtischen Bevölkerung des Landes. 1976 befanden sich 55,4% aller Universitätsstudienplätze des Landes, 46,1% aller Krankenhausbetten sowie 42% aller Arbeitsplätze in öffentlichen und privaten Betrieben Ägyptens in Kairo und flossen 40% aller staatlichen Investitionen in diese Stadt (nach Shorter 1989, S. 9).

Die Ägypter nennen ihre Hauptstadt, die in einem Sprichwort als „die Mutter der Welt" bezeichnet wird, ebenso wie ihr Land „*masr*". Es handelt sich hierbei möglicherweise um eine Übernahme des Landesnamens für die Hauptstadt, wie im Falle von Tunis. Nach anderer Erklärung ging die Bezeichnung aus dem Namen der ersten arabischen Stadt am Nil hervor, die „Misr al-Fustat" (gegr. 641 n. Chr.) hieß, wobei *misr* eine ältere arabische Bezeichnung für „Stadt" ist. Das Wort „Kairo" ging aus dem hocharabischen Wort „*al-qahira*" („die Bezwingerin") hervor, dem Namen der fatimidischen Stadt (gegr. 969 n. Chr.). Diese Bezeichnung fand nicht in die ägyptische Volkssprache Eingang, ist heute jedoch der offizielle Name der Hauptstadt sowie des ihr zugeordneten Gouvernorates.

10.1.2 Die Genese der Stadt Kairo

Der Ort der Einmündung des Nils in den weiten Trichter des Nildeltas besaß eine außerordentliche Gunstlage für die Entstehung der Hauptstadt. Dort verbanden sich die beiden Länder Unter- und Oberägypten und trafen Land- und Wasserwege aus allen Richtungen zusammen. Von dieser Stelle aus gab es über mehrere Jahrhunderte hinweg (seit Senostris III., 1887–1849 v. Chr.) einen teilweise künstlich angelegten Wasserweg zum Golf von Sues. Im Laufe der Zeit verschob sich das Gebiet der Hauptstadt mit der Verlage-

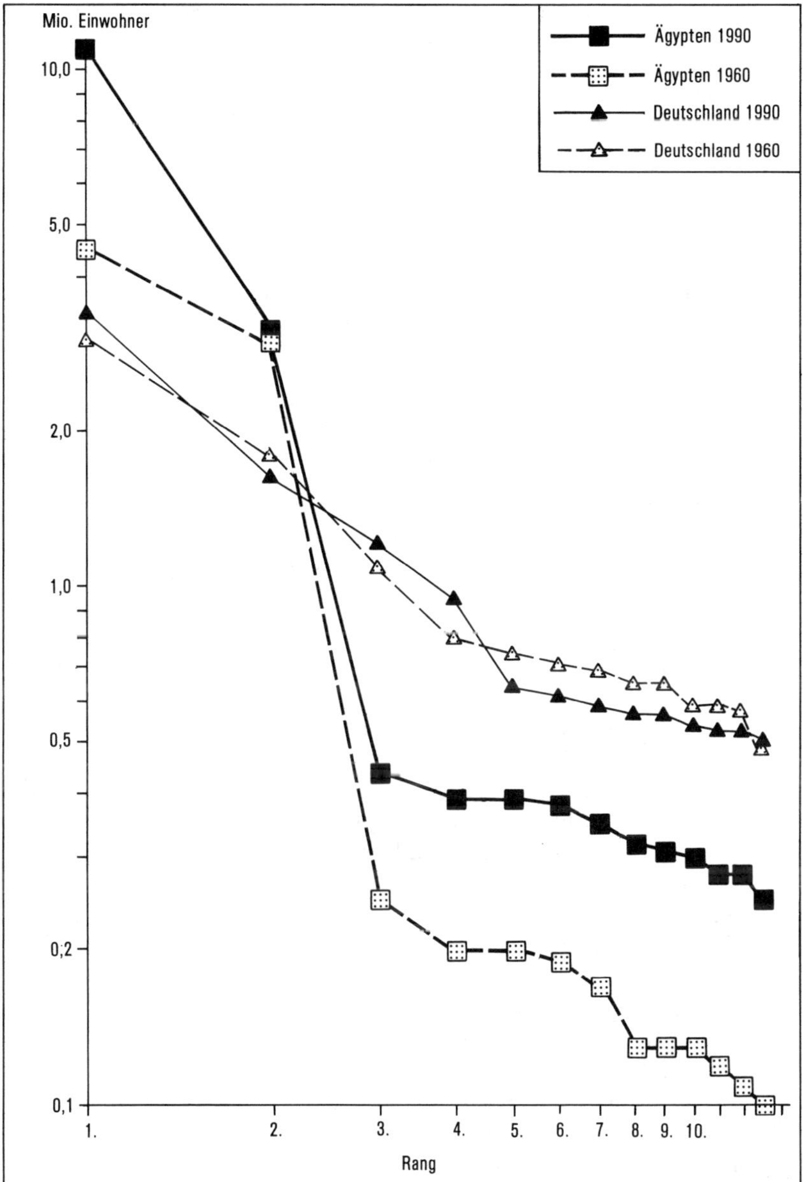

Abb. 22: Die Städterangfolge Ägyptens und Deutschlands 1960 und 1990 im Vergleich (Entwurf: F. Ibrahim; Zeichnung: W. Kalis; Quellen s. Tab. 22).

Tab. 22: Die Städterangfolge Ägyptens und Deutschlands 1960 und 1990 im Vergleich

Rang	Städte in Ägypten	Einw. in Mio. 1990	Einw. in Mio. 1960	Städte in Deutschland	Einw. in Mio. 1990	Einw. in Mio. 1960
1.	Kairo	11,100	4,530	Berlin	3,421 (1991)	3,261
2.	Alexandria	3,170	3,000	Hamburg	1,640	1,830
3.	Port Said	0,440	0,250	München	1,220	1,079
4.	Mahalla	0,390	0,200	Köln	0,950	0,789
5.	Tanta	0,390	0,200	Frankfurt a. M.	0,641	0,667
6.	Mansura	0,380	0,190	Essen	0,626	0,727
7.	Sues	0,350	0,170	Dortmund	0,597	0,638
8.	Asyut	0,320	0,130	Stuttgart	0,576	0,635
9.	Sagasig	0,310	0,130	Düsseldorf	0,575	0,695
10.	Ismailya	0,300	0,130	Bremen	0,549	0,557
11.	Faiyum	0,280	0,120	Duisburg	0,534	0,502
12.	Damauhur	0,280	0,110	Leipzig	0,514 (1992)	0,587
13.	El-Minya	0,250	0,100	Hannover	0,510	0,572
14.	Assuan	0,220	0,060	Dresden	0,493 (1992)	0,495

Quellen: Länderberichte Ägypten 1984 u. 1993; eigene Hochrechnungen für einige ägyptische Städte für 1990; Statistisches Jahrbuch für die BRD 1960, S. 36 ff. u. 1992, S. 59 f.; Statistisches Jahrbuch der DDR 1958, S. 11 ff. u. 1994, S. 5 ff.

rung des Nillaufes nach Westen und mit der Abdrängung der Nilgabelung nach Norden (vgl. Abb. 23).

Vor der Gründung der relativ jungen arabischen Städte gab es an gleicher Stelle bereits mehrere Siedlungen:

- die „Sonnenstadt“ Heliopolis (On) im NO des heutigen Stadtgebietes, die im Jahre 4240 v. Chr. errichtet wurde (Muselhi 1988, S. 64);
- die am westlichen Nilufer gelegene Stadt Memphis, die um ca. 2800 v. Chr. als Hauptstadt der vereinigten Reiche Ober- und Unterägyptens durch König Menes gegründet wurde (Brunner-Traut und Hell 1966, S. 452 ff.);
- Babylon, eine römische Siedlung mit einem Kastell, deren Name aus einer griechischen Verballhornung des altägyptischen Namens der unweit der Siedlung gelegenen Nilinsel Roda (Per-hapi-n-On) entstand.

Nachdem er die byzantinischen Herrscher Ägyptens besiegt hatte, ließ der arabische Feldherr Amr Ibn el-As 641 n. Chr. nördlich von Babylon die Stadt Al-Fustat errichten. Im Jahre 750 n. Chr. gründeten die Abbasiden ihre neue Garnisonstadt Al-Askar unmittelbar nördlich von Al-Fustat. Von 868–883 n. Chr. ließ Ibn Tulun, ursprünglich ein abbasidischer Statthalter des Khalifen von Baghdad, seine Residenz und die berühmte Moschee in Al-Qatai' nordöstlich von Al-Askar erbauen, nachdem er die dort befindlichen christlichen und jüdischen Friedhöfe hatte zerstören lassen (Muselhi 1988, S. 82).

Von diesen drei arabischen Städten war Fustat die bedeutendste, bis man sie

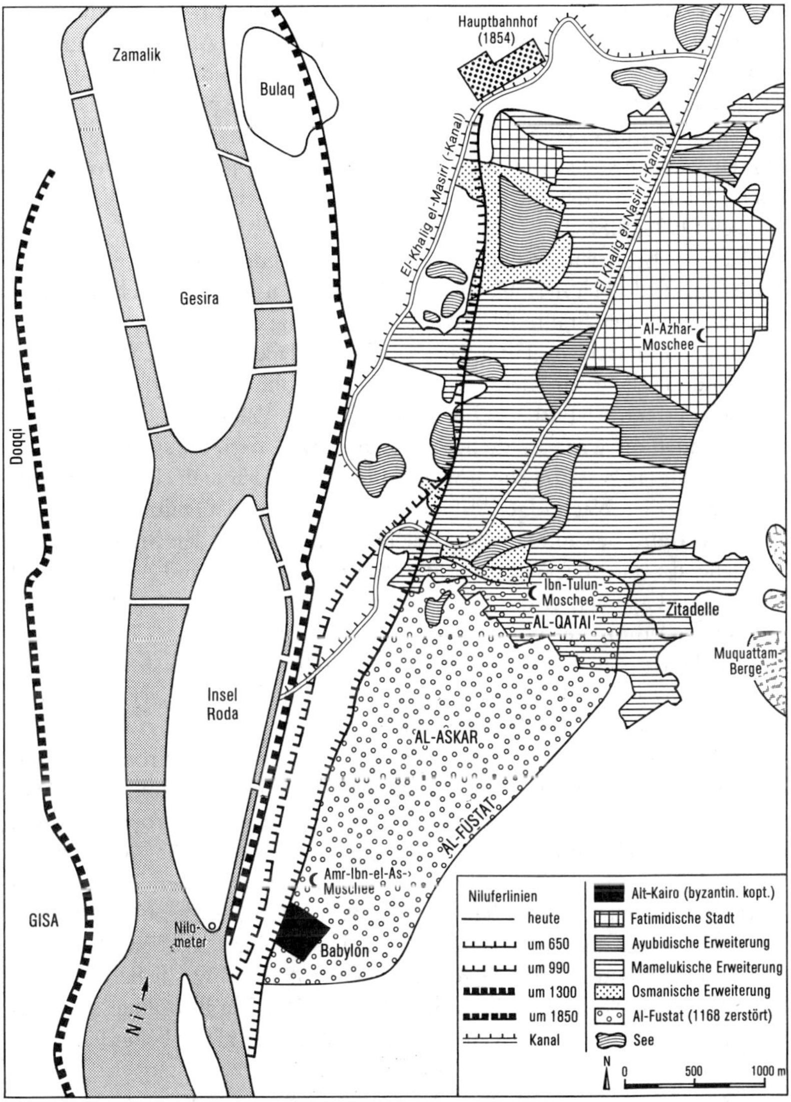

Abb. 23: Die Veränderungen des Nillaufes seit dem 7. Jh. und die Entwicklung der Altstadt von Kairo (Entwurf: F. Ibrahim 1996; Zeichnung: J. Feilner; verändert nach Said 1993, S. 67, Jomard 1821–1829, Abb. 15 u. 26 und Muselhi 1988, S. 125).

im Jahre 1168 n.Chr. völlig niederbrannte, um ihre Eroberung durch die Kreuzfahrer zu verhindern. Auch als im 10. Jahrhundert Al-Qahira gegründet wurde, blieb Al-Fustat das Zentrum für Wohnen und Handel. Die Stadt besaß den einzigen Hafen der Region und war durch Brücken mit der Nilinsel Roda und dem Westufer des Flusses verbunden. Al-Fustat kontrollierte den gesamten Warenaustausch zu Wasser und zu Lande. Die Stadt erstreckte sich über 4,8 km in nordsüdlicher Richtung und beherbergte 150 000 Einwohner (Muselhi 1988, S. 86).

Nach der Eroberung Ägyptens durch die Fatimiden gründete der aus Sizilien stammende Feldherr Gawhar im Jahre 969 n.Chr. nördlich der bestehenden arabischen Städte Al-Qahira als Residenz. Die neue Siedlung wurde großzügig und nach sorgfältig ausgearbeiteten Plänen angelegt. Sie blieb zwei Jahrhunderte lang ein befestigtes Zentrum politischer und militärischer Macht, während Al-Fustat sich zu einer Stadt des Volkes entwickelt hatte, in der sich auch die wirtschaftliche Aktivität konzentrierte. Erst nach dem Bau der Zitadelle (1176–1207) durch Saladin, dem der Sieg über die Kreuzfahrer gelang, und seinen Nachfolger öffneten die Herrscher Al-Qahira endgültig für das Volk. Kairo bestand nun aus drei Teilen: dem durch den Brand von 1168 weitgehend zerstörten Al-Fustat, der Zitadelle Al-Qal'a und Al-Qahira. Al-Qahira gliederte sich in verschiedene Stadtviertel (*harat*, sg. *hara*), die meist die Namen ethnischer Gruppen (Griechen, Kurden, Berber, Türken usw.) trugen. Unter der Herrschaft der baharitischen Mameluken (1250–1382) wurde Kairo zu einer der größten Handelsstädte der damaligen Welt. Seine Blütezeit erlebte es im 14. Jahrhundert, als die Einwohnerzahl 500 000–600 000 betrug (Raymond 1975, S. 251). Der Niedergang Kairos, verursacht durch politische Unruhen, die Mißwirtschaft der Mameluken und die Pest von 1348, begann jedoch im gleichen Jahrhundert. Zur Zeit ihrer Eroberung durch die Türken (1517) lebten in der Stadt lediglich noch etwa 385 000 Menschen (Clerget 1934, S. 240–241). In der Folgezeit verlor Kairo unter der türkischen Herrschaft weiterhin an Bedeutung, so daß die Zahl der Bewohner bis zum Ende des 18. Jahrhunderts auf 263 000 sank, wobei nur 34% auf Al-Qahira entfielen, während im südlichen Teil der Stadt 38%, im westlichen 25% und im nördlichen 3% lebten (Raymond 1975, S. 208). Die Bewohner verteilten sich auf 63 Haras mit jeweils eigenen Toren. 23 dieser Haras befanden sich in der fatimidischen Stadt Al-Qahira.

Während der Zeit Mohammed Alis (1805–1848), des osmanischen Statthalters, durch den Ägypten Anschluß an moderne Entwicklungen erfuhr, wurde die Stadt wesentlich umgestaltet: Die Hara-Tore wurden entfernt und die Sicherheit der Bevölkerung durch Polizeitruppen geschützt; neue Straßen wurden gebaut, alte verbreitert und Straßennamen, Straßenbeleuchtung sowie eine öffentliche Straßenreinigung eingeführt. Die Trümmer- und Abfallhügel älterer Stadtteile wurden abgetragen und mit dem Material einige Seen in der

Umgebung zugeschüttet. In der Stadt gelegene Friedhöfe wurden beseitigt. Der Khedive und seine Emire errichteten am Rande der Stadt ihre prächtigen Paläste.

Ausgehend von dem im NW der Stadt angelegten Haupt- und einem in seiner unmittelbaren Nähe errichteten Nebenbahnhof wurden 1854 bzw. 1856 die Eisenbahnlinien nach Alexandria und Sues gebaut. 1868 begann der Khedive Ismail mit der Planung des von der Stadt westwärts bis zum Nil gelegenen Gebietes. Dort entstand die Neustadt im europäischen Stil, die während der britischen Kolonialzeit 1882–1922 zu einer typischen Kolonialstadt ausgebaut wurde, die physiognomisch, funktional und sozial einen scharfen Kontrast zu der alten arabisch-orientalisch-islamischen Stadt bildete. In der Neustadt lebten die Europäer und einige Mitglieder der königlichen Familie.

1906 errichtete der belgische Baron Empain auf einem Wüstenplateau im NE der Stadt die Mustersiedlung Heliopolis im neumaurischen Stil. Es war eine hervorragend geplante Satellitenstadt mit aller zu jener Zeit denkbaren Infrastruktur, durch eine Straßenbahnlinie (Metro) mit der Hauptstadt verbunden. Dieser Stadtteil wurde zum bevorzugten Wohngebiet der Ausländer, ehe später die ägyptische Oberschicht von ihr Besitz ergriff.

Seit dem Beginn des 20. Jahrhunderts entwickelte sich Kairo rapide. Die Zahl seiner Bewohner stieg auf mehr als das Zehnfache von 905000 (1897) auf nahezu 10 Mio. (1986). In der gleichen Zeitspanne wuchs der Anteil der Bewohner der Hauptstadt an der Gesamtbevölkerung des Landes von 9,4% auf 20,2% (Shorter 1989, S. 5). Die Hauptfaktoren, die dieses begünstigten, sind (Muselhi 1988, S. 215 ff.):

1. Die Befreiung der Stadt von dem saisonalen Auftreten von Hochwässern:

Vorrangig im Interesse der Landwirtschaft wurden Stauwehre und Kanäle errichtet, um anstelle der saisonalen Beckenbewässerung die permanente Kanalbewässerung durchzuführen. Nachdem die Nilflut kontrolliert wurde, konnte die Stadt in westlicher und in nordwestlicher Richtung in der ehemaligen Nilaue entlang von Flußarmen, auf den zugeschütteten Seen und auf Inseln expandieren. Das einzige Hindernis für die Besiedelung im Bereich der Stadt blieb das im Osten gelegene Felsplateau des Gabal el-Muqattam.

2. Die Verbesserung der Verkehrsinfrastruktur:

Besonders in den jüngeren Stadterweiterungsgebieten wurden neue, breite Straßen angelegt, die zumeist gepflastert oder asphaltiert waren. Seit 1890 wurden acht Brücken errichtet, die das östliche und das westliche Nilufer über die Inseln verbanden. 1896 begann eine belgische Firma mit dem Ausbau eines Straßenbahnnetzes in Kairo. Die Einführung der Straßenbahn anstelle der Pferdekutsche ermöglichte die Ausdehnung der Stadtfläche von 6,7 km^2 auf 13,5 km^2 (Muselhi 1988, S. 215). Der Ausbau der Schienen- und Straßenverbindungen zwischen Kairo und den übrigen Teilen des Landes verstärkte die Migration in die Hauptstadt und belebte die Pendlerströme dorthin.

3. Der Boom des Baumarktes:

Der Handel mit Bauland und Immobilien erhielt unter dem Khediven Ismail einen modern-kommerziellen Charakter. Dieser Herrscher ließ 1869–70 die Stadtviertel Ismailiya und Tawfiqiya planen und verkaufte die Grundstücke an Bauwillige. Hierdurch entsprach er dem später auftretenden hohen Bedarf an modernen Wohnungen, der durch die Anwesenheit von ca. 75 000 Ausländern (Abu-Lughod 1971, S. 122) bestand, die während der britischen Kolonialzeit in Ägypten lebten.

Zu Beginn des 20. Jahrhunderts entstanden neue Wohnsiedlungen am Stadtrand in Heliopolis, Maadi, Hadayeq el-Qubba und in Doqqi, die durch vier große Baugesellschaften errichtet wurden.

Gegenwärtig vollzieht sich das rasche Wachstum der Stadt in vertikaler ebenso wie in horizontaler Richtung. Täglich entstehen neue Hochhäuser mit bis zu 45 Stockwerken (Maadi) und werden die alten Bauten ohne die erforderlichen Genehmigungen seitens der Baubehörden aufgestockt. Die mangelnde Wachsamkeit bzw. die Bestechlichkeit der Verantwortlichen im Staatsapparat wurde erkennbar, als ein Erdbeben im Oktober 1992 Hunderte von Menschenleben und einige Tausend Verletzte forderte, weil viele Häuser bauliche Mängel aufwiesen. Insbesondere bei den weit über 1000 Schulen, die allein in Kairo einstürzten, zeigte es sich deutlich, daß Korruption im Spiel gewesen war.

Die Expansion der Stadt seit Ende des Zweiten Weltkrieges ist in der Karte Abb. 24 dargestellt. Das stärkste Wachstum ist bisher im N, NE und im W zu beobachten. Die Ausdehnung nach E wird immer noch durch den Gabal el-Muqattam gebremst, obwohl auch auf seiner Hochfläche bereits an vielen Stellen Wohnblocks errichtet worden sind, deren Wasserversorgung und Drainage allerdings Probleme aufwirft. Die Expansion der Wohngebiete im SW verläuft relativ langsam. Ein wichtiger Grund hierfür ist die mangelnde Attraktivität dieses Gebietes. Dort konzentrieren sich im schmalen Niltal schmutz- und lärmerzeugende Industrien sowie die Fernstraßen und die Eisenbahnlinie nach Süden, begleitet von einem breiten Entwässerungskanal.

10.1.3 Die Entwicklung der Einwohnerzahl

Die genaue Anzahl der im Großraum Kairo heute lebenden Menschen ist unbekannt. In den ägyptischen Statistiken wird zwischen der Stadt Kairo (Gouvernorat Kairo), dem Gebiet der „Cairo Metropolitan Area" und der Region Groß-Kairo unterschieden. Die Cairo Metropolitan Area umfaßt Kairo und Gisa mit seinen unmittelbaren Vororten sowie die Stadt Schubra el-Kheima. Durch Zusammenschluß mit weiteren Ortschaften der Gouvernorate El-Qalyubiya im Norden und Gisa im Süden entstand die Region Groß-

Kairo. 1994 gab man für die Region eine Einwohnerzahl von 11800000 an (CAPMAS 1994d, S.2), für 1976 hatte man sie auf 7450280 und für 1986 auf 9790644 Bewohner beziffert. 1986 war die Verteilung der Einwohner wie folgt:

62% lebten in der Stadt Kairo, 19,2% in der Stadt Gisa, 3% in kleineren Ortschaften des Gouvernorates Gisa, 7,3% in der Stadt Schubra el-Kheima (im N) und 8,5% in kleineren Ortschaften des Gouvernorates El-Qalyubiya (im N). Bis 1994 sank der Anteil der Stadt Kairo auf 58%.

Die Bevölkerung der Region Groß-Kairo nimmt gegenwärtig jährlich um ca. 314000 Menschen zu. Demnach kann man die Einwohnerzahl der Agglomeration im Jahre 1996 auf etwa 13 Mio. schätzen. Hinzu kommen ca. 3 Mio. Menschen, die im unmittelbaren Einzugsbereich der Hauptstadt, einschließlich der Orte Banha im Norden und El-Ayat im Süden, bis zu einer Entfernung von etwa 50 km vom Zentrum, wohnen.

Das Bevölkerungswachstum der Region Kairo verlief seit dem Beginn des 20. Jahrhunderts in drei unterschiedlichen Phasen:

1. Die ersten 40 Jahre, während deren sich die Einwohnerzahl von 1 Mio. auf 2 Mio. verdoppelte, sind gekennzeichnet durch ein stetiges, aber mäßiges Wachstum. Die jährliche Wachstumsrate bewegte sich zwischen 1,5% und 2% und lag damit nur geringfügig über derjenigen des gesamten Landes, die mit 1% bis 1,5% angegeben wurde.

2. Während der darauffolgenden, ebenfalls 40 Jahre umfassenden Phase wuchs die Bevölkerungszahl sprunghaft auf mehr als das Vierfache an. Ein deutlicher Indikator dieser Entwicklung ist der Anteil der Bewohner der Region Groß-Kairo an der Landesbevölkerung (vgl. Tab. 23): Während dieser sich in der ersten Phase (1897–1937) um einen Wert von 10% herum bewegte, überschritt er in der zweiten Phase einen Wert von über 20%, bei dem er dann stagnierte.

Das rasche Bevölkerungswachstum der Landeshauptstadt während der zweiten von uns beschriebenen Phase ist auf zwei Hauptursachen zurückzuführen:

- Infolge des Erliegens des Welthandels während des Zweiten Weltkrieges ergab sich die Notwendigkeit, die in Ägypten stationierten britischen Streitkräfte aus Produkten des inländischen Gewerbes zu versorgen, wodurch dieses insbesondere in der Hauptstadt florierte. Infolge der dadurch günstigeren Arbeitschancen in Kairo ergab sich eine Sogwirkung insbesondere auf die ländliche Bevölkerung Oberägyptens.
- Die israelische Invasion von 1967 löste einen Flüchtlingsstrom aus der Sueskanalzone aus, der sich in erster Linie auf die Landeshauptstadt richtete.

3. Eine dritte Phase, während deren sich die Wachstumsrate der Bevölkerung der Region Groß-Kairo stabilisierte, begann etwa 1980 und dauert bis

Tab. 23: Die Bevölkerungsentwicklung in Ägypten und Kairo 1897–1994 im Vergleich

Jahr der Bevölkerungs-zählung	Ägypten Einwohner in Mio.	Cairo Metropolitan Area[1] Einwohner in Mio.	Anteil an der Bevölkerung Ägyptens in %
1897	9,64	0,91	9,4
1907	11,19	1,07	9,6
1917	12,72	1,25	9,9
1927	14,18	1,57	11,1
1937	15,92	1,89	11,9
1947	18,97	2,78	14,7
1960	25,98	4,53	17,5
1976	36,63	7,47	20,4
1986	48,25	9,79	20,3
1994	57,67	11,80	20,5

[1] Für Jahre ab 1976 ist die Einwohnerzahl der Agglomeration Kairo aufgeführt.
Quellen: Shorter 1989, S. 5; CAPMAS 1994 d, S. 2.

heute an. Erstmals in diesem Jahrhundert fiel sie unter die Wachstumsrate der Gesamtbevölkerung des Landes. Hierfür sind zwei Gründe verantwortlich:

- Anfang der 80er Jahre setzte eine wirtschaftliche Rezession ein, durch die sich die Beschäftigungsmöglichkeiten in der Hauptstadt verschlechterten.
- Die 80er Jahre waren die Epoche der stärksten Migration in die arabischen Länder, insbesondere in die Golfstaaten. Allein im Irak hielten sich beim Ausbruch des Golfkrieges im Jahre 1991 über 1 Mio. ägyptische Gastarbeiter auf. Aufgrund ihres höheren Ausbildungsstandes, stärkerer Kontakte zum Ausland und günstigerer Möglichkeiten, die Reisekosten zu erwirtschaften, haben die Bewohner der Hauptstadt einen leichteren Zugang zur Beschäftigung im Ausland, so daß ein relativ hoher Prozentsatz von ihnen in andere Länder abwanderte.

Eine räumlich differenzierte Betrachtung des Wachstums der Einwohnerzahlen der Region Groß-Kairo zeigt, daß die Entwicklung in der Umgebung der Stadt derzeit deutlich anders verläuft als in ihren zentralen Bereichen: Die für das Umland der Hauptstadt zu verzeichnende Wachstumsrate erhöht sich schneller als diejenige der Kernstadt. (vgl. Schubra el-Kheima, im Umland: Wachstumsrate 1976–1986 = 5,91% jährlich; Gouvernorat Kairo, zu dem die Kernstadt gehört: Wachstumsrate 1976–1986 = 1,75% jährlich).

Eine Betrachtung der Entwicklung der Einwohnerdichte zeigt ein ähnliches Bild: Selbst innerhalb des Gouvernorates Kairo steht einer sprunghaften Zunahme in den Vororten eine Abnahme im Zentrum der Stadt gegenüber. So stieg die Bevölkerungsdichte in Heluan (S) von 19100 Einw./km² im Jahre

1977 auf 86656 Einw./km^2 im Jahre 1994, während das im Zentrum gelegene Stadtviertel Bab esch-Schariya in der gleichen Zeitspanne eine Abnahme von 107100 Einw./km^2 auf 81727 Einw./km^2 aufwies (CAPMAS 1994d, S. 20). Anfang 1994 waren Esch-Scharabiya und Es-Sauya el-Hamra, in unmittelbarer Nähe des Hauptbahnhofs gelegen, mit 108944 Einw./km^2 die Stadtviertel mit der höchsten Bevölkerungskonzentration, und im Jahre 1992 betrug die Bevölkerungsdichte des Gouvernorates Kairo 31162 Einwohner/km^2 (vgl. Gesamt-Berlin 1992: 3867 Einw./km^2).

Der hier für die ägyptische Metropole beschriebene Prozeß unterscheidet sich von der in den westlichen Industrieländern zu beobachtenden Suburbanisierung in einigen wesentlichen Aspekten:

- Die im Vergleich zum älteren Teil der Stadt raschere Zunahme der Bevölkerung im Stadtumland war bis zum Ende der 1970er Jahre weniger auf die zentrifugale Wanderung als auf die Land-Stadt-Migration zurückzuführen. Die Immigranten kamen aus allen Teilen Ägyptens, insbesondere aber aus den in Teilen selbst zum Stadtgebiet gehörigen Gouvernoraten Gisa und El- Qalyubiya. Heute jedoch ist das zahlenmäßige Wachstum der Bevölkerung Groß-Kairos vorwiegend auf natürliche Zunahme (Geburtenüberschuß) zurückzuführen, durch die die aufgezeigten innerregionalen Wanderungen ausgelöst werden und weniger auf Migration von außen. So war während des Zeitraumes von 1960 bis 1975 die Land-Stadt-Wanderung noch für 22% der Bevölkerungszunahme Groß-Kairos verantwortlich, während sich dieser Anteil in dem darauffolgenden Jahrzehnt auf 10% reduzierte (Shorter 1989, S. 20).
  Auch die vom Zentrum zur Peripherie abwandernden Kairoer streben nach billigeren Wohnungen und nicht nach einer Wohnung „im Grünen".
- Infolge der dargelegten Phänomene ist die Bausubstanz des Kairoer suburbanen Raumes weniger durch Villen mit Gärten als vielmehr durch eine heterogene, z. T. planlose Siedlungsform geprägt: kommerzielle Wohnblocks, in denen Angehörige der Mittelschicht als Mieter, häufig aber auch als Eigentümer auftreten, heruntergewirtschaftete Baublocks des staatlichen sozialen Wohnungsbaues, überwiegend aus der Nasser-Zeit, sowie schmale, vielstöckige Häuser, die z. T. illegal errichtet wurden. Letztere sind in der Regel unverputzt und erwecken den Eindruck, als befänden sie sich noch im Bau. In der Tat werden sie auch oft nach Jahren noch weiter aufgestockt, wenn das entsprechende Kapital vorhanden ist. Dazwischen siedeln die Armen in slumähnlichen Behausungen.

10.1.4 Die raumfunktionale Struktur der Region Groß-Kairo

Die raumfunktionale Struktur der Region Groß-Kairo ist komplexer Natur. Um sie besser erfassen zu können, werden hier die Verteilungsmuster der Hauptfunktionen skizziert sowie die Gründe für die Entwicklung der verschiedenen Standorte erläutert.

10.1.4.1 Die Handelsfunktion

Der Einzelhandel für Waren des täglichen Bedarfs verteilt sich naturgemäß über den gesamten Raum. In den verschiedenen Stadtvierteln haben sich jedoch Agglomerationen für das Lebensmittelangebot gebildet, wobei eine Trennung zwischen den Läden und offenen Verkaufsständen für Obst, Frischgemüse und Lebendgeflügel einerseits und den größeren Lebensmittelläden bzw. Supermärkten andererseits zu beobachten ist. Metzger und Fischverkäufer finden sich ebenfalls in diesen Zentren zur Deckung des täglichen Bedarfs. Während der sozialistischen Zeit unter Nasser wurde in jedem Stadtviertel auch eine staatliche Konsumgenossenschaft errichtet, die Lebensmittel zu kontrollierten Niedrigpreisen anbot. Diese Läden sind heute infolge von Korruption und Mißmanagement heruntergewirtschaftet bzw. in Auflösung begriffen. Neben den genannten Einrichtungen sorgen in den Wohngebieten der Unter- und Mittelschicht ambulante Händler für die Deckung des Bedarfs an Obst, Gemüse, Milch und gekochten Frühstücksbohnen (*ful* = braune Dicke Bohnen), die ihre Waren z. T. auch an den Wohnungstüren anbieten. Der Standort der Bäckereien wird durch folgende Faktoren bestimmt:

- hoher Platzanspruch;
- Absatzorientierung (das Brot wird in der Regel in noch heißem Zustand verkauft);
- niedriger Preis (durch staatliche Subvention, bis die Weltbank auf einen Abbau derselben drängte);
- hoher Brotkonsum der ägyptischen Bevölkerung.

Diese Faktoren bedingen, daß die Bäckereien zwar in dichtbewohnten Gebieten, nicht jedoch unmittelbar in der Marktzone ihren optimalen Standort haben. Findet man sie dennoch dort, so ist dies in der Regel darauf zurückzuführen, daß sie bereits vor deren Entstehung am Ort bestanden.

Der Einzelhandel für Waren des nicht-täglichen Bedarfs weist folgendes Verteilungsmuster auf: Die größeren Stadtviertel und die Vororte besitzen ihre eigenen Geschäftszentren mit einer breiten Auswahl an Bekleidungsartikeln, Schmuck und sonstigen Gütern des gehobenen Bedarfs. Im Stadtzentrum Kairos selbst ist die für die meisten ehemals kolonialen Metropolen typische Dualität zu beobachten. Es existieren hier zwei räumlich voneinander getrennte Geschäftszentren: Das eine, in der Altstadt befindliche Zentrum, dient den Angehörigen der unteren Bevölkerungsschichten und der Mittelklasse, welche noch im traditionellen Stil leben, während das andere sich innerhalb der Neustadt entwickelte und der Versorgung der Bürger der oberen Mittelschicht sowie der Klasse der Reicheren dient, die stärker verwestlicht sind. Der Bedarf der letzteren an modischer islamischer Kleidung wird hier heute ebenfalls gedeckt. Das Geschäftszentrum der Neustadt erstreckt sich zwischen dem Opernplatz und dem Tahrir-Platz in einem Gebiet, das bis zum 19. Jahrhundert zum saisonalen Überschwemmungsbereich des Nils gehörte und erst nach und nach trockengelegt wurde. Das traditionelle Geschäftszentrum befindet sich in der alten fatimidischen Stadt sowie in den Straßen, die diese mit dem Hauptbahnhof verbinden. Im 20. Jahrhundert entwickelte sich ein Teil dieses Geschäftszentrums, nämlich der in der Nähe der Al-Azhar-Moschee gelegene Khan el-Khalili, zu einem Basar, in dem aus dem ganzen Lande stammende kunsthandwerkliche Gegenstände (u.a. Glas-, Ton-, Messing- und Lederwaren sowie handgewebte oder -geknüpfte Teppiche) fast ausschließlich an Touristen verkauft werden. Gleichzeitig ist hier auch eine wichtige Produktionsstätte des traditionellen Kunsthandwerks, durch die die Touristen nicht nur dort, sondern überall in Ägypten mit Reisemitbringseln aller Art versorgt werden. Als dieser Altstadtbereich begann, sich zu einer Touristenattraktion zu wandeln, wanderten die ansässigen Stoffhändler von dort in die von den ausländischen Besucherströmen weniger tangierte Randzone ab, während die Goldschmiede, die heute ein breitgefächertes Angebot für Einheimische ebenso wie für Ausländer bereithalten, auf den alten Standorten beharrten, jedoch meist in der Neustadt Zweitgeschäfte errichteten.

Der Großhandel für Stoffe, Bekleidungsartikel und Schreibwaren befindet sich in der Nähe der Altstadt um die Al-Azhar-Moschee herum sowie zwischen der Altstadt und dem Hauptbahnhof. Im Gebiet der Al-Azhar-Straße in der äußeren Zone der Altstadt sind sowohl der Groß- als auch der Einzelhandel für Eisenwaren und Autoersatzteile angesiedelt. Dieses ist der traditionelle Standort für die metallverarbeitenden Handwerker, die überaus geschickt sind und aus dem in der Stadt anfallenden Schrott neben komplizierten Autoersatzteilen auch chirurgische Instrumente fertigen.

Um die Standorte der Großmärkte für Obst und Gemüse sowie für Fisch schwelte jahrelang ein teils auch vor Gericht ausgetragener Streit zwischen der Regierung und den Großhändlern. Der Staat ließ in der 30 km nordöstlich von Kairo an der Wüstenstraße nach Ismailiya gelegenen Trabantenstadt Al-Ubur (vgl. Karte Abb. 24) einen modernen Großmarkt für diese Waren errichten und ordnete die Räumung der alten Märkte hierfür im Stadtzentrum an, deren hygienische Bedingungen zu wünschen übrigließen. Die Verlegung des alten Großmarktes für Obst und Gemüse aus dem nahe des Nils gelegenen Stadtteil Rod el-Farag wurde 1994 abgeschlossen, während der alte Fischmarkt, der

nach Alexandria
GOUV. QALY
Shubra
el - Kheim
Nil
Imbaba
GOUV. GISA
nach Madinet es-Sadat,
Alexandria (Wüstenstraße)
Tahrir-
Platz
Gamaliy
Sayyida
Zeinab
GOUV.
Sitta Oktober
Pyramiden
zum Neuen Tal
(Westliche Wüste)
zur Oase El-Fayum

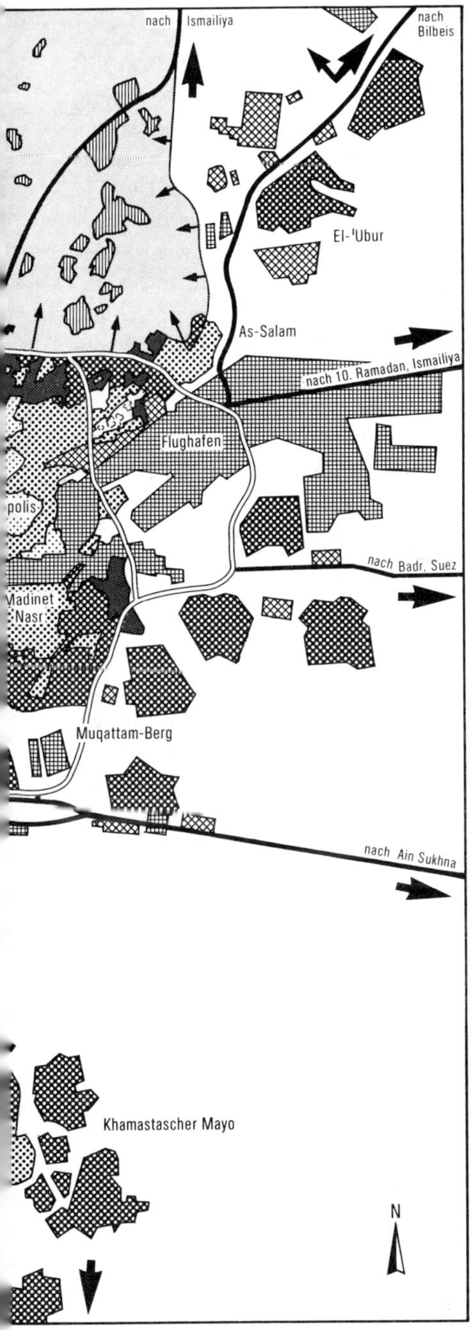

Abb. 24: Die Expansion der bebauten Flächen im Großraum Kairo seit 1947 (Entwurf: F. Ibrahim 1996; Zeichnung: J. Feilner; Quellen: General Organization of Physical Planing 1982 und Shorter 1989).

sich unweit des Hauptbahnhofs im Stadtteil Ghamra befand, bereits 1993 aufgelöst wurde, als der neue Fischmarkt seinen Betrieb aufnahm. Die Regierung sah sich nicht nur im Interesse des Stadtimages veranlaßt, einen modernen, großflächigen Großmarkt außerhalb der Stadt zu errichten, sondern hauptsächlich auch, um den Verkehr im Stadtzentrum zu entlasten, und wollte durch die Bereitstellung von ultramodernen riesigen Kühlhäusern die Lagerungsbedingungen für die leicht verderblichen Waren verbessern. Auch konnten am neuen Standort die ständig wachsenden Platzbedürfnisse des Marktes befriedigt werden. Die in einer Gewerkschaft zusammengeschlossenen Großhändler führten als Argumente für die von ihnen geforderte Beibehaltung des zentralen Standortes an:

- Den vielen kleinen Einzelhändlern, die ihre Ware mit den für längere Strecken ungeeigneten Eselskarren abholten, wird durch den neuen Großmarkt in der fernen Satellitenstadt die wirtschaftliche Basis entzogen.
- Circa 600 Menschen, hauptsächlich Frauen und Jugendliche, die ihren Lebensunterhalt als Lastenträger auf dem zentral gelegenen Großmarkt verdienten, verloren ihre Arbeitsstelle, weil für sie der Weg nach Al-Ubur ebenfalls zu weit ist.

Die Großhändler hatten der Regierung einen Gegenvorschlag unterbreitet, der versprach, neben den Verkehrsproblemen auch die Probleme der Lagerung der leichtverderblichen Lebensmittel zu lösen, ohne daß der Großmarkt an einen so peripher gelegenen Ort zu verlegen gewesen wäre. Sie favorisierten eine Errichtung zusätzlicher Großmärkte im Süden, im Westen und im Osten der Stadt in der Nähe der Absatzmärkte bei gleichzeitiger Modernisierung der Lagerhallen des alten Großmarktes, der beibehalten werden sollte, um die Versorgung der nördlichen Region zu sichern. Die Großhändler, die überwiegend aus Oberägypten zugewanderte koptische Christen sind, verfügen jedoch nicht über eine einflußreiche Lobby, so daß die Chancen auf eine Realisierung ihrer Vorstellungen von vornherein gering gewesen waren.

10.1.4.2 Die Transportfunktion

Trotz erheblicher Bemühungen des Staates während der letzten Dekaden um einen Ausbau der Infrastruktur in der Landeshauptstadt wurde das durch den Pendlerverkehr der Berufstätigen, der Schüler und Studenten morgens und nachmittags auftretende Verkehrsproblem noch nicht gelöst. Der Mangel an preisgünstigen Wohnungen macht es den Städtern fast unmöglich, die Standorte ihrer Wohn- und Arbeitsplätze zu vereinen. So müssen Millionen von Menschen von einem Ende der Stadt zum anderen pendeln und dabei täglich zweimal Wege von 20 km und mehr durch dichtestbewohnte Gebiete zurücklegen. Man errechnete, daß allein durch die Verkehrsstaus täglich einige

Millionen Stunden potentieller Arbeitszeit verlorengehen. Zudem sind die öffentlichen Verkehrsmittel derart überfüllt, daß sich insbesondere Frauen gezwungen sehen, teurere Verkehrsmittel wie Taxen, Sammeltaxen oder Mikrobusse in Anspruch zu nehmen, obwohl ihre wirtschaftliche Lage dies eigentlich nicht zuläßt. Der Erwerb von Pkws wurde unter diesen Umständen auch für die einkommensschwache Mittelklasse teilweise eine Notwendigkeit.

Es ist jedoch den Verkehrsplanern der Stadt Kairo hoch anzurechnen, daß sich dank der von ihnen entwickelten Konzepte während der vergangenen 25 Jahre die Verkehrssituation nicht verschlechtert hat, obwohl sich die Einwohnerzahl der Metropole etwa verdoppelte und die Zahl der zugelassenen privaten Kraftfahrzeuge infolge der Liberalisierung der Wirtschaft vervielfachte. Zur Stabilisierung bzw. zur Verbesserung der Lage haben die folgenden verkehrsplanerischen Maßnahmen beigetragen:

- der Ausbau der Hauptausfallstraßen (z. B. Ramses Street);
- der Bau einer achtspurigen Ringstraße, die das Stadtzentrum vom Transitverkehr entlastet;
- der Bau neuer Nilbrücken, die den Ost-West-Verkehr innerhalb des Stadtgebietes wesentlich erleichtern (z. B. 6.-Oktober-Brücke);
- die Errichtung verschiedener Hochstraßen, durch die Engpässe besonders im Stadtzentrum beseitigt wurden (z. B. über dem Vorplatz des Hauptbahnhofs);
- der seit den 70er Jahren betriebene Ausbau der Metro, durch den der Verkehr besonders in Nord-Süd-Richtung beschleunigt und die Verkehrssituation insgesamt entlastet wurde;
- die Dezentralisierung der großen Umsteigestationen des öffentlichen Verkehrs sowie der privaten Mietwagen (Taxen, Sammeltaxen, Sammelmikrobusse), insbesondere derjenigen, die den Verkehr zwischen der Hauptstadt und den Provinzen verknüpfen.

10.1.4.3 Der Standortwandel der Verwaltung und der höheren Dienstleistung

Bis zur Mitte des 20. Jahrhunderts konzentrierten sich die Verwaltungsbehörden des Landes an wenigen Stellen im Zentrum der Hauptstadt. Alte Standorte, die bis heute beibehalten wurden, sind die folgenden:

- das Gebiet südöstlich des Tahrir-Platzes, wo sich das Parlament, die Ministerien, der Abdin-Palast und die Stadtverwaltung befinden;
- der Tahrir-Platz und der Stadtteil Garden City am östlichen Nilufer – dort findet man verschiedene Botschaften, das Außenministerium, den Sitz der Arabischen Liga, das Ägyptische Museum und die Amerikanische Universität sowie seit den 1950er Jahren auch einen großen Verwaltungskomplex

(Mugamma') und unweit davon das Gebäude der Fernseh- und Rundfunkanstalt;

- der Hauptbahnhof, in dessen Nähe auch die Stadtwerke und die Behörden für Verkehr und Telekommunikation angesiedelt wurden.

Neuere Verwaltungssitze, wie z. B. das Statistische Amt (Central Agency for Public Mobilisation and Statistics = CAPMAS), die staatliche Flug- und Tourismusgesellschaft Misr Travel und die Forschungsbehörden wurden außerhalb des Stadtzentrums untergebracht, wo mehr Platz für die repräsentativen Bauten zur Verfügung stand.

Bis auf die bereits im Jahre 1856 errichtete Kairoer Universitätsklinik und die Amerikanische Universität (AUC, gegr. 1920) befinden sich die Hochschulen ebenfalls außerhalb des Stadtzentrums: die Universität Kairo (gegr. 1908) in Gisa, die Universität Ain Schams (gegr. ab 1950) in Abbasiya und Heliopolis, die Al-Azhar-Universität in Madinet Nasr (gegr. 1961), die Universität Heluan (gegr. 1975) im gleichnamigen Vorort im Südosten Kairos.

Die Zentralen der Banken und Versicherungen, die Hauptstellen der Reisebüros, der gastronomischen Betriebe und vieler Firmen befinden sich seit jeher an Standorten in der kolonial geprägten Neustadt zwischen dem Opernplatz und dem Tahrir-Platz am Nil.

In den vergangenen Dekaden wanderten viele große Dienstleistungsbetriebe aus dem Stadtzentrum ab, wo sich ihnen keine Erweiterungsmöglichkeiten mehr boten. Sie befinden sich jetzt vorzugsweise in den modernen Hochhäusern der neueren Stadtviertel, wie z. B. in Madinet Nasr, in dem Erweiterungsgebiet von Heliopolis im Nordosten Kairos sowie in Doqqi, Agusa und El-Muhandissin im Westen Kairos. Auch viele Botschaften konzentrieren sich in den zuletzt genannten Stadtvierteln mit guter Bausubstanz (u. a. Botschaft Österreichs und der Schweiz). Andere beharren jedoch auf den alten, zentraler gelegenen Standorten am Nil, wie z. B. in Garden City (u. a. Botschaften Großbritanniens und Italiens) oder auf der Insel Zamalik (u. a. Botschaften Deutschlands und Argentiniens).

Das bekannteste traditionelle Vergnügungsviertel Kairos befindet sich westlich der fatimidischen Stadt in der Mohammed-Ali-Straße, die heute offiziell El-Qal'a-Straße heißt. Dort wohnten einst die Bauchtänzerinnen und die dazugehörigen Musikantengruppen, die von den Reichen für Hochzeiten und andere Feste engagiert werden, und auch die traditionellen Musikanten. Ein Handwerkszweig, der sich mit der Herstellung traditioneller Musikinstrumente beschäftigt, ist hier ebenfalls vertreten.

Gegen Anfang des 20. Jahrhunderts entstand zwischen dem Opernplatz und dem Hauptbahnhof, insbesondere in der Imad-ed-Din-Straße, ein modernes Unterhaltungsviertel mit Theatern und Kinos. Hier stand auch die Wiege der ägyptischen Filmindustrie, die viele Stars hervorbrachte und für die gesamte arabische Welt produzierte. Heute, im Zeitalter des Fernsehens und der Video-Recorder, sind die alten Kinopaläste zur Bedeutungslosigkeit herabgesunken oder umfunktioniert worden. Das 1869, zur Eröffnung des Sueskanals fertiggestellte Opernhaus, das dem Platz den Namen gab, brannte nach knapp hundertjährigem Bestehen ab. Ein neues Opernhaus, Mittelpunkt eines gigantischen Kulturzentrums, wurde 1988 durch die Japaner auf der Nilinsel Gesira (Zamalik) gebaut.

Das alte Vergnügungsviertel Kairos sah viele Künstler, die Weltruf genossen. In jüngerer Zeit, insbesondere infolge der Verwestlichung der ägyptischen Kunst, verlagerten sich die Unterhaltungsstätten in die von ausländischen Touristen frequentierten Gastronomiebetriebe, die sich überwiegend am Nilufer und in der Nähe der Pyramiden befinden. Mit dieser Standortverlagerung ging eine deutliche Niveauabsenkung der Darbietungskunst einher. Dem Geschmack der Touristenmassen aus dem Westen und der Nachbarn aus den arabischen Erdölstaaten entsprechend wird überwiegend anspruchsloser Bauchtanz und lautstarke westliche Musik geboten.

Die Hauptkommunikationsorte der ägyptischen Männer, die Straßencafés, in denen sie sich bei Tee und türkischem Kaffee treffen, um Wasserpfeife zu rauchen oder Karten, Domino oder *taula* („Tisch"; Würfelspiel) zu spielen, findet man am häufigsten in der Nähe der Marktzentren sowie der Haltestellen von Bahnen und Bussen.

10.1.4.4 Die Wohnfunktion

Die Angehörigen der Unter- und Mittelschicht, zu denen der weitaus größte Teil der Bewohner Kairos gehört, sind nicht in der Lage, auch nur annähernd ihren Grundbedürfnissen entsprechend zu wohnen. Ein Jungakademiker beispielsweise, auf der Suche nach einer für ihn erschwinglichen Zwei- bis Drei-Zimmer-Wohnung für seine Familie, wird eine solche nicht finden, selbst wenn er bereit ist, sein gesamtes monatliches Einkommen von LE 200 dafür aufzuwenden.

In der Tat gibt es auf dem Kairoer freien Wohnungsmarkt keine Wohnungen, die der Durchschnittsbürger mieten kann. Zur Erläuterung seien hier die Hauptarten der Wohnungen dargestellt, die es in Kairo heute gibt:

1. Die Altmietwohnungen:

Sie haben teilweise eine überalterte bzw. abbruchreife Bausubstanz. Die Mieten sind seit der Nasserzeit (1954–1970) durch den Staat eingefroren, so daß sie in der Regel nur wenige ägyptische Pfund kosten. Deshalb werden solche Wohnungen von den jeweiligen Mietern niemals aufgegeben, sondern leidlich selbst instandgehalten und an die Kinder weiterüberlassen. Es kommt vor, daß Hausbesitzer den Altmietern eine hohe Abstandszahlung anbieten, um sie zum Räumen der Wohnungen zu bewegen. Erfolgt Neuvermietung, so darf wiederum nur der vorherige Mietpreis verlangt werden. Von Wohnungssuchenden werden jedoch unter der Hand erhebliche Summen, die in der Höhe des Verkaufswertes der Wohnungen liegen, das sog. Schlüsselgeld, für die Überlassung derselben zur Miete gezahlt.

2. Die Wohnungen des staatlich subventionierten sozialen Wohnungsbaues:
Seit der Sadatzeit in den 1970er Jahren hat sich der Preis dieser ursprünglich als „Volkswohnungen" (*masakin scha'abiya*) bezeichneten Unterkünfte derart erhöht, daß sie nur noch von Angehörigen der oberen Einkommensschichten erworben werden können. Es handelt sich hierbei um Eigentumswohnungen, für deren Erwerb monatliche Raten, die heute etwa das 3fache eines Jungakademikergehalts betragen, sowie eine erste Abschlagszahlung, die etwa das 100fache davon ausmacht, zu zahlen sind.

3. Die Genossenschaftswohnungen:
Deren Bau wird ebenfalls staatlicherseits gefördert. Hiervon profitieren in erster Linie die Angehörigen der wohlhabenderen oder einflußreicheren Schichten, wie Offiziere, Ärzte, Ingenieure oder Journalisten, denen der Staat beim Bau ihrer Großwohnsiedlungen erhebliche Privilegien gewährt (vgl. El-Muhandissin = „die Ingenieure", einst als Wohnkomplex für Ingenieure begonnen, heute ein riesiges Stadtviertel mit unterschiedlichen Bewohnern der gehobenen Klasse).

4. Die Wohnungen des informellen Wohnungsbaues:
Etwa 80% der Bevölkerung Groß-Kairos leben in informell, d.h. illegal errichteten Wohnungen. Im Großraum Kairo gibt es 168 informelle Siedlungen. 23 von diesen möchte die Stadtverwaltung in absehbarer Zeit beseitigen (El-Wali 1993, S. 260ff.). Teilweise werden die Häuser solcher Siedlungen ohne Genehmigung auf Land errichtet, das sich in Staatsbesitz befindet, wie im Falle von Manschiet Naaser am Fuße der Muqattamberge, wo in tektonisch ungünstiger Lage errichtete Häuser im Frühjahr 1994 einstürzten und Menschen unter sich begruben. Häufiger anzutreffende Formen sind die verbotene Besiedelung von Bewässerungsland oder die unzulässige Erhöhung der Wohnblocks um mehrere Stockwerke. Wie gefährlich auch diese Art des informellen Wohnens ist, zeigte sich bei dem Erdbeben in der Region im Oktober 1992, als viele dieser Siedlungen einstürzten und auch Tote zu verzeichnen waren. Trotzdem sind auch Wohnungen dieser informellen Kategorien, die teilweise von sehr schlechter Qualität und mit mangelhafter Strom- und Wasserversorgung ausgestattet sind, äußerst knapp und werden ebenfalls nur gegen sehr hohe Mieten und gegen Zahlung der o. g. Schlüsselgelder vergeben. Sie werden überwiegend von den Ärmeren bewohnt.

5. Die Wohnungen in den neuen Entlastungsstädten:
Diese Wohnungen sind für die überwiegende Mehrheit der Bevölkerung unerschwinglich, obwohl es sich auch hier um sozialen Wohnungsbau handelt. Das ägyptische Parlament beschäftigte sich bereits mit dem Problem der

hohen monatlichen Raten für diese Wohnungen, die oft mehrere hundert Pfund betragen.

Einige Konsequenzen der Mißstände auf dem Kairoer Wohnungsmarkt seien hier genannt:

- Ein sehr großer Teil der neuerrichteten subventionierten Wohnungen steht leer, weil sie von den Wohlhabenderen als Geldanlage erworben wurden, die dafür nicht selten auch Bestechungsgelder zahlten. Da der Staat allgemein nur Mieten auf niedrigem Niveau erlaubt und Mieter gegenüber den Vermietern unter gesetzlichem Schutz stehen, weigern sich die Besitzer, ihre Wohnungen zu vermieten, und ziehen es vor, sie leerstehen zu lassen, bis eines Tages ihre Kinder sie beziehen, oder sie vermieten sie – was der Staat nicht verbietet – als sog. möblierte Wohnungen mit lediglich einem Stuhl darin für Höchstmieten und ein zusätzliches Schlüsselgeld. So umgehen sie die gesetzlichen Bestimmungen mit erheblichem Profit. Auch diese Mißstände sind hinlänglich bekannt, doch schritt die Regierung dagegen bislang noch nicht wirkungsvoll ein.
- Familien mit geringem Einkommen wohnen auf engstem Raum, in Kellern oder auf den Dächern von Mietshäusern oder auch in den hausartigen Grabstätten der alten Friedhöfe.
- Viele junge Familien leben in einem einzigen Zimmer der elterlichen Wohnung, was häufig zu Familienstreitigkeiten führt.

Die geographische Verteilung der Wohngebiete der verschiedenen Kategorien im Raum Groß-Kairo, die im Luftbild deutlich erkennbar ist, bildet ein komplexes Mosaik klar voneinander abgehobener Quartiere:

Die Wohngebiete mit guter Bausubstanz, häufig aus Hochhäusern bestehend, erstrecken sich beiderseits entlang des Nils und liegen in Vororten wie Heliopolis, Madinet Nasr und Maadi. Hier wohnen die Angehörigen höherer Einkommensschichten.

Die Angehörigen der unteren und mittleren Einkommensschichten dagegen wohnen in der Altstadt, in den älteren Stadterweiterungen im Norden, wie z.B. Schubra, Zaher und Abbasiya sowie in den entlang der nach Süden und Norden verlaufenden Eisenbahnachsen entstandenen Vororten.

Dieses grobe, vereinfacht dargestellte Bild wird durch die Unregelmäßigkeit der illegalen Siedlungen, aber auch durch einzelne an den unterschiedlichsten Standorten des Großraums Kairo anzutreffenden Hochhauskomplexe durchbrochen.

Die Karte Abb. 24 zeigt die weite Ausdehnung der Gebiete des informellen Wohnungsbaues, in denen der größte Teil der Bevölkerung der unteren Schichten wohnt. Allerdings ist auch in den gehobeneren, formellen Wohnvierteln, wie z.B. Nasr City, der informelle Wohnungsbau sehr verbreitet. So deckten die Medien den Fall eines Mannes auf, der durch Korruption innerhalb der Stadtverwaltung in zehn Jahren vom einfachen Arbeiter zum Milliardär wurde, indem er in den besten Stadtvierteln, vorwiegend in Madinet Nasr, insgesamt 181 Wohntürme errichtete (Al-Mussawar, 7. 1. 1994, S. 16).

10.1.4.5 Die Industriefunktion

In Groß-Kairo finden rund 40% aller im industriellen Sektor Tätigen Beschäftigung, und die Industrieflächen nehmen 13,5% der Gesamtfläche ein. Die Industriebetriebe verteilen sich über mehrere Stadtviertel, die größten Konzentrationen befinden sich jedoch im Gebiet von Heluan im Süden sowie im Gebiet von Schubra el-Kheima im Norden, wo alle Industriebranchen vertreten sind, insbesondere die Rüstungsindustrie. Von den 15 ägyptischen Großbetrieben der Rüstungsindustrie befinden sich 13 in Groß-Kairo, vornehmlich im Gebiet von Heluan, aber auch im Norden in Schubra el-Kheima, in Abu Saabal sowie in der Nähe des Flughafens im NE. Mit der Rüstungsindustrie sind die chemische Industrie, die pharmazeutische Industrie, der Maschinenbau, die Eisen- und Stahlindustrie, die Automontage, die Fahrrad- und Motorradherstellung, der Eisenbahnwaggonbau, der Bau von Nilschiffen, die Textilindustrie sowie die Zementindustrie vergesellschaftet.

Als Folge dieser Konzentration, insbesondere auch durch die Schwerindustrie, ist die Umweltbelastung in Kairo vor allem in Schubra el-Kheima und in Heluan, das ursprünglich ein Heilbad war, erheblich. Es finden sich Luftverunreinigung, Lärm, Grundwasserverschmutzung und unkontrolliertes Ablagern von giftigen Industrieabfällen. Man versuchte bislang vergeblich, die Industrie zu dezentralisieren. Statt dessen wächst die Zahl der Industriebetriebe weiter an. Die Stadtverwaltung möchte Groß-Kairo vor weiterer Ansiedelung völlig verschließen. Ausgenommen werden sollen lediglich Reparatur-, Dienstleistungs- und der Ernährung dienende Betriebe. Lärm erzeugende Handwerksbetriebe (z. B. die Autoreparatur) sollen zu neuen Standorten am Rande der Stadt umgesiedelt werden. In Madinet es-Salam im NE wurde bereits ein neugeplantes Handwerkerviertel bezogen.

10.2 Alexandria – die Millionenstadt im Schatten der Metropole

Man kann feststellen, daß Alexandria mit nahezu 3,4 Mio. Einwohnern (1994) die zweitgrößte Stadt des Landes ist und mehr als 7mal so groß wie die drittgrößte Stadt Ägyptens, Port Said – wenn man die größeren Städte innerhalb der Agglomeration Kairo (Gisa, Imbaba und Schubra el-Kheima) unberücksichtigt läßt. In den Jahren 1976–1986 lag das Bevölkerungswachstum des Gouvernorats Alexandria mit 26,3% deutlich über dem des Gouvernorats Kairo (19,6%), so daß die Entwicklung eher derjenigen in der Kairoer Metropolitan Area glich, die im gleichen Zeitraum eine Bevölkerungszunahme von 29,5% aufwies. Die mittlere Bevölkerungszunahme des gesamten Landes übertraf 1976–1986 erstmals seit Dekaden das Bevölkerungswachstum der beiden größten Städte des Landes. Diese Trendumkehr ist sowohl auf die Verringerung der Zuwanderung aus den ländlichen Gebieten in die völlig übervölkerten Metropolen als auch auf den zunehmenden Erfolg der Geburtenkontrollkampagnen in den größten urbanen Zentren des Landes zurückzuführen, für den Ägypten während der Weltbevölkerungskonferenz in Kairo 1994 Anerkennung zuteil wurde.

Obwohl Kairo und Alexandria viele Gemeinsamkeiten bezüglich ihrer rezenten Entwicklung und ihrer gegenwärtigen Probleme aufweisen, besitzt Alexandria seinen ganz eigenen Charakter, der insbesondere durch seine Lage am Meer und durch seine typisch mediterrane Geschichte geprägt ist.

10.2.1 Die Genese der Stadt Alexandria

Die günstige geographische Lage der Stelle – an einer durch zwei Kalksporne umrahmten Bucht gelegen, im Norden durch die Insel Pharos, im Süden durch den seinerzeit mit dem Nil verbundenen Maryut-See vor Angreifern geschützt – veranlaßte Alexander den Großen 331 v. Chr., den Bau einer Hafenstadt dort zu befehlen. Unmittelbar westlich davon, am Ort der heutigen Pompejus-Säule, befand sich bereits eine ägyptische Siedlung, deren Größe und Bedeutung unter den Historikern umstritten ist.

Das ptolemäische Alexandria war schachbrettartig angelegt, mit breiten, gepflasterten Ost-West-verlaufenden Straßen. Es wurde ein 1300 m langer Damm vor der Küste aufgeschüttet, um die Insel Pharos mit dem Festland zu verbinden, auf deren nordöstlicher Spitze man einen 180 m hohen Leuchtturm baute, der zu einem der sieben Weltwunder der Antike wurde. Sein Feuer wies 16 Jahrhunderte lang den Weg zum Hafen von Alexandria, bis er im 14. Jahrhundert durch ein Erdbeben zerstört wurde. An gleicher Stelle errichtete um 1480 der Mamelukensultan Kait Bay eine Festung, um die Stadt vor den drohenden Angriffen der Türken zu schützen. Die Insel Pharos und der künstliche Verbindungsdamm teilten die Bucht von Alexandria in einen Westhafen, den heutigen Haupthafen, und einen Osthafen, der zu jener Zeit der bedeutendere war. Ein weiterer Hafen, der Südhafen, befand sich im Maryut-See, der damals wesentlich ausgedehnter und vor allem tiefer war als heute.

Alexandria entwickelte sich in griechisch-römischer Zeit zu einem Weltzentrum der Kunst, der Philosophie und der Wissenschaft. In seiner weltberühmten Bibliothek befanden sich vor ihrer Zerstörung durch verschiedene Brände 500000–900000 Papyrusrollen (GOAL 1992, S. 17). Heute ist man im Begriff, mit Hilfe der UNESCO und anderer ausländischer Geldgeber eine neue Bibliotheca Alexandrina im Geiste der alten alexandrinischen Bibliothek zu errichten. Die Bevölkerung der Stadt war seinerzeit streng hierarchisch gegliedert und bestand aus drei Hauptgruppen: den Griechen an der Spitze, gefolgt von den Juden und als unterster Stufe den einheimischen Ägyptern, die als Bauern, Handwerker und Tagelöhner arbeiteten und keine vollen Bürgerrechte besaßen (Riyad et al. 1987, S. 13).

Mit dem Sieg Augustus Caesars über Kleopatra VII. im Jahre 30 v. Chr. bei Alexandria wurde Ägypten römische Provinz mit Alexandria als Hauptstadt. Nach der Erweiterung der Stadt wuchs ihre Einwohnerzahl auf über 1 Mio. Das Christentum wurde bereits im 1. Jahrhundert durch den Evangelisten Markus nach Alexandria gebracht, und die Stadt entwickelte sich bald zu einem Hauptzentrum der christlichen Theologie. Die koptischen Päpste von Alexandria, Athanasius, Kyrillos I. und Theophilus, spielten eine wichtige Rolle in den Konzilen von Nizäa, von Konstantinopel und von Ephesus, und bei den Christenverfolgungen durch die römischen Kaiser, insbesondere unter Diokletian, waren die Alexandriner am ärgsten betroffen. Nach der Teilung des Römischen Reiches fiel Ägypten an Ostrom, und Alexandria verlor allmählich an Glanz, nicht nur aufgrund des allgemeinen Zerfalls des Römischen Reiches, sondern auch wegen der Verfolgung der Kopten durch die byzantinischen Herrscher nach dem auf das Konzil von Chalcedon im Jahre 451 folgenden Kirchenschisma.

Den arabischen Eroberern erschien Alexandria im Jahre 642 dennoch als eine glanzvolle Weltstadt, so daß ihr führender Feldherr Amr Ibn el-'Aas damals schrieb, er habe dort 4000 Paläste und ebenso viele Bäder, 400 Theater, 1200 Gemüseverkäufer und 40000 Juden vorgefunden (Richardson und O'Brien 1993, S. 462). Nachdem Alexandria seit der Ptolemäerzeit Hauptstadtfunktion innegehabt hatte, errichteten die Araber ihre Hauptstadt zunächst in Al-Fustat und später in Kairo, während Alexandria in Vergessenheit geriet und allmählichem Verfall preisgegeben war. Die Siedlungen bedeckten schließlich nur noch ein Fünftel der ursprünglichen Fläche. Bis zur türkischen Zeit schrumpfte die Stadt noch weiter, so daß ihre Ausdehnung sich schließlich auf das engere Gebiet um den einstigen künstlichen Damm zur Insel Pharos, zwischen dem West- und dem Osthafen gelegen, beschränkte.

Als Napoleon 1798 die Stadt eroberte, hatte sie lediglich noch 15000 Einwohner, während die an der Mündung des östlichen Nilarms gelegene Hafenstadt Dumyat (Damietta), die von der Nilschiffahrt profitierte, etwa 20000 Einwohner zählte. Manche Autoren schätzen die Einwohnerzahl Alexandrias für jene Zeit sogar auf lediglich 4000 bzw. 5000.

Die Wiederbelebung der Stadt ist Mohammed Ali zu verdanken, dessen Ziel es war, Ägypten zu einer modernen Handels- und Militärmacht zu entwickeln und der zu diesem Zweck französische Experten ins Land rief, die in seinem Auftrag den Westhafen Alexandrias ausbauten und dort ein Arsenal errichteten. Darüber hinaus ließ er 1819–1821 den Mahmudiya-Kanal anlegen, um die Stadt verkehrsmäßig mit dem gut 50 km östlich ihres Zentrums ins Meer mündenden Rosetta-Arm des Nils zu verbinden und zugleich den Bewässerungsfeldbau in diesem Gebiet zu fördern. Als noch wichtiger erwies sich der Kanal jedoch für die Trinkwasserversorgung der Bevölkerung, die auf die dort vorhandenen Brunnen mit ihrer begrenzten Schüttung angewiesen war. Innerhalb Alexandrias führte der Kanal bis zum Hafen Mina al-Basal („Zwiebelhafen"), der sich zum wichtigsten Umschlagplatz für den zu der Zeit expandierenden Handel mit ägyptischer Baumwolle entwickelte und in dessen Nähe sich auch die Baumwollbörse des Landes befand, bis der Staat in den 1960er Jahren den Baumwollhandel unter sein Monopol zwang.

In den 50 Jahren nach dem Bau des Mahmudiya-Kanals wuchs die Einwohnerzahl Alexandrias sprunghaft an, bis sie sich schließlich mehr als verzehnfacht hatte. Zur Zeit Mohammed Alis waren allein im Arsenal 5500 Arbeiter und bei der Flotte 20000 Marinesoldaten und Arbeiter beschäftigt. Viele Bauern aus dem nördlichen Nildelta, die ihrem Militärdienst zu entkommen versuchten, flüchteten nach Alexandria. Im Jahre 1831 wurden in der Stadt 10000 Männer aus den Dörfern des Umlandes festgenommen, die versucht hatten, dort unterzutauchen (Abdel-Hakim 1958, S. 182). Die Fellachen lebten in der Furcht, zur Armee eingezogen zu werden, weil sie in den Kämpfen stets in vorderster Front eingesetzt wurden und nur wenige lebend in die Dörfer zurückkehrten. Viele junge Männer verstümmelten sich deshalb an den Gliedmaßen oder Augen, um sich für den Kriegsdienst untauglich zu machen. Die Türken, Mameluken und die gut ausgebildeten Soldaten, die aus dem Norden des Osmanischen Reiches rekrutiert wurden, hatten weit bessere Überlebenschancen als die ägyptischen Zwangssoldaten.

Durch die wirtschaftliche Blüte Alexandrias wurden im 19. Jahrhundert viele Ausländer dorthin angezogen, die im Handel, als Unternehmer und im Dienstleistungssektor tätig waren. 1833 machten sie 12,2% der Bewohner der Stadt aus. Es handelte sich überwiegend um Engländer, Malteser, Toskaner, Juden, Griechen, Franzosen und Österreicher. Zu Beginn des 20. Jahrhunderts bildeten Griechen und Italiener die zahlenmäßig stärksten ausländischen Gruppen. Diese Alexandriner ausländischer Herkunft bevorzugten das Leben in den gehobenen Vierteln um den heutigen Citybereich und verliehen diesen Gebieten einen weltstädtischen Charakter mit starkem mediterranem Akzent, der auch in den Werken verschiedener Literaten seinen Niederschlag fand.

Mit der Verstaatlichungs- bzw. Enteignungswelle ab Mitte der 1950er Jahre setzte ein Exodus der Nicht-Ägypter ein, und mit ihnen verließen auch Tausende von Juden und am westlichen Lebensstil orientierte wohlhabende Ägypter, denen ihre wirtschaftliche Basis entzogen worden war, Alexandria, womit die Stadt ihre unverwechselbare orientalisch-südeuropäische Prägung verlor und sich nicht mehr wesentlich von Kairo unterschied. Dieser Wandel wurde unter dem Einfluß der Reislamisierung seit den 1970er Jahren weiter verstärkt, als ein Trend einsetzte, durch den an den einst mondänen Badestränden westlich von Alexandria modische Badebekleidung zugunsten von islamischen Schleiern verdrängt wurde. Reminiszenzen an die einstige Bedeutung der Stadt kamen gelegentlich noch auf, wenn bis Ende der 1970er Jahre die Regierung in den Sommermonaten ihren Sitz von Kairo nach Alexandria verlegte.

Alexandria zog nach seinem neuzeitlichen Wirtschaftsaufschwung auch viele Ägypter aus dem Nildelta und dem Niltal an, die auf der Suche nach einer Verdienstmöglichkeit waren. Durch die Ansiedelung moderner industrieller Großbetriebe wurden hier besonders nach dem Zweiten Weltkrieg Tausende von neuen Arbeitsplätzen geschaffen. In den 1980er Jahren erbrachte Alexandria über 38% der Industrieproduktion des Landes und stellte 22% seiner Industriearbeitsplätze in den Betrieben mit mehr als 25 Beschäftigten (Gouvernorat Alexandria o.J., o.S.). Die 1942 gegründete Universität der Stadt bietet heute zusammen mit verschiedenen anderen Instituten mehr als 100000 Ausbildungsplätze für junge Leute aus ganz Ägypten.

Tabelle 24 zeigt, daß der Hauptstrom der Zuwanderer nach Alexandria aus dem westlichen und mittleren Nildelta kommt. An der Spitze der Herkunftsgebiete der Migranten dieser Region steht mit bis heute zunehmender Tendenz das benachbarte Gouvernorat El-Beheira. Es ist jedoch zu vermerken, daß Teile dieses Verwaltungsbezirks bereits dem östlichen Agglomerationsbereich Alexandrias zuzurechnen sind. Die Orte El-Beida und Kafr ed-Dawar mit ihren großen staatlichen Textilfabriken sind inzwischen ebenfalls in den Großraum Alexandria integriert worden.

Der Verwaltungsbezirk Oberägyptens, welcher die anteilmäßig größte Gruppe der Zuwanderer entsendet, ist das Gouvernorat von Sohag, in dem hohe Bevölkerungsdichte und Landknappheit seit langer Zeit als Push-Faktoren gewirkt haben. Die Sohagi stellen etwa drei Viertel der Hafenarbeiter von Alexandria und einen noch höheren Anteil an den Obsthändlern der Stadt.

Die Migration von Assuan nach Alexandria ist in Abnahme begriffen. Hierfür sind sowohl die durch den Bau des Assuanstaudammes als auch die durch die Entwicklung des Tourismus dort eröffneten neuen Beschäftigungsmöglichkeiten verantwortlich. Die Migration von Kairo nach Alexandria ist bedeutungslos und wird von der Wanderung in die Gegenrichtung weit übertroffen. Generell hat die Zuwanderung nach Alexandria stark nachgelassen, womit sich eine Ähnlichkeit zu dem Trend der Wanderungsbewegung nach Kairo zeigt.

Der Anteil der Zuwanderer an der gesamten Einwohnerzahl Alexandrias fiel von 1960 bis 1976 stark ab. Die Hauptgründe für dieses Phänomen sind:

Tab. 24: Die Anteile der Herkunftsgebiete von Zuwanderern nach Alexandria 1937–1976

Herkunftsgouvernorat	Anteile in %			
	1937	1947	1960	1976
Unterägypten:				
El-Beheira	13	17	17	19
El-Gharbiya	11	12	10	10
El-Minufiya	9	12	12	10
Kairo	10	6	8	6
Oberägypten:				
Asyut	10	9	6	9
Sohag	15	16	16	15
Qena	5	6	6	5
Assuan	9	9	6	4
Restliche Gouvernorate:	18	13	19	22
Gesamt:	100	100	100	100
Anteil der Zuwanderer an der Gesamtzahl der Einwohner Alexandrias	31,5	30,6	28,4	18,4
Einwohnerzahl Alexandrias	686 000	919 000	1 516 000	2 318 000

Quellen: Abdel-Hakim 1958, S. 208f.; Abou Aianah 1980, S. 526 u. S. 531; Ahmed 1989, S. 99.

- Die Arbeitsmigration in die arabischen Länder ersetzte für viele die früher übliche Binnenmigration.
- Die Wohnkosten in Alexandria erreichten schwindelnde Höhen, ähnlich wie in Kairo.
- Aufgrund der Wohnungsnot in Alexandria verstärkte sich die Ansiedelung der neuen Zuwanderer im Stadtumland außerhalb der administrativen Stadtgrenze. Diese Zuwanderer werden statistisch nicht als solche erfaßt, obwohl sie faktisch der Stadt zuzurechnen sind.

Sowohl die Migrationsbewegung der vergangenen Jahrzehnte als auch das natürliche Bevölkerungswachstum haben zu schwerwiegenden Engpässen in der Versorgung der Stadtbewohner mit Dienstleistungen, Infrastruktur und vor allem mit Wohnungen geführt. Wegen der oft jahrelang fehlenden Minimal-Infrastruktur bei der Erschließung neuer Wohngebiete fühlen sich viele gezwungen, in den alten, zentral gelegenen Stadtvierteln in Arbeitsplatznähe zu wohnen. So verzeichnete 1994 das zwischen dem West- und dem Osthafen gelegene Altstadtviertel El-Gumruk mit 129 159 Einw./km² eine extrem hohe Einwohnerdichte, die nicht nur die höchste der Stadt, sondern Ägyptens überhaupt darstellt. Die zweithöchste Einwohnerdichte in Alexandria herrschte mit 100 495 Einw./km² in der Nähe des Hauptbahnhofs im Stadtviertel Muharram Bey, während das ebenfalls in der Stadtmitte gelegene Viertel El-Manschiya und das an der Küste östlich des Westhafens gelegene Viertel Er-Raml zur gleichen Zeit Werte von 76 140 bzw. 68 295 Einw./km² aufwiesen. Im Gegensatz dazu verzeichneten die Gebiete El-Muntasa im NE und Ed-Dekheila im W mit 6456 bzw. 4186 Einw./km² wesentlich niedrigere Zahlen, wofür einerseits die Entfernung der beiden Gebiete vom Stadtzentrum, andererseits auch das Vorkommen ausgedehnter Flächen verantwortlich ist, die nicht der Wohnbebauung zur Verfügung stehen. In El-Muntasa, wo auch der ehemalige Königspalast liegt, handelt es sich dabei vorrangig um Grünanlagen und landwirtschaftlich genutzte Flächen, in Ed-Dekheila hingegen um ausgedehnte Industrie- und Hafenanlagen. Am dünnsten besiedelt war das an der südwestlichen Peripherie der Stadt in einem Wüstengebiet gelegene Viertel El-'Amriya mit lediglich 61 Einw./km².

Wie in Kairo, führte auch in Alexandria der Druck der Wohnungsnot zur Bildung von Squattersiedlungen. 1994 zählte man in der Stadt 66 Squattersiedlungen mit insgesamt 1,7 Mio. Einwohnern (Al-Ahram, 28. 3. 94, S. 18). Das bedeutet, daß die Hälfte der Alexandriner in Spontansiedlungen lebt. Es handelt sich bei diesen allerdings nicht um Slums im eigentlichen Sinne, sondern um illegale, nicht staatlich geplante und genehmigte Siedlungen. Sie lassen sich nach ihren physiognomischen und sozialstrukturellen Merkmalen in zwei unterschiedliche Klassen einteilen:

- Die erste Kategorie besteht aus ungenehmigter Bebauung mit teilweise höherer Qualität der Bausubstanz, wobei jedoch die bei staatlich geplanten Vierteln in der Regel vorhandene Infrastruktur fehlt, wie etwa Trinkwasserleitungen, ein Abwässersystem, asphaltierte Straßen, Strom- und Telefonleitungen sowie Schulen und Krankenhäuser. Wenn die rechtliche Lage keine größeren Probleme aufwirft, werden solche illegalen Siedlungen vom Staat gewöhnlich stillschweigend geduldet und zu gegebener Zeit auch anerkannt. Ein Beispiel hierfür ist die im Westen Alexandrias gelegene Küstensiedlung El-Agami.
- Die zweite Kategorie bilden die illegal auf Staatsland errichteten Hüttensiedlungen, die häufig auch mit Steinbauten durchsetzt sind. Solche Siedlungen findet man entlang der südlichen Flanke der Eisenbahntrasse von Alexandria nach Abu Qir sowie beiderseits des Mahmudiya-Kanals im Süden der Stadt und am Ufer des Maryut-Sees. Die Qualität der Behausungen ist hier meist schlecht, und die Bewohner leben in ständiger Furcht vor Zwangsräumung (Ahmed 1989, S. 121 f.).

Eine der Maßnahmen der Zentralregierung, durch die das Wohnungsproblem in Alexandria gelöst werden soll, ist das Projekt des Baues der Neuen Stadt Burg el-Arab el-Gedida, 60 km südwestlich von Alexandria und 7 km vom Mittelmeer entfernt. Diese Stadt wurde 1979 mit einer Wohnkapazität in der Endphase von 510000 Einwohnern geplant. 15 Jahre später mußte man allerdings feststellen, daß nur etwa ein Fünftel der bis dahin fertiggestellten 8649 Wohnungen verkauft worden waren. Deshalb beschloß der zuständige Direktor der neuen Stadt, den Bau weiterer der im Plan vorgesehenen Wohnungen zu stoppen (Oktober, 26.12.1993, S. 8). Der entscheidende Grund dafür, daß Wohnraum nicht verkauft werden konnte, obwohl Wohnungsnot herrscht, ist der trotz günstiger Finanzierungsbedingungen relativ hohe Preis. Wie bei den meisten anderen staatlich geförderten Projekten des sozialen Wohnungsbaues übersteigt er bei weitem die Finanzkraft der ärmeren Bevölkerung, die am stärksten von der herrschenden Wohnraumknappheit betroffen ist. In diesem Falle sind die Betroffenen überwiegend Industriearbeiter, denn Burg el-Arab el-Gedida wurde als Industriestadt konzipiert. Ende 1993 waren dort bereits mit einem Investitionskapital von ca. 210 Mio. DM 425 Fabriken mit über 9000 Beschäftigten errichtet worden, in denen Baubedarf, Textilien, Lebensmittel sowie chemische, Metall- und Holzerzeugnisse hergestellt werden (Oktober, 26.12.1993, S. 8 und Al-Hady 1993, S. 145).

10.2.2 Die raumfunktionalen Strukturen

Die raumfunktionalen Strukturen Alexandrias sind stark durch die vorgegebene physisch-geographische Lage der Stadt auf einem schmalen Landstreifen von 2–3 km Breite zwischen dem Mittelmeer und dem Maryut-See bestimmt (vgl. Abb. 25). So wuchs die Stadt von ihrem alten Kern aus ostwärts über eine Strecke von ca. 20 km bis Abu Qir und westwärts über weitere 26 km in Richtung El-Alamein, wobei sich die Verteilung der verschiedenen städtischen Funktionen zwangsläufig dieser bandartigen Ausdehnung entsprechend entwickeln mußte.

10.2.2.1 Die City

Obwohl Alexandria eine eindeutig ausgeprägte City hat, die in den vergangenen Jahrzehnten der Hauptsiedlungsentwicklung folgend eine allmähliche Ostwärtsverlagerung erfuhr und in der sich eine Vielfalt von Geschäften des höheren Bedarfs zusammen mit den üblichen zentralen Einrichtungen wie Banken, Versicherungen, Büros der Stadtverwaltung, der Handelsgesellschaften und der Reiseagenturen sowie Hotels, Gaststätten, Theater und Kinos konzentrieren, ist diese für die Bedürfnisse der 4-Millionen-Stadt Alexandria relativ klein. Der Grund hierfür ist, daß viele Einrichtungen der obengenannten Art auch in den übrigen Stadtvierteln entstanden sind, um die Versorgung der Stadtbewohner mit zentralen Diensten zu gewährleisten, ohne daß sie übermäßig lange Wege in das Stadtzentrum zurücklegen müssen. Die Gastronomiebetriebe verschiedenster Kategorie befinden sich ohnehin gewöhnlich in der Nähe der Corniche, dem bevorzugten Aufenthaltsort der Sommergäste, die in der Saison während der Schulferien zwischen Mitte Juni und Mitte September in großen Zahlen aus ganz Ägypten zur Mittelmeerküste anreisen. Es muß jedoch berücksichtigt werden, daß der Einzugsbereich der City von Alexandria bis tief in das benachbarte ländlich geprägte Gouvernorat El-Beheira hineinreicht, dessen Hauptstadt Damanhur nur 60 km entfernt und zudem sehr gut durch eine Fernstraße und die Eisenbahnlinie mit Alexandria verbunden ist.

Die City von Alexandria liegt heute südlich der von den Türken errichteten heutigen Altstadt, die – wie bereits ausgeführt – auf dem aus ptolemäischer Zeit stammenden und später verlandeten Damm (Heptastadion) gebaut worden war. So befindet sie sich in angemessener Distanz zu dem lärm- und schmutzerzeugenden Westhafen und zu dem 1856 gebauten Hauptbahnhof. Zugleich ist sie unmittelbar dem ruhigen und malerischen Osthafen benachbart, der heute ein Fischerei- und Yachthafen ist. Dieser Standort war für die Handelsgesellschaften ebenso ideal wie für die Dienstleistungsbetriebe. Zudem liegen unweit von ihr die am dichtesten besiedelten Viertel El-Gumruk, El-Manschiya, Er-Raml und Muharram Bey.

10.2.2.2 Die Häfen

Neben dem Haupthafen von Alexandria, dem Westhafen, gibt es heute den in den 1980er Jahren neu angelegten Hafen unweit des jungen Industriegebiets von Ed-Dekheila und drei weitere kleinere Häfen bei Abu Qir (im E) und Sidi Krer (im W) sowie den alten Osthafen, der heute keinerlei Bedeutung mehr für den Gütertransport hat. Anfang der 1990er Jahre entfielen mehr als 60% der Tonnage des ägyptischen Seeaußenhandels auf Alexandria. Wegen der Engpässe im Haupthafen, der mit über 150% seiner eigentlichen Kapazität überlastet war (Gouvernorat Alexandria o. J., o. S.), baute man den neuen Hafen in Ed-Dekheila mit Docks für Container und Spezialeinrichtungen zum Löschen von importiertem Eisenerz und zum Verladen von Stahlträgern, die das Hauptprodukt des unweit davon gelegenen Hüttenwerks darstellen.

1991 belief sich der Güterumschlag in Alexandria auf nahezu 20 Mio. t, während die vergleichbaren Werte für Port Said und Sues lediglich 2,352 Mio. t bzw. 1,586 Mio. t betrugen. 1993/94 verfügte Alexandria mit 28,9 Mio. t über 58% der Gesamtkapazität der ägyptischen Häfen (CAPMAS 1995, S. 149). Dafür, daß sich der Hafen von Alexandria als größter Hafen des Landes gegen-

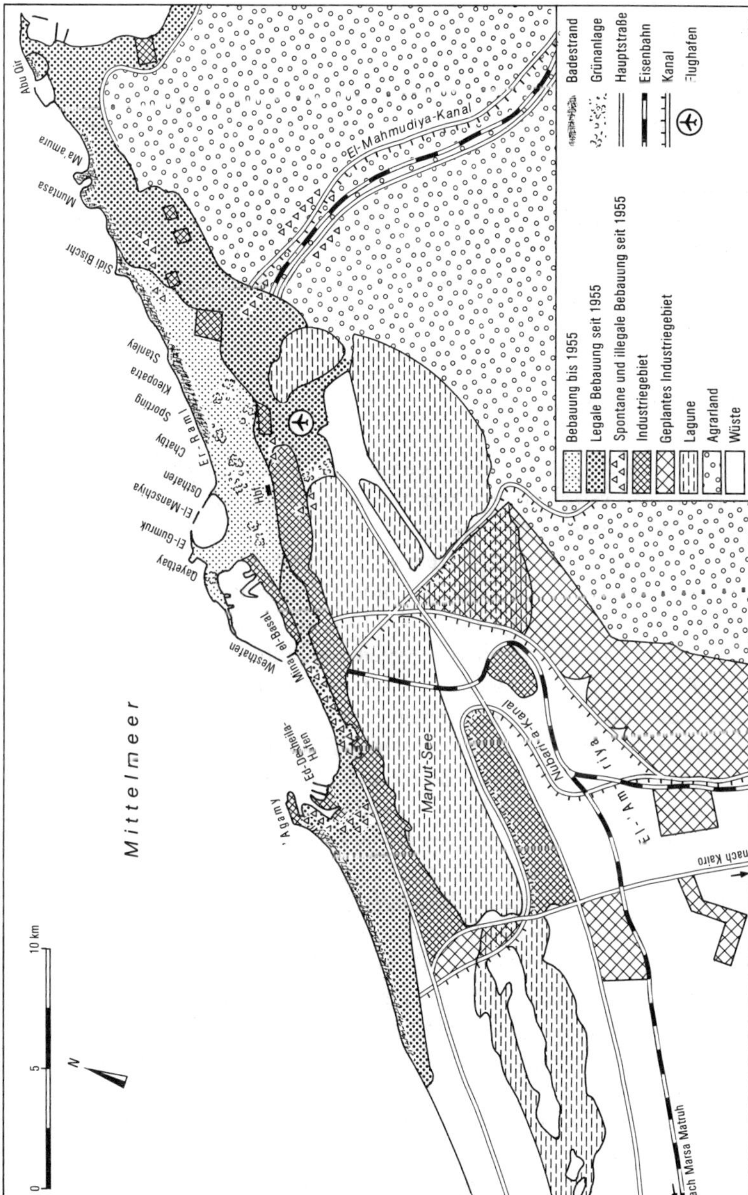

Abb. 25: Alexandria: Die Struktur des urbanen Wachstums seit 1955 (Entwurf: F. Ibrahim 1996; Zeichnung: J. Feilner).

über den jüngeren Häfen am Sueskanal behaupten konnte, ist die günstige Verkehrslage der Stadt entscheidend:

- Alexandria liegt räumlich näher zu den Herkunftsgebieten der Ausfuhrgüter, insbesondere von Baumwolle und Reis aus dem Nildelta und von Importwaren aus Europa.
- Es ist selbst ein großes Zentrum an weiterverarbeitenden Industrien und ein bedeutender Absatzmarkt.

Die Raumwirksamkeit des Hafens von Alexandria ist unverkennbar. Ringsum breiten sich hafengebundene Gewerbebetriebe aus: Baumwollpreß- und -Verpackungsbetriebe, Reparaturbetriebe für Schiffe und Fahrzeuge sowie große Holz-, Baumwoll-, Düngemittel- und andere Exportwarenlager und Erdöltanks neben Speditionsagenturen und der Zollverwaltung.

10.2.2.3 Die Industrie

Im Laufe des 20. Jahrhunderts kam es zur Bildung mehrerer Industrieschwerpunkte an verschiedenen Standorten innerhalb Alexandrias aufgrund unterschiedlicher Standortfaktoren:

- Im Osten der Stadt bildete sich ein wichtiger Schwerpunkt der Textilindustrie. Unter den hierfür entscheidenden Standortfaktoren sind die vergleichsweise niedrigen Grundstückspreise für das ehemalige Agrarland, die reichliche Verfügbarkeit von Arbeitsmigranten aus dem Nildelta und die guten Transportmöglichkeiten auf dem Mahmudiya-Kanal und der Fernstraße zum Nildelta zu nennen.
- Im Süden, entlang des Mahmudiya-Kanals und der Eisenbahnlinie nach Kairo, entstanden zahlreiche Betriebe der Textil-, der Lebensmittel- und der Papierindustrie sowie Zigarettenfabriken. Diese Betriebe profitieren nicht nur von der günstigen Verkehrslage, sondern auch von ihren Standorten in den sehr dicht besiedelten Stadtvierteln Muharram Bey, Karmus und El-Hadra, was zugleich die ausreichende Verfügbarkeit von Arbeitskräften wie auch einen produktionsnahen Absatzmarkt bedeutet.
- In der Nähe des Haupthafens befinden sich die Baumwollpressen sowie der ursprüngliche Standort der Gerbereien und sonstigen Betriebe der Lederverarbeitung, der durch die Nähe zum dort befindlichen Schlachthof bedingt war. Da dieser jedoch in jüngster Zeit nach El-'Amriya im Südwesten der Stadt ausgelagert wurde, sollen auch die Gerbereien und anderen Lederverarbeitungsbetriebe verlegt werden, und zwar nach Burg el-Arab el-Gedida.
- Im Westen Alexandrias konzentrieren sich die modernen staatlichen Großindustriebetriebe. Nachdem die Regierung die Errichtung von Gebäuden auf dem immer knapper werdenden Agrarland verboten hatte,

wurden die steinigen Wüstengebiete und verlandete Flächen des Maryut-Sees westlich von Alexandria als Standorte für die neuen Industrien weiter erschlossen. So entstanden in El-Maks neben einer Portlandzementfabrik Salz- und Sodasalinen sowie in der Nähe der Raffinerien verschiedene andere Betriebe der petrochemischen Industrie, und in Ed-Dekheila wurde 1982 mit japanischer Hilfe die Alexandria National Iron and Steel Company errichtet, die zehn Jahre später eine Produktion von 0,75 Mio. t Eisen und Stahl, hauptsächlich in Form von Stahlträgern für den Betonbau, erzielte. 1990 beschäftigte das Werk ca. 2500 Arbeitskräfte. Es ist direkt mit dem nahegelegenen Hafen verbunden, von wo das eingeführte Eisenerz per Förderband zu den Werksanlagen transportiert wird. 1990 wurden knapp 100000 t Stahlträger exportiert, ein Drittel davon nach Deutschland (Al-Ahram Iktisadi, 17.8.1992, S.40ff.).

10.2.2.4 Der Badetourismus

Die Situation der Ver- und Entsorgung verschlechtert sich jährlich für die Alexandriner im Sommer in der Zeit von Mitte Juni bis Mitte September drastisch. Während dieser Zeit kommen 1,5 Mio. bis 2 Mio. Badeurlauber aus ganz Ägypten, insbesondere aus dem Großraum Kairo, um die kühle Brise und die Badestrände der Mittelmeermetropole zu genießen. Neben einem hohen Anteil an Wochenendgästen aus Kairo – die Hauptstadt ist über die Wüstenstraße heute in drei bis vier Autostunden zu erreichen – handelt es sich bei der Mehrzahl der Urlauber um Familien mit Kindern, die ein bis vier Wochen in Alexandria verbringen. Viele Alexandriner, besonders diejenigen, die in Strandnähe wohnen, vermieten größere Teile ihrer Wohnungen an die Badegäste. Mit der zunehmenden Motorisierung der ägyptischen städtischen Bevölkerung spielt die Lage der Ferienwohnungen zum Strand eine immer geringere Rolle, wenn sich auch die Mietpreise immer noch danach richten. Wohlhabende, die in strandnahen Immobilien investiert haben, möblieren diese und vermieten sie in der Saison zu Höchstpreisen und lassen sie während der restlichen neun Monate des Jahres leerstehen. Hierdurch verschärft sich das Wohnproblem für die Masse der Bewohner Alexandrias.

Bis Anfang der 1950er Jahre konzentrierte sich der beschriebene Binnenfremdenverkehr auf die Küstenstrecke östlich des Osthafens bis zum Gebiet des El-Muntasa-Palastes, das bis zur Revolution von 1952 ein Sperrgebiet für das Volk war. Danach folgten in östlicher Richtung ca. 4 km unerschlossener Küstenstrecke bis zu dem kleinen Hafenort Abu Qir, der durch eine Eisenbahnlinie gut mit Alexandria verbunden ist. Abu Qir galt seinerzeit als ein ruhiger, preisgünstiger, weniger verwestlichter Badeort der Mittelklasse. Heute ist das Gebiet dicht besiedelt und durch die dort angesiedelte Düngemittelindustrie stark belastet. Seit Mitte der 1950er Jahre wurden die Strände von El-Muntasa und des östlich anschließenden Dorfes El-Ma'amura für Badegäste mit höheren Ansprüchen erschlossen. Zur gleichen Zeit verstärkte sich der Trend zur Entwicklung neuer Strandgebiete im Westen, wo sich mit dem Sperrgebiet des Haupthafens und des Militärgeländes von Ed-Dekheila sowie den Gebieten von El-Maks und Ed-Dekheila mit ihrer stark umweltbelastenden Industrie ein Küstenstreifen von mehr als 15 km Länge an das Siedlungsgebiet anschließt, der für die Wohn- und Erholungsfunktion ungeeignet ist. Unmittelbar westlich davon entstand in der Folgezeit in bester Strandlage die illegal errichtete Sommervillensiedlung von El-'Agami, in der sich damals bereits motorisierte Angehörige der oberen Einkommensschicht rechtzeitig Grundstücke gesichert hatten. Dieses Feriengebiet wurde durch die Eröffnung des Kasinos und Hotels Hannoville dort, das seinerzeit der Luxusklasse zuzuordnen war, weiter aufgewertet. In den 1970er und 1980er Jahren wurden die daran anschließenden Gebiete mit ihren teilweise erstklassigen weißen Sandstränden bis Sidi Abdel Rahman, 127 km westlich von Alexandria gelegen, von den Wohlhabenderen und Einflußreicheren systematisch besetzt, wozu auch die Berufsverbände der Offiziere, der höheren Polizeibeamten, der Ärzte, Rechtsanwälte und Universitätsprofessoren gehören, sowie von privaten Investoren aus den gleichen Berufsgruppen bzw. von Unternehmern, welche infolge der Politik der offenen Tür zu raschem Reichtum gelangt waren. Sie alle bauten Feriendörfer für die ägyptische Oberklasse, die teilweise gigantische Ausmaße angenommen haben, und Strandhotels für die ausländischen Touristen. An diesem Teil der ägyptischen Küste ist jedoch bislang der ausländische Tourismus sehr begrenzt geblieben. Die Hauptgründe hierfür sind:

- Bis Ende der 1980er Jahre fehlte hier ein Angebot an attraktiven Hotels. Seit dem Beginn der 1990er Jahre war der Tourismus in ganz Ägypten – abgesehen von kurzen Unterbrechungen – rückläufig, zunächst infolge des Golfkriegs von 1991 und seit 1992 wegen der Anschläge der islamischen Terroristen auf Touristen.
- Alexandria liegt abseits der klassischen Touristenroute Kairo–Luxor–Assuan.
- Im Sommer sind Alexandrias Strände mit einheimischen Badeurlaubern überfüllt und ist es für die europäischen Touristen in Ägypten zu heiß und schwül.
- Die Mehrzahl der nicht-arabischen ausländischen Touristen besucht Ägypten in der kühleren Zeit des Jahres von Oktober bis April, in der es meist in Alexandria für einen Badeurlaub zu kalt ist. Dagegen ist das Klima im weiter südlich am Roten Meer gelegenen El-Ghardaqa oder im Süden Sinais ganzjährig warm und bieten die Badeorte dort hervorragende Wassersportmöglichkeiten wie Tauchen, Schnorcheln, Surfen und Segeln.
- Touristen, die sich für die antike Geschichte Alexandrias interessieren,

werden in der Regel einige Tage in den guten Hotels in der Nähe des Stadtzentrums verbringen. Wenn sie zwischen Oktober und Mai im Meer baden wollen, werden sie enttäuscht feststellen müssen, daß der Badebetrieb und der dafür erforderliche Service völlig ruhen.

Alexandria zieht jedoch in den Sommermonaten viele reichere Araber an. Für sie bietet die Stadt nicht nur ein angenehmes Klima, das kühler ist als das ihrer eigenen Länder, sondern auch freizügigere Unterhaltungsmöglichkeiten als die streng islamischen Länder, in denen Alkoholverbot herrscht und Geschlechtertrennung vorgeschrieben ist.

Ein Hemmnis für die Entwicklung eines Badetourismus für gehobene Ansprüche in Alexandria stellt heute auch die zunehmende Verschmutzung des Mittelmeeres, insbesondere entlang der Küste von El-'Agami ostwärts bis Abu Qir dar, denn die Meeresströmungen verlaufen dort ostwärts. Bis 1991 wurden die Abwässer der Industrie und der Haushalte der drei Millionen Einwohner der Stadt (im Sommer 5 Mio.) ungeklärt ins Meer geleitet. Der Staat verwirklichte bis 1994 70% eines Projektes zur Abwässerbeseitigung, das vorsieht, daß die Abwässer geklärt und dann in den Maryut-See abgeleitet werden. Die Gebiete von Ed-Dekheila westwärts sind bislang noch nicht einbezogen. Es scheint, daß die vorgenommene Klärung der Abwässer nicht ausreicht, denn der Maryut-See wurde stark verschmutzt, so daß die dortigen Fischer 1994 den Staat deshalb gerichtlich anklagten.

10.3 Die Gouvernoratshauptstädte

In der Hierarchie der Großstädte Ägyptens klafft eine Lücke zwischen den beiden größten Städten des Landes, Kairo und Alexandria, auf der einen Seite und allen anderen Gouvernoratshauptstädten auf der anderen Seite, die lediglich Einwohnerzahlen zwischen 100000 und 400000 aufweisen (vgl. Abb. 22). Vergleicht man die zuletzt genannten Städte untereinander, so stellt man folgende Hauptunterschiede und -gemeinsamkeiten fest:

- Die Städte unterscheiden sich bezüglich des Grades ihrer Abhängigkeit von der Landeshauptstadt, wobei dieser bei größerer Nähe zu Kairo naturgemäß besonders hoch ist, aber auch bei besonders geringem Arbeitsplatzangebot in der Provinzhauptstadt – z. B. infolge fehlender Industrie.
- Die Gouvernoratshauptstädte unterscheiden sich weiterhin bezüglich des Grades ihrer ländlichen Prägung. So vermitteln beispielsweise die Großstädte Damanhur, Schebin el-Kom, Beni Suef und Qena, welche ein großes agrarisch geprägtes Umland besitzen, einen ländlichen Eindruck. Im Gegensatz dazu stehen Städte, denen ein solches völlig oder nahezu gänzlich fehlt, wie z. B. Port Said, Sues, El-Ghardaqa und Assuan.
- Die Stadtverwaltungen der Gouvernoratshauptstädte verfolgen seit der

Nasser-Zeit alle in gleicher Weise das Ziel, eine eigene Universität zu errichten. Bis auf die Hauptstädte der bevölkerungsarmen Wüstengouvernorate wurden diese Pläne von allen realisiert, obwohl die Erstellung solcher Einrichtungen in finanzieller, technischer und personeller Hinsicht eine Überforderung bedeutete. Aus Gründen der Imagepflege hielt man sie jedoch für erforderlich. Heute sind die meisten der an diesen Universitäten beschäftigten Professoren Tages- oder Wochenendpendler aus Kairo oder Alexandria.

– In ähnlicher Weise strebte es seit der Sadat-Zeit jede größere Stadt an, eine Satellitenstadt zu errichten, die wegen des inzwischen erlassenen Verbots der Besiedelung von Agrarland möglichst in einem benachbarten Wüstengebiet gelegen sein sollte. Diese Tochterstädte tragen die Namen der Mutterstädte, verbunden mit dem Zusatz *„el-gedida"* („Neu-"). Diese Neuen Städte (New Towns) befinden sich teilweise noch in der Planungsphase, teilweise sind die Wohngebäude und Straßen jedoch weitgehend fertiggestellt. Es entstanden meist riesige Prestigeprojekte, deren Bau zwar mit hohem finanziellem Aufwand betrieben wird, deren Infrastruktur aber dennoch nicht ausreicht, um sie funktionsfähig zu machen, so daß in mancher Tochterstadt auch nach zehn Jahren die meisten Wohnungen noch leerstehen, so daß man von einer *„madinet el-aschbah"* („Geisterstadt") spricht. Dabei steht es außer Zweifel, daß aus verschiedenen Gründen eine Ausdehnung der Siedlungsfläche auf Nicht-Agrarland begrüßenswert ist.

10.3.1 Das Beispiel Beni Suef

Die Behandlung der Stadt Beni Suef erfolgt hier exemplarisch für die inmitten ihres agrarischen Umlandes im Niltal oder -delta gelegenen Gouvernoratshauptstädte, wobei es sich von selbst versteht, daß Städte wie Tanta oder Asyut, die eine etwa doppelt so hohe Einwohnerzahl haben, auch eine komplexere Struktur aufweisen.

10.3.1.1 Die Merkmale der Stadt und ihrer Bewohner

Nach seiner Lage 123 km südlich von Kairo, unter dessen starkem Einfluß es steht, ist Beni Suef geographisch Mittelägypten zuzuordnen, obwohl es offiziell zu Oberägypten gehört. Die Bewohner selbst, nach Sprache und sonstigen kulturellen Merkmalen der Bevölkerung des südlichen ägyptischen Niltales nahestehend, betrachten sich keinesfalls als Oberägypter.

Das Gebiet von Beni Suef hat eine lange und reiche Geschichte. Hier liegt die berühmte Pyramide von Medum, die älter ist als die Pyramiden von Gisa.

Ganz in der Nähe befindet sich die Stadt Ihnasya, die in der 9./10. Dynastie (2242–2133 v. Chr.) Hauptstadt Ägyptens war, und bei Deir el-Maymun, 25 km südlich von Beni Suef am Ostufer des Nils, befindet sich die Wiege des christlichen Mönchtums, denn dort begann der heilige Antonius der Große sein asketisches Leben, ehe er sich völlig in die Östliche Wüste zurückzog.

1994 zählte Beni Suef (vgl. Karte Abb. 26) ca. 184 000 Einwohner (unveröffentlichte Mitteilung der Stadtverwaltung Beni Suef vom März 1994). Das Bevölkerungswachstum der Stadt betrug für den Zeitraum 1980–1990 jährlich 2,6% (a. a. O.), ähnlich wie im Landesdurchschnitt und im gesamten Gouvernorat Beni Suef. Die Zunahme der Einwohnerzahl der Stadt ist in erster Linie auf natürliches Wachstum und nicht auf eine Land-Stadt-Wanderung zurückzuführen. Die Zuwanderung in die Stadt ist gering und wird weitgehend durch die Abwanderung ausgeglichen. Die Nähe des Gouvernorats Beni Suef zur Landeshauptstadt ist dafür verantwortlich, daß Migranten aus seinen ländlichen Bereichen direkt nach Kairo wandern, ohne eine Zwischenetappe in Beni Suef einzulegen.

Die Bevölkerungsmobilität innerhalb der Stadt zeigt eine zentrifugale Bewegung in fast alle Richtungen. Die Altstadt mit ihrer degradierten Bausubstanz kann keine Bevölkerung mehr aufnehmen (Mikhael 1986). Dies wird auch in der Physiognomie des Stadtzentrums deutlich, welches eher das Bild einer provinziellen Mittelstadt als dasjenige einer Großstadt vermittelt. Das Ackerland der Fellachen reicht bis an die unmittelbare Stadtgrenze heran, und nicht wenige Fellachen wohnen in der Stadt selbst und tragen zu ihrem ländlichen Charakter bei.

Die Beschäftigtenstruktur zeigt, daß etwa zwei Drittel der Berufstätigen im Staatsdienst arbeiten (Mikhael, mündliche Mitteilung vom März 1994). Die zweitwichtigste Gruppe ist diejenige der im Handel und in sonstigen Dienstleistungen Beschäftigten. Der Anteil der Industriebeschäftigten ist in Beni Suef im Vergleich zu anderen Gouvernoratshauptstädten gering. Der industrielle Sektor unterliegt gegenwärtig infolge der Reprivatisierungspolitik des Staates einer Umstrukturierung. So steht der größte Industriebetrieb der Stadt, eine staatliche Textilfabrik mit ca. 2000 Beschäftigten, die in der Verlustzone arbeitet, zum Verkauf. Eine Getränkefabrik mit mehr als 500 Beschäftigten erhielt bereits einen neuen, jemenitischen Besitzer, der auch große Anteile der Aktien der 1994 reprivatisierten Coca-Cola-Fabrik in Ägypten erwarb. Ein weiterer größerer Betrieb ist die Baumwollentkernungsfabrik, die saisonal ebenfalls etwa 500 Personen Beschäftigungsmöglichkeiten bietet. Daneben gibt es einige kleinere Betriebe der Bauindustrie (Ziegeleien und Steinbrüche), der Nahrungsmittel- und der Bekleidungsindustrie. Der jüngste und in wirtschaftlicher Hinsicht am meisten Erfolg versprechende Industriebetrieb der Stadt ist eine 1994 in Betrieb genommene Zementfabrik auf dem östlichen Nilufer. Hier werden tertiäre Kalksteinablagerungen als Rohstoff verar-

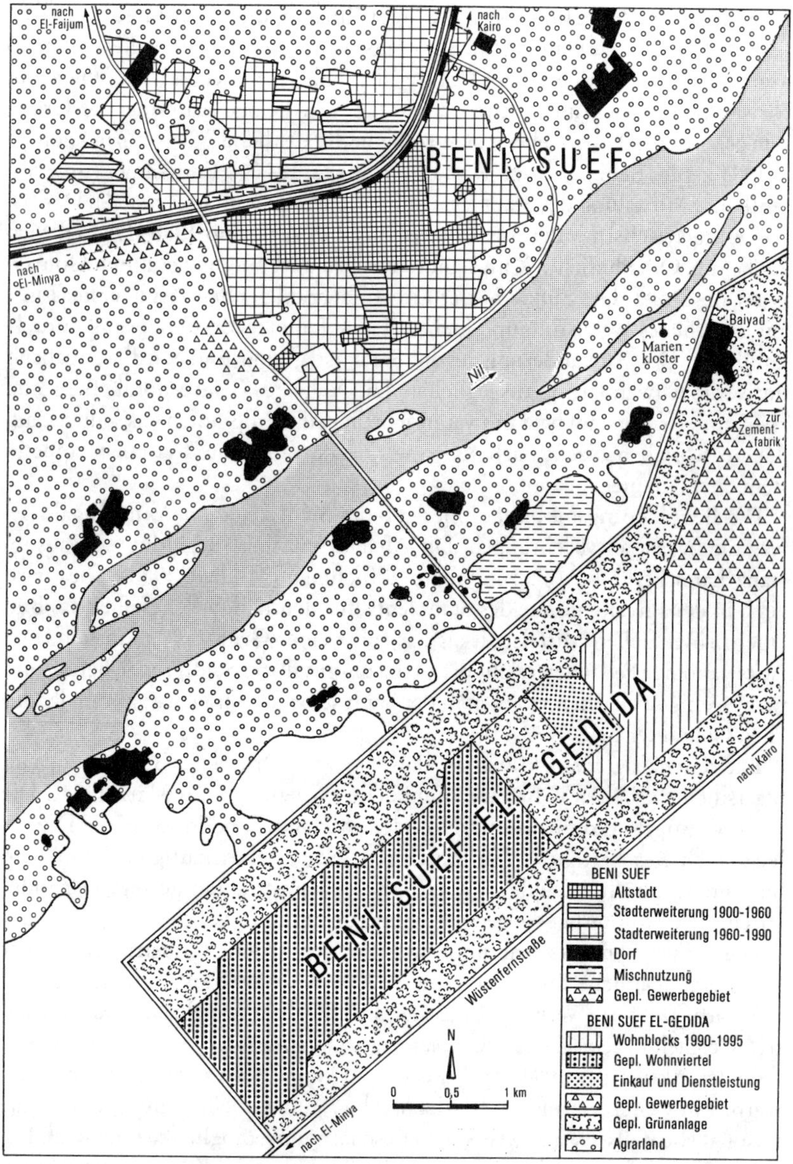

Abb. 26: Die Stadt Beni Suef mit ihrer Satellitenstadt Beni Suef el-Gedida (Entwurf: F. Ibrahim 1996; Zeichnung: F. Feilner; nach Mikhael 1986 u. a.).

beitet. Dieses Projekt wurde mit Hilfe eines japanischen Kredits in Höhe von 500 Mio. DM durchgeführt und soll in der ersten Phase 1000 Personen Arbeit geben (nach: Gouvernorat Beni Suef 1994).

Die Planung sieht vor, eine Reihe von Kleingewerbebetrieben aus der Stadt zum Stadtrandbereich hin umzusiedeln. Zwei Standorte wurden hierfür ausgewählt: Der erste liegt entlang der alten Fernstraße nach Süden, wo bereits 1990 eine Fläche von 2 km × 0,2 km dadurch gewonnen wurde, daß ein ehemaliger Abwasserkanal zugeschüttet wurde. Hier sollen 500 Betriebe Platz finden. Der zweite Standort liegt westlich der Stadt. Er soll 180 umgesiedelte lärmerzeugende Betriebe aus dem Stadtzentrum aufnehmen.

Die Bedeutung der Stadt Beni Suef wurde gesteigert, als dort in den 1980er Jahren eine der Universität Kairo unterstehende Hochschulabteilung mit sechs Fakultäten eröffnet wurde. 1993 waren dort insgesamt über 7000 Studierende eingeschrieben, die in erster Linie aus der näheren Umgebung, wegen des Systems der zentralen Vergabe von Studienplätzen in Ägypten aber auch aus anderen Teilen des Landes kamen (Büro des ägyptischen Premierministers 1993, S. 175). Im benachbarten Faiyum errichtete man weitere Fakultäten, so daß sich beide Abteilungen zu einer Universität ergänzen können.

10.3.1.2 Das Wohnraumproblem in Beni Suef

Die Volkszählung von 1986 zeigte, daß etwa ein Drittel aller Bewohner Beni Suefs in sehr schlechten Wohnverhältnissen lebt (vgl. Tab. 25). Im Stadtgebiet Beni Suefs befinden sich fünf Squattersiedlungen, in denen 66 000 Menschen wohnen, deren Anteil an der Gesamtzahl der Stadtbewohner 37% ausmacht. Diese Siedlungen bedecken 42% der Fläche der Stadt. Es gibt weitere Gebiete mit Siedlungen in degradiertem Zustand (El-Wali 1993, S. 294 f.). Mindestens die Hälfte dieser Stadtteile besitzen weder eine Versorgung mit fließendem Wasser noch eine Kanalisation.

10.3.1.3 Beni Suef el-Gedida als Versuch zur Lösung der innerstädtischen Wohnprobleme (vgl. Abb. 26)

Nachdem Anfang der 1980er Jahre das östliche und das westliche Nilufer bei der Stadt Beni Suef durch eine Brücke verbunden worden waren, gerieten viele der kleinen Boote außer Betrieb, die bis dahin für die Verbindung gesorgt hatten, und der Grundstein für eine moderne Entwicklung der Stadt und vor allem für ihre Expansion war gelegt. 1986 beschloß das Parlament die Errichtung der neuen Stadt Beni Suef el-Gedida, mit deren Bau auf der östlichen

Tab. 25: Unterkünfte besonders schlechter Qualität in der Stadt Beni Suef 1986

Wohntyp	Anteil an der Gesamtzahl der Wohnungen in %
Lehmhütten ländlichen Typs	13,3
Ein-Zimmer-Unterkünfte in einer von mehreren Familien belegten Wohnung	12,1
Separate Ein-Zimmer-Unterkünfte	6,1
Hütten aus Stroh, alten Säcken, Kartons, Brettern und Blech	0,24
Gesamt	31,64
entsprechende Wohnungen in Kairo (zum Vergleich)	23,3

Quelle: El-Wali 1993, S. 294 f.

Seite des Nils unmittelbar der Mutterstadt gegenüber auf dem Wüstenplateau unverzüglich begonnen wurde. Man verfolgte mit ihrer Errichtung das Ziel, das Wohnungsproblem Beni Suefs zu lösen und dabei gleichzeitig die fruchtbare Nilaue vor Zerstörung durch urbane Bebauung zu schützen. Die neue Stadt profitiert von der ebenfalls neuen Infrastruktur der auf dem östlichen Nilufer durch die Wüste führenden und Kairo mit Asyut verbindenden gut ausgebauten Fernstraße, die in ihrer unmittelbaren Nähe verläuft. Dadurch besteht eine günstige Verkehrslage, insbesondere eine rasche Verbindung nach Kairo, die auch einigen Pendlern zugute kommt. Diese relative Gunst der Lage wird jedoch stark überschattet durch die Nähe der neuen Stadt zu der jüngst errichteten Zementfabrik, die nordöstlich derselben und somit im Zuge der in Ägypten vorherrschenden Nordostpassate errichtet wurde. Es ist zu erwarten, daß bei dem Stand der Technologie im Lande infolge dieses Planungsfehlers der Zementstaub die neue Stadt bald völlig einhüllen wird, womit nach Turra (Heluan) und Asyut ein weiteres Beispiel schlimmer Umweltbelastung durch eine Zementfabrik gegeben sein wird. Die Planungen sehen einen Windschutzgürtel um die neue Stadt vor, der aus 140,5 km^2 aufgeforsteter Fläche bestehen soll. Er wird die zu erwartende Gefahr der Luftverschmutzung kaum verhindern können.

Beni Suef el-Gedida ist für 90 000 Einwohner konzipiert mit einer Erweiterungsmöglichkeit für zusätzlich 30 000 Bewohner. Die flächenmäßige Ausdehnung der Stadt soll 22 km^2 betragen, die sich wie folgt verteilen:

Wohngebiete	16%
Handel und Dienstleistung	31%
Industrie	21%
Verkehrsflächen	13%
Grünflächen	19%.

Die Planung sieht die Errichtung folgender Stadtteile und Gebiete vor (nach Gouvernorat Beni Suef 1994, o. S.):

- Stadtteil 1 mit 1265 Grundstücken für freien Wohnungsbau;
- Stadtteil 2 mit 10200 Eigentumswohnungen der sogenannten Niedrigkostenstufe mit Wohnflächen zwischen 60 m² und 95 m². 1994 waren von den Wohnungen dieser Kategorie bereits 7000 gebaut, ebenso wie einige der Dienstleistungseinrichtungen (Schulen, Bäckereien usw.);
- Stadtteil 3 mit 1230 durch Wohnungsbaugesellschaften einschließlich der Berufsverbände zu errichtenden Eigentumswohnungen;
- Stadtteil 4 mit Grundstücken zum freien Verkauf für unterschiedliche Nutzung;
- Stadtteil 5 als Universitätsgelände für die Al-Azhar-Universität;
- Stadtteil 6 als Reservefläche für zukünftige Stadterweiterungen;
- weitere Gebiete für Industrieansiedelung, Erholungsgebiete oder andere Funktionen;
- ein Stadtzentrum mit einer Konzentration zentraler Dienstleistungen wie Handel, Banken, Behörden, Post- und Telefonzentralen, Stadtverwaltung, Krankenhaus und Sportklub. Einige dieser Einrichtungen sind bereits fertiggestellt.

Man muß feststellen, daß es trotz aller Bemühungen nicht gelang, eine neue Stadt zu konzipieren, die den Bedürfnissen der Bevölkerung entspricht. Es wurden insbesondere die Interessen und Möglichkeiten der ärmeren Bevölkerungsschichten nicht berücksichtigt (über 13000 Familien). Deshalb standen 1994 trotz großer Wohnungsnot fast alle der bereits fertiggestellten Wohnungen leer, obwohl es sich bei diesen um sogenannte „Niedrigkostenwohnungen“ handelt. Das System der Vergabe derselben ist wie folgt: Der Staat bietet die Wohnungen für LE 23000 (ca. 11000 DM) zum Kauf an. Von dem Gesamtpreis hat der Käufer 4000 LE im voraus zu entrichten und kann den Rest in monatlichen Raten von je LE 53 über 30 Jahre verteilt abzahlen. Solche Bedingungen mögen günstig erscheinen, sie können in der Tat jedoch nur von den Familien der höheren Einkommensschichten erfüllt werden und nicht von denjenigen Familien, die dringend der Wohnungen bedürfen. Das Ergebnis ist, daß – ebenso wie in Kairo oder auch in allen anderen Städten des Landes – die kaufkräftigeren Familien von dieser Art der Vergabe von Neubauwohnungen profitieren. Sie erwerben in der Tochterstadt mit ihrer bislang noch mehr als mangelhaften Infrastruktur Eigentumswohnungen als Geldanlage oder als zukünftige Wohnungen für ihre oft noch kleinen Kinder und lassen sie vorerst ungenutzt, während sie weiterhin die geräumigeren und preisgünstigeren Altbauwohnungen okkupieren.

Obwohl die Probleme von Beni Suef el-Gedida hinlänglich bekannt sind und in fast allen anderen neuen Städten in Ägypten (vgl. z. B. auch El-Minya el-Gedida) in ähnlicher oder in gleicher Form anzutreffen sind, plant man weiterhin die Errichtung solcher Städte. Solange der Staat in ihnen jedoch keine echten Sozialwohungen anbietet, wie sie etwa zur Nasser-Zeit errichtet wurden, werden die Probleme nicht gelöst werden.

Eine zumindest für die Stadt Beni Suef sicherlich für die Mehrzahl der Wohnungssuchenden sinnvollere Lösung wäre die Sanierung weiter Teile der Altstadt, die in völlig desolatem Zustand sind. Hier könnte im Zuge des Neubaues auch eine Aufstockung der Gebäude erfolgen, um Wohnraum zu gewinnen. Man hört zwar von Bestrebungen in dieser Richtung, aber sichtbare Zeichen finden sich bislang nicht.

10.4 Die neuzeitliche Urbanisierungsstrategie Ägyptens – Städte in der Wüste

Bereits im Zusammenhang mit dem Bau des Sueskanals im 19. Jahrhundert ließen die Khediven Ägyptens im Lande moderne Städte nach europäischem Muster durch europäische Architekten errichten. Auf diese Weise entstanden Ismailiya und Port Tawfiq mit ihren Parks, ihren alleeartigen Hauptstraßen und ihren Häusern in typischer Kolonialarchitektur mit Veranden und Balustraden und gepflegten Gärten als absolut unägyptische Städte ohne eigentliches agrarisches Hinterland. Auch bei dem Ausbau des modernen Kairo scheuten die ebenso luxusliebenden wie hochverschuldeten Herrscher keine Kosten. Noch heute kann man die einstige Pracht der Anlage von Stadtvierteln Kairos wie Schubra, Ismailiya, Tawfiqiya, Abdin, Garden City und Heluan ahnen, die hauptsächlich durch die Khediven Ismail und Tawfiq im letzten Viertel des 19. Jahrhunderts angelegt wurden. Bereits 1877 erhielt der neuerrichtete Kurvorort Heluan eine Anbindung an Kairo durch eine Eisenbahnlinie (heute Metro). Zu Beginn des 20. Jahrhunderts erfolgten weitere Städteneugründungen in großzügigem Stil, so daß die Satellitenstädte Heliopolis und Hadayeq el-Qubba im Nordosten sowie Maadi el-Gedida im Süden von Kairo entstanden, die ebenfalls eine Anbindung durch eine Metro- bzw. eine Eisenbahnlinie erhielten, was für die damalige Zeit eine revolutionäre Neuerung bedeutete.

Weniger spektakulär, aber ebenfalls von großer Bedeutung war die spätere Errichtung neuer Siedlungen mit städtischem Charakter in Wüstengebieten im Zusammenhang mit der Erschließung neuen Agrarlandes, wie Gianaklis, südwestlich von Alexandria, sowie in der Tahrir-Provinz, im Gebiet des Maryut-Sees, im Wadi el-Gedid und gegenwärtig überall auf Sinai, wo moderne mehrstöckige Wohnblocks in uniformer Bauweise vorherrschend sind. Auch im Zuge des sozialen Wohnungsbaues in den 50er Jahren entstanden als staatliche Planungen städtische Siedlungen riesigen Ausmaßes, wie etwa Madinet Nasr (= „Stadt des Sieges", benannt nach dem Losungswort der Revolution von 1952; 1994: 184600 Einwohner), eine Großwohnsiedlung, die seinerzeit in der Wüste zwischen Kairo und Heliopolis gebaut wurde und heute mit der städtischen Agglomeration Kairos völlig verschmolzen ist.

Im Laufe der Zeit kristallisierten sich die staatlichen Urbanisierungsstrategien Ägyptens deutlicher heraus, so daß in den 1960er und 1970er Jahren Raumordnungskonzepte formuliert wurden, deren Grundzüge wie folgt zusammengefaßt werden können (vgl. Knaupe und Wurzel 1995, S. 53 f.):

Hauptziel der planerischen Bemühungen war es, im gesamten Land eine Raumnutzungsstruktur zu realisieren, die eine möglichst homogene Bevölkerungsverteilung, einen wirtschaftlichen Ausgleich zwischen den verschiedenen Landesteilen, den Schutz des fruchtbaren Ackerlandes sowie eine Bereitstellung der erforderlichen Infrastruktur gewährleisten sollte. Zur Erreichung dieses Zieles sollten Entwicklungskorridore erschlossen werden, um die rasch wachsende Bevölkerung zur Ansiedelung außerhalb des traditionellen Siedlungsgebietes zu lenken. Im Zuge dieser Entwicklungskorridore sollten Neue Städte errichtet werden, die innerhalb der Entwicklungsachsen als Wachstumspole fungieren sollten.

Das Urbanisierungsprogramm Ägyptens beinhaltet die Errichtung von Neuen Städten folgender vier Kategorien:

1. unabhängige Neue Städte,
2. abhängige Satellitenstädte,
3. abhängige urbane Siedlungen,
4. Tochterstädte.

Bislang wurden sieben Neue Städte errichtet, von denen vier stärker an Kairo orientiert sind. Hierzu gehören Madinet el-Aschir min Ramadan (10. Ramadan), Madinet Badr, Aschschuruq und Madinet es-Sadat. Zwei der Neuen Städte liegen im Umkreis von Alexandria: Burg el-Arab el-Gedida und En-Nubariya el-Gedida. Die weitere Neue Stadt, Es-Salhiya el-Gedida, liegt zwischen Kairo und Ismailiya in dem dazugehörigen Landgewinnungsgebiet, dessen Namen sie trägt.

Die abhängigen Neuen Städte sollen in erster Linie der Entlastung Groß-Kairos von dem hohen Bevölkerungsdruck dienen. Mit dieser Intention wurden bislang drei Städte gebaut: Madinet Sitta Oktober (6. Oktober) im SW, Madinet Khamastascher Mayo (15. Mai) im SO und Al-Ubur im NO. Obwohl die erstgenannte Stadt die Hauptfunktion nicht erfüllt hat, wie die meisten Neuen Städte bislang, entwickelte sie sich sprunghaft zu einem wichtigen Industriestandort. Unter den Investoren dort finden sich US-amerikanische Firmen, wie z. B. General Motors und Xerox, die je ca. 500 Personen beschäftigen (vgl. Knaupe und Wurzel 1995, S. 231). In den beiden übrigen Entlastungsstädten hat sich bislang trotz ihrer größeren Nähe zu Kairo die Industrie nicht so erfolgreich entwickeln können. Im Falle von Al-Ubur ist die Ursache in dem schwelenden Streit um die Flächennutzung zwischen den Agrarbehörden und dem für die Stadt zuständigen Ministerium zu sehen. In Madinet Khamastascher Mayo war die Situation eine andere, denn diese Stadt wurde als Wohngebiet für die in Heluan beschäftigten Industriearbeiter konzipiert und gebaut.

Um den Migrationsstrom aus den Provinzen in die Landeshauptstadt abzufangen, errichtete man unweit einiger Gouvernoratshauptstädte Tochterstädte. Insgesamt befanden sich 1995 sechs solcher Tochterstädte in der Entstehungsphase: Dumyat el-Gedida, El Minya el-Gedida, Asyut el-Gedida, Akhmim/Sohag el-Gedida, Assuan el-Gedida sowie das beschriebene Beni Suef el-Gedida. Um das Ackerland vor dem weiteren Überwuchern durch urbane Siedlungen zu schützen, baute man diese New Towns in den Wüstengebieten am Rande des Niltales, meist auf dem der bestehenden Stadt zugewandten Ufer. In diesem Zusammenhang wurden auch die neuen Brücken von Beni Suef und El-Minya gebaut.

Beurteilt man das staatliche Programm zur Errichtung von Neuen Städten nach den bisherigen Ergebnissen, so muß der Erfolg als sehr gering bezeichnet werden. 1992 lebten in den nahezu 200000 Neubauwohnungen in 13 Neuen Städten und 8 Entlastungssiedlungen nur ca. 160000 Menschen (Knaupe und Wurzel 1995, S. 347f.). Für jeden dieser Einwohner hat der Staat insgesamt ca. DM 9000,– ausgegeben. Dies ist eine für ägyptische Verhältnisse unverantwortlich hohe Summe. Die Zahl der Nutznießer ist verschwindend gering, und diese gehören keinesfalls zu den unter der drückenden Wohnungsnot Leidenden mit niedrigem Einkommen, sondern eher zu der oberen Mittelklasse. 1995 betrugen die Anzahlung für eine Kleinwohnung von 65 m^2 im südlich von Kairo gelegenen Khamastascher Mayo, das infolge der Luftverschmutzung durch die Emissionen der Industrie von Heluan keine günstige Lage besitzt, ca. DM 2100,– und die monatlich zur Abtragung des Gesamtpreises zu entrichtende Rate DM 30,–. Angestellte und Arbeiter erhalten derzeit Monatsgehälter von ca. DM 50,–, so daß solche Wohnungen für sie nicht erschwinglich sind.

Spürbare positive Auswirkungen zeigen die Neuen Städte allerdings durch die Ansiedelung neuer Industrien, denn bis 1992 wurden über 100000 Arbeitsplätze geschaffen. Ein großer Teil der Beschäftigten kommt jedoch täglich mit Bussen aus Kairo zu den Arbeitsplätzen. Ob die Industrien überhaupt Bestand haben werden, wenn die zahlreichen Vergünstigungen, zu denen auch die zeitlich befristeten Steuerbefreiungen und Importvorteile entfallen, ist zu bezweifeln.

10.5 Die ländlichen Siedlungen

Nach dem Zensus von 1986 gab es in Ägypten 4310 ländliche Siedlungen, von denen knapp die Hälfte (48,4%) mehr als 5000 Einwohner hatten. In 268 Dörfern (6,2%) lebten mehr als 15000 Einwohner, und 293 Dörfer (6,8%) hatten weniger als 1000 Einwohner. Dies zeigt, daß die ländlichen Siedlungen Ägyptens relativ hohe Einwohnerzahlen besitzen. Untereinander unterscheiden sie sich stark nach ihrer Nähe zur Stadt, ihrer Größe und ihrer zentralörtlichen Funktion. Viele der in stadtnah gelegenen Dörfern lebenden Fellachen nutzen die Möglichkeit, ihren Lebensunterhalt sowohl im informellen als auch im formellen Sektor in der Stadt zu verdienen. Große Dörfer mit bis zu 20000 Einwohnern erfüllen zentrale Funktionen für eine Vielzahl kleiner, ihnen verwaltungsmäßig zugeordneter Dörfer, für die sie Verwaltungseinrichtungen, Schulen, Krankenhäuser, Moscheen, Kirchen, Zweigstellen der landwirtschaftlichen Genossenschaften und sonstige Dienste vorhalten. Sprachlich unterscheidet man in Ägypten zwischen den großen Dörfern, für die die klassisch-arabische Bezeichnung *qarya* verwendet wird, und *'isba* (Possessiv: *'isbet*). In Oberägypten wird manches kleinere Dorf *nag'* genannt, wie z.B. Nag' Hammadi (Hammadis Dorf). Die offizielle Bezeichnung eines selbständigen Dorfes oder Teils einer größeren Siedlung lautet *schiyakha* (Pl. *schiyakhat*).

In der zweiten Hälfte des 20. Jahrhunderts vollzog sich ein starker Wandel in der Physiognomie der Fellachendörfer durch den Bau neuer Häuser im städtischen Stil durch die Rückkehrer aus den arabischen Erdölstaaten, die ihre Ersparnisse vornehmlich im Hausbau investierten. Immer mehr Dörfer verloren hierdurch ihren traditionellen Charakter dicht bebauter Haufendörfer. Wegen der extremen Landknappheit in Ägypten stehen wenige zur Bebauung geeignete Flächen zur Verfügung, so daß oft nur eine vertikale Erweiterung bestehender Häuser möglich ist.

Das übliche Baumaterial der Fellachenhäuser waren, bis die Verbote der Verwendung des kostbaren Nilschlamms von den Äckern in jüngster Zeit zu greifen begannen, luftgetrocknete Ziegel aus diesem Material. Die fertigen Wände sind mit einem Putz aus einer Mischung aus Nilschlamm, Dung und Stroh überzogen, und die flachen Dächer bestehen aus Holz, meist von Dattelpalmen. Innerhalb der engen lichtlosen Häuser befinden sich der Stall und der ebenfalls aus Nilschlamm bestehende Ofen, in dem vor allem das Fladenbrot gebacken wird. In größeren Häusern, wie z.B. des Dorfbürgermeisters (*scheikh el-balad* oder *omda*), befindet sich eine Terrasse oder Diele mit einer Mastaba, d.h. einer gestuften Liege aus Nilschlamm, auf die Binsenmatten gelegt werden. Das Dach des Hauses dient der Lagerung von Brennstoff für den häuslichen Bedarf: Strünke von Mais- und Baumwollpflanzen sowie tellerartig geformter und mit Stroh durchmischter getrockneter Dung. Die inneren

Teile der Maiskolben dienen zum Feueranzünden und werden meist neben dem Backofen gelagert. Getreide wird in turmartigen Lehmaufbauten auf dem Hausdach gespeichert. Traditionelle Fellachenhäuser besitzen kleine hochgelegene Öffnungen als Fenster, die in erster Linie der Belüftung dienen.

Zu jedem Dorf gehört eine bestimmte Agrarfläche, die *hiyasa* genannt wird. Sie besteht aus den Besitzflächen der Dorfbewohner und dem von ihnen hinzugepachteten Land, dessen Eigentümer meist in der Stadt wohnen, da der Absentismus in Ägypten immer noch nicht überwunden werden konnte. Die Versorgung der kleinen Dörfer ist mangelhaft, obwohl die meisten inzwischen eine zentrale Verteilungsstelle für sauberes Wasser sowie einen Anschluß an das öffentliche Stromnetz erhalten haben. Die Versorgung mit Konsumgütern erfolgt durch den lokalen Wochenmarkt (*suq*) oder durch die Läden des zentralen Dorfes. Die Fellachenfrauen besuchen die Wochenmärkte, um ihre landwirtschaftlichen Erzeugnisse, wie Gemüse, Geflügel, Eier oder Milchprodukte, zu verkaufen.

Da sich im engen Niltal und auch im Nildelta ländliche Siedlungen und Städte eng zusammendrängen, ist die verkehrsmäßige Anbindung der Dörfer meist gut und hierdurch die Versorgung mit Gütern und Diensten des nichttäglichen Bedarfs ebenfalls gesichert. Ihre große Armut hindert die meisten Fellachen jedoch daran, die Angebote der nahen Städte zu nutzen.

11. DIE WIRTSCHAFTSPOLITIK IM WANDEL

Seit der Revolution von 1952, die zur Abschaffung der Monarchie im Lande führte, gab es in Ägypten innerhalb knapp eines halben Jahrhunderts drei Hauptphasen unterschiedlicher Wirtschaftspolitik, von denen eine jede eng mit dem Namen des herrschenden Staatspräsidenten verbunden ist, obwohl fraglos die jeweiligen Rahmenbedingungen durch sich wandelnde internationale Gegebenheiten bestimmt wurden.

11.1 Die sozialistische Epoche unter Nasser (1952–1970)

Folgende wichtigen Veränderungen bzw. Ereignisse prägten die Regierungszeit Gamal Abdel Nassers und sind weitgehend seinem Tun zuzuschreiben:

- Die Einführung eines am Ostblock orientierten Sozialismus;
- die starke Entwicklung des öffentlichen staatlich gelenkten Wirtschaftssektors;
- die Bodenreform;
- der Bau des Hochstaudammes von Assuan;
- die beiden ägyptisch-israelischen Kriege von 1956 und 1967.

Zwei Niederlagen Ägyptens in Kriegen gegen Israel sowie seine erfolglose Einmischung in den Jemen-Krieg in den 1960er Jahren zehrten die mageren Ressourcen des Landes auf und schwächten die ohnehin nicht durch besondere Erfolge gekennzeichnete Wirtschaft. Der Preis für den Bau des Hochstaudammes bestand in einer starken Abhängigkeit von dem sozialistischen Lager, da die Sowjetunion sowohl Kapital als auch technische Hilfe hierfür zur Verfügung stellte.

Der Nasserschen Bodenreform verdankt Ägypten eine völlige Umwälzung auf dem Agrarsektor. Mit der Abschaffung des feudalen Landbesitzes, bei dem es sich in der Regel um Absentismus gehandelt hatte, und der Begrenzung des Landbesitzes auf 42 ha pro Person ging eine Stärkung der Rechte der Kleinbauern und Landpächter gegenüber den reicheren Landeigentümern einher. Da der Staat jedoch nicht fähig war, das Land zügig an die Landlosen zu verteilen und es statt dessen jahrelang selbst verwaltete, kam es nicht zu den erwarteten positiven Auswirkungen. In den meisten Fällen führte staatliches Mißmanagement im Gegenteil zu einer Degradation einst gut wirtschaftender Betriebe von Großgrundbesitzern. Nachdem das Land schließlich an Kleinbauern vergeben war, erwies sich die Kleinstparzellierung als produktionshemmend. Das Einfrieren der Pachtgelder führte ebenso wie das Einfrieren der Wohnungsmieten zu Mißständen, deren Beseitigung erst in den 1990er Jahren in Angriff genommen wurde.

Die schwerste aus der sozialistischen Wirtschaftspolitik Nassers resultierende Hypothek besteht für das heutige Ägypten in der Schwächung des privaten Wirtschaftssektors und der Aufblähung des öffentlichen Sektors. Die verstaatlichten ausländischen und ägyptischen Gesellschaften wurden parastaatlichen Gesellschaften unterstellt, die nach dem System des öffentlichen Sektors geführt wurden und wie er infolge Mißmanagements und Korruption unrentabel arbeiteten und damit versagten.

Zwei Hauptverdienste der Politik Nassers dürfen dennoch nicht übersehen werden: Der eine besteht in der starken Aufwertung der Fellachen und der Arbeiter und der Stärkung ihrer Stellung gegenüber den Großgrundbesitzern und den Firmeninhabern durch eine Reihe von Sozialgesetzen. Die andere Errungenschaft war die Verfolgung einer an den Bedürfnissen des Volkes gemessenen Industrialisierungspolitik, die auf langfristiger Planung basierte und den Absatz einheimischer Produkte durch Schutz vor importierten garantierte.

11.2 Die Öffnungspolitik Sadats (1971–1981)

Die Zeit Sadats brachte Ägypten großen politischen Wandel: Es erfolgte eine Abkehr von Nassers Sozialismus und eine Öffnung gegenüber dem Westen. Darüber hinaus leitete Sadat nach dem Teilsieg im Oktoberkrieg von 1973 den Friedensprozeß mit Israel ein, der 1979 durch das Camp-David-Abkommen besiegelt wurde. Der Kriegszustand mit Israel kam damit nach über 30 Jahren zum Ende, und Israel gab Sinai gegen Entrichtung von nicht unerheblichen Ausgleichszahlungen für die dort während der Besatzungszeit angelegte Infrastruktur an Ägypten zurück.

Sadats Friedenspolitik wurde durch zwei scheinbar widersprüchliche politische Strategien begleitet: Die eine war seine stark westlich orientierte Öffnungspolitik, die andere seine Islampolitik, die die Rückkehr der von Nasser ins Ausland verbannten Muslimbruderschaft und die Entstehung der rechtsradikalen islamischen Gruppen (Al-Jama'at al-Islamiya) zuließ. Auf die Wirtschaft wirkte sich die Reislamisierung der Politik unter Sadat durch die Entstehung und die Ausbreitung der islamischen Banken und Investitionsgesellschaften aus, die das im Islam verbotene Zinssystem durch ein System der Gewinnbeteiligung ersetzten. Circa 300 solcher islamischer Einrichtungen verwalteten ein Kapital von insgesamt 8–12 Mrd. US-$, was dem Jahresbudget des ägyptischen Staates entsprach. Unter diesen Gesellschaften waren 4, an denen insgesamt 375000 Aktienbesitzer beteiligt waren und die über ein Gesamtkapital von 4,3 Mrd. US-$ verfügten. Die Gründungseuphorie erlitt einen schweren Schlag, als sich später, in der Zeit Mubaraks, eine Reihe dieser Gesellschaften als betrügerisch erwies und viele Ägypter ihre mühsam im arabischen Ausland erarbeiteten Ersparnisse, die sie in diese investiert hatten, verloren.

Von großer Tragweite über seine Zeit hinaus war Sadats Öffnungspolitik, deren Ziel die Investition von ausländischem ebenso wie einheimischem Kapital in Ägypten war. Die Erfolge dieser Politik blieben lange Zeit aus, und mittelfristig führte sie zu schwerwiegenden Problemen, weil die einheimische Industrie durch sie in eine Absatzkrise geriet, da der ägyptische Markt mit ausländischen Produkten überschüttet wurde. Die Disparitäten zwischen den sozialen Schichten, um deren Abschwächung Nasser gerungen hatte, wurden größer. Von der Öffnungspolitik Sadats profitierte eine kleine Schicht von „fat cats“, meist infolge von Korruption und illegalem Handeln, während das Anheben der Brotpreise zu mehr Hunger unter den Armen führte, wogegen in Aufständen erfolglos protestiert wurde.

Besonders verhängnisvoll wirkte sich die Vernachlässigung der Wirtschaftsplanung unter Sadat aus. Davon war insbesondere die Industrie betroffen. Dagegen wurden enorme Summen für den Wohnungsbau und für die Errichtung von Neuen Städten aufgewendet. Auch hier profitierten ausschließlich die kapitalkräftigeren Schichten, während für die Masse der Bevölkerung die Wohnungsnot noch drängender wurde, denn echte Sozialwohnungen wie zur Zeit Nassers wurden nicht gebaut.

11.3 Die Liberalisierungs- und Privatisierungsepoche Mubaraks (1981–1996)

Mubarak, der im Gegensatz zu seinen beiden Vorgängern keine bedeutende Wende in der Außen- oder Innenpolitik Ägyptens herbeiführte, konnte die Früchte ihrer Politik ernten, wurde aber auch mit den durch sie herbeigeführten Problemen konfrontiert. Er erkannte in den islamischen Banken und Investitionsgesellschaften eine potentielle Gefahr für die ägyptische Wirtschaft und liquidierte diejenigen unter ihnen, die in betrügerische Unternehmungen verwickelt waren. Den politisch aktiven Islamisten gegenüber verhielt er sich zunächst abwartend. Als sie versuchten, ihn und Mitglieder seiner Regierung zu ermorden, ging er gegen sie mit aller Härte vor.

In den 15 Jahren der Regierung Mubaraks wurden drei Fünfjahrespläne aufgestellt, um eine Wirtschaftsreform durchzuführen. Einige ihrer Ziele sind erfüllt worden: Ägypten verfügt über Währungsreserven von 18 Mrd. US-$; das Haushaltsdefizit verringerte sich von 25% des Bruttoinlandsproduktes im

Jahre 1982/83 auf 3% im Jahre 1994/95. Allerdings beliefen sich 1993 die Auslandsverschuldung Ägyptens auf 41 Mrd. US-$ und das Handelsbilanzdefizit auf 9 Mrd. US-$.

Unter dem Druck des IMF und nach der Durchführung des Strukturanpassungsprogramms ab 1991 sowie der Unterzeichnung des GATT-Abkommens im Jahre 1994 wurden in Ägypten rigorose Maßnahmen zur Liberalisierung der Wirtschaft und der Privatisierung der staatlichen Gesellschaften durchgeführt. Der Preis des ägyptischen Pfundes wurde durch seine starke Abwertung an den Weltmarktpreis angeglichen, die Zölle auf Importwaren wurden nach und nach abgebaut und die Subventionen – mit Ausnahme derjenigen für Brot, Zucker und Brennstoff – weitgehend eingestellt. Darüber hinaus wurde die Kontrolle des Staats über die Preise der strategischen Agrarprodukte wie Weizen, Reis und Baumwolle aufgehoben.

Die Privatisierung des öffentlichen Sektors gestaltete sich schwierig, da nur erfolgreiche Unternehmen auf das Interesse privater Investoren stoßen. Als Zwischenlösung suchte der Staat nach anderen Formen der Privatisierung als des totalen Verkaufs, wie z. B. der Vermietung staatseigener Hotels oder des Verkaufs von Aktien der Betriebe an deren Mitarbeiter.

Die Regierung Mubaraks betrachtet es als eines ihrer wichtigsten Ziele, das Außenhandelsdefizit zu verringern. Man versucht, trotz der Beschränkungen durch das GATT-Abkommen, die Exporte sowohl von Industrieprodukten als auch von Agrarprodukten deutlich zu steigern und gleichzeitig das Ausmaß der Importe zu verringern. Immer wieder wird die Absicht des Staates zur Steigerung der Qualität der Industrieprodukte verkündet und auch ein Gütesiegel eingeführt, doch sind die Erfolge relativ gering und ist die Konkurrenz auf dem Weltmarkt erdrückend groß, so daß die Zukunft für Ägypten aus wirtschaftlicher Sicht nicht allzu positiv aussieht.

LITERATUR

Abdel-Fadil, M. (1975): Development, Income Distribution and Social Change in Rural Egypt (1952–1973). University of Cambridge.

Abdel Fattah, M. M. (1992): Ressourcen und Nahrung im ländlichen Ägypten. In: Das landwirtschaftliche Problem in Ägypten. (in Arab.) S. 98–132. Kairo.

Abdel-Hakim, M. S. (1958): Die Stadt Alexandria (in Arab.). Kairo.

Abdel-Hakim, M. S. (1967): The population of Egypt; a demographic study. In: The Bulletin of the Faculty of Arts, Vol. 29, 1/2, S. 17–44. Cairo University.

Abdel-Malek, A. (1971): Ägypten – Militärgesellschaft. Das Armeeregime, die Linke und der soziale Wandel unter Nasser (aus dem Franz. und Amerikan. übersetzt von R. Kruse). In: Edition Suhrkamp, 503. Frankfurt a. M.

Abdullatif, T. (1973): Ziele, Prozesse und Auswirkungen der Agrarreform in Kuba, der Volksrepublik China und Ägypten. Eine Untersuchung auf der Basis des TUMA-schen Ansatzes zu einer Agrarreformtheorie. Diss. Landw. Fak. Göttingen.

Abou Aianah, F. M. (1980): Eine Bevölkerungsgeographie Alexandrias (in Arab.). Alexandria.

Abu Al-Izz, M. S. (1971): Landforms of Egypt. Cairo.

Abu-Lughod, Janet L. (1961): Migrant adjustment to city life: the Egyptian villager in Cairo. In: Ekistics, No. 71, Vol. 12, S. 192–202. Athens.

Abu-Lughod, Janet L. (1969): Varieties of Urban Experience: Contrast Coexistence and Coalescence in Cairo. In: Lapidus, I. M. (ed.): Middle Eastern Cities, S. 159–187. University of California Press. Berkeley.

Abu-Lughod, Janet L. (1971): Cairo. 1001 years of the city victorious. In: Princeton Studies on the Near East. Princeton.

Abu-Lughod, Janet L. (1973): Cairo. Perspective and prospectus. In: Brown, L. C. (ed.): From Madina to Metropolis. Heritage and change in the Near East city. Princeton Studies on the Near East, S. 95–113. Princeton.

Abu-Lughod, Janet L. (1975): A comparative analysis: Cairo, Tunis, and Rabat-Salé. In: Ekistics, No. 233, Vol. 39, S. 236–245. Athens.

Abu-Zeid, M. (1987): Environmental Impact Assessment for the Aswan High Dam. In: Biswas, A. K.; Geping, Q. (eds.): Environmental Impact Assessment for Developing Countries. Natural Resources and the Environment Series, Vol. 19, S. 168–190. United Nations University.

Adams, Ch. C. (1968): Islam and Modernism in Egypt. A study of the modern reform movement, inaugurated by Muhamad Abduh. New York.

Adams, Jr., R. H. (1991): The Effects of International Remittances on Poverty, Inequality, and Development in Rural Egypt. International Food Policy Research Institute, Research Report 86. Washington, D.C.

Ahmad, A. M. (1963): Die Auseinandersetzung zwischen Al-Azhar und der modernistischen Bewegung in Ägypten. Phil. Diss. Hamburg.

Ahmed, A. A. (1959/60): An analytic study of the storage losses in the Nile Basin, with special reference to Aswan Dam Reservoir (Sadd-Al-Ali). In: The institution of civil engineers proceedings, Vol. 17, Session 1959/60, S. 181–200. Discussion of the paper in Vol. 19, Session 1960/61, S. 337–415.

Ahmed, J. M. (1960): The Intellectual Origins of Egyptian Nationalism. London.

Ahmed, M. D., und Mertins, G. (1974): Suezkanal-Bibliographie. Eine Auswahl des europäischsprachigen Schrifttums seit 1945. In: Deutsches Orient-Institut (Hrsg.): Dokumentationsdienst Moderner Orient, Reihe A, No. 3. Hamburg.

Ahmed, Samia A. H. (1989): Moderne städtische Planung für Alexandria (in Arab.). M. A. Thesis, Universität Alexandria.

Al-Hady, H. A. (1993): Die neuen Siedlungen zwischen Universalität und Lokalität. Eine Studie der ägyptischen Situation (in Arab.). Kairo.

Al-Korey, A. G. (1972): Die Energieproduktion als Wachstumsfaktor der Wirtschaft der VAR. Diss. WiSO. Fak. Freiburg/Schweiz.

Aldrige, J. (1969): Cairo. Boston.

Al Sayyid, M. K. (1990): Privatization: The Egyptian Debate. Cairo Papers in Social Science, Vol. 13, Monograph 4. AUC. Cairo.

Alexandria National Iron & Steel Co. (1992): 1982–1992. o. Ort.

Allmendinger, K. H. (1966): Die Beziehungen zwischen der Kommune Pisa und Ägypten im hohen Mittelalter. Eine rechts- und wirtschaftshistorische Untersuchung. In: Vierteljahresschrift für Sozial- und Wirtschaftsgeschichte, Beiheft Nr. 54. Frankfurt a. M.

Altorki, Soraya und Fawzi El-Solh, Camillia (1989): Arab Women in the Field: Studying Your Own Society. Cairo.

American University Cairo Press (1993): The Economics and Politics of Structural Adjustment in Egypt. Third Annual Symposium. Cairo Papers in Social Science, Vol. 16, Monograph 3. Cairo.

Ammoun, D. (1991): Crafts of Egypt. AUC. Cairo.

Anhoury, J. (1941): L'Economie Agricole de l'Egypte. In: Eg. Contemp. 32, S. 497–647.

Ansari, H. (1986): Egypt. The Stalled Society. AUC. Cairo.

Arafa, M. (1965): Es-Sadd el-Ali. (in Arab.). Kairo.

Assaad, Marie; Garas, Nadra (1994): Experiments in Community Development in a Zabbaleen Settlement. Cairo Papers in Social Science, Vol. 16, Monograph 4. AUC. Cairo.

Attia, M. I. (1953): Groundwater in Egypt. In: Bull. de la Soc. de Géogr. d'Egypte, Tome 26, S. 207–225. Le Caire.

Auferbauer (Aeschlimann), I. (1970): Der Fremdenverkehr Ägyptens. Diss. Hochsch. f. Welthandel. Wien.

Awad, L. (1968): Cultural and Intellectual Developments in Egypt since 1952. In: Vatikiotis, P. J. (ed.): Egypt since the Revolution, S. 143–161. London.

Awad, M. (1959): Settlement of Nomadic and Semi-Nomadic Tribal Groups in the Middle East. In: Bulletin de la Société de Géographie d'Egypte, Tome 32, S. 5–42.

Ayoub, E. S. (1957): Arbeitslosigkeit und Beschäftigungspolitik in Ägypten. Staatswiss. Diss. München.

Ayrout, H. H. (1963): The Egyptian Peasant. Boston

Badr, G. Z. (1965): Probleme der Industrialisierung Ägyptens. Rekrutierung und Weiterbildung neuer Arbeitskräfte. Winterthur.

Badr, S. (1968): Frauenbildung und Frauenbewegung in Ägypten. Ihre Geschichte und ihre Probleme. In: Kölner Arbeiten zur Pädagogik. Wuppertal, Ratingen, Düsseldorf.

Baedeker Verlag (1994): Ägypten Reiseführer. 6. Aufl. Ostfildern.

Baer, G. (1957): The settlement of the Beduins. In: Baer, G.: Studies in the Social History of Modern Egypt. Die Welt des Islams, N.S., Vol. 5, 1–2, S. 84–98. Chicago, London.

Baer, G. (1962): A History of Landownership in Modern Egypt, 1800–1950. London, New York.

Baer, G. (1969): Studies in the Social History of Modern Egypt. Chicago.

Ball, J. (1933): The Qattara depression of the Libyan Desert and the possibility of its utilization for powder-production. In: The Geogr. Journ., Vol. 82, 4, S. 289–314.

Barbour, K. M. (1972): The growth, location and structure of industry in Egypt. In: Praeger Special Studies in International Economics and Development. New York, Washington, London.

Barth, H. K. (Hrsg.) (1982): Ägypten – geographische Strukturen und Entwicklungen. Bremen.

Barth, H. K., und Shata, A. A. (1987): Natural Resources and Problems of Land Reclamation in Egypt. In: Beihefte zum Tübinger Atlas des Vorderen Orients, Reihe A, Nr. 23. Wiesbaden.

Beck, H. (1964): Caput Nili – Zur Geschichte des Problems der Quellen des Nils. In: Naturwiss. Rundschau, Bd. 17, 5, S. 183–189. Stuttgart.

Beddis, R. A. (1963): The Aswan High Dam and the resettlement of the Nubian people: In: Geography, Vol. 48, 1, No. 218, S. 77–80. Sheffield.

Behrens-Abouseif, D. (1972): Die Kopten in der ägyptischen Gesellschaft von der Mitte des 19. Jahrhunderts bis 1923. Phil. Diss. Hamburg.

Berger, M. (1970): Islam in Egypt today. Social and political aspects of popular religion. Cambridge.

Berliner Geowissenschaftliche Abhandlungen (1988): Egypt Atlas for Ground Water. Berlin.

Billerbeck, K. (1956). Struktur und Entwicklung der ägyptischen Wirtschaft. Hamburgisches Welt-Wirtschafts-Archiv. Hamburg.

Biswas, A. K., et al. (1978): Water Management for Arid Lands in Developing Countries. Oxford.

Blackman, W. S. (1968): The Fellahin of Upper Egypt. Their religious, social and industrial life with special reference to survivals from ancient times. London.

Blake, G. H. (1971): Oil in Egypt. In: Geography, Vol. 59, 1, S. 49–51. Sheffield.

Blake, G. H., und Swearingen, W. D. (1975): The Suez Canal. A commemorative bibliography 1975. Centre for Middle Eastern and Islamic Studies, Occasional Papers, No. 4. Durham.

Blankenhorn, M. (1921): Ägypten. In: Handbuch der Regionalen Geologie, Bd. 7, 9. Heidelberg.

Bliss, F. (1984): Wüstenkultivierung und Bewässerung im „Neuen Tal" Ägyptens. In: Geographische Rundschau 36, H. 5, S. 256–262.

Bliss, F. (1989): Wirtschaftlicher und sozialer Wandel im „Neuen Tal" Ägyptens. In: Beiträge zur Kulturkunde, Nr. 12. Bonn.

Bösl, K. (1984): Musha – Struktur und Entwicklung eines ägyptischen Dorfes. In: Geographische Rundschau 36, H. 5, S. 248–254.

Boulos, L., und El-Hadidi, M. N. (1984): The Weed Flora of Egypt. AUC. Cairo.

Bourguet, P. du (1967). Die Kopten. Baden-Baden.

Brandenburg, D. (1966): Islamische Baukunst in Ägypten. Berlin.

Braun, J. v. (1984): Ernährungssicherungspolitik in Entwicklungsländern. Kiel.

Brendl, O. (1975): Die Bedeutung des Suezkanals in Vergangenheit und Gegenwart. In: Zeitschrift für Wirtschaftsgeographie, 7, S. 212–217. Hagen.

Brendl, O., jun. (1957): Die Obstgartenwirtschaft Ägyptens. In: Die Bodenkultur, S. 469–487. Wien.

Brendl, O., jun. (1960): Aktuelle wasserwirtschaftliche Fragen Ägyptens und ihre Bedeutung für die Landwirtschafts- und Industriepolitik. In: Berichte über Landwirtschaft, N. F., Bd. 38, 2, S. 388–411. Hamburg.

Brown, N. J. (1990): Peasant Politics in Modern Egypt. The Struggle against the State. New Haven, Conn.

Brunner-Traut, E., und Hell, V. (1966): Ägypten. Studienreiseführer mit Landeskunde. Stuttgart.

Budde, A. (1988): Ägyptens Landwirtschaft im Entwicklungsprozeß. In: Sozialökonomische Schriften zur ruralen Entwicklung. Göttingen.

Büdel, J. (1954): Sinai, „die Wüste der Gesetzesbildung“ als Beispiel für die allgemeine klimatische Wüstenmorphologie. In: Akademie für Raumforschung und Landesplanung (Veröffentl.): Ergebnisse und Probleme moderner geographischer Forschung. Hans Mortensen zu seinem 60. Geburtstag. Abhandlungen Bd. 28, S. 63–85. Bremen-Horn.

Büren, R. (1972): Nassers Ägypten als Arabisches Verfassungsmodell. In: Schriften des Deutschen Orient-Instituts – Materialien und Dokumente. Opladen.

Büro des ägyptischen Premierministers (1993): Beschreibung Ägyptens durch Daten (in Arab.). Kairo.

Butzer, K. W. (1959): Studien zum vor- und frühgeschichtlichen Landschaftswandel der Sahara. III. Die Naturlandschaft Ägyptens während der Vorgeschichte und der Dynastischen Zeit. In: Akademie der Wissenschaften und Literatur, Mainz (Hrsg.): Abhandlungen d. Math.-Nat. Kl. 2. Wiesbaden.

CAPMAS (Central Agency for Public Mobilisation and Statistics) (1969): The Increase of Population in the United Arab Republic and its Impact on Development. Cairo.

CAPMAS (1973): Population and Development, a study on the population increase and its challenge to development in Egypt. Cairo.

CAPMAS (1980): Egypt: Statistical Indicators (1952–1979). Cairo.

CAPMAS (1986): Arab Republic of Egypt: Census of Population, Housing and Establishments. Vol. 1, Part 1. Cairo.

CAPMAS (1987): Wasserressourcen (in Arab.). Kairo.

CAPMAS (1988 a): Statistical Year Book: Arab Republic of Egypt 1952–1987. Cairo.

CAPMAS (1988 b): Egypt – Demographic Responses to Modernization. Cairo.

CAPMAS (1989 a): Statistical Year Book: Arab Republic of Egypt 1952–1988. Cairo.

CAPMAS (1989 b): Mitteilung auf der Pressekonferenz anläßlich der Erreichung einer Bevölkerungszahl von 55 Millionen am 17. 12. 1989 (in Arab.). Kairo.

CAPMAS (1992): Statistical Year Book 1952–1991. Cairo.

CAPMAS (1993): Statistical Year Book 1952–1992. Cairo.

CAPMAS (1994 a): Statistical Year Book 1952–1993. Cairo.

CAPMAS (1994 b): Jahresbericht über das neue Kulturland in Ägypten (in Arab.). Kairo.

CAPMAS (1994 c): Statistik der Aktivitäten der Hotels, Pensionen und Touristendörfer für das 3. Quartal 1992. (in Arab.). Kairo.

CAPMAS (1994 d): Schätzung der Bevölkerungszahl der Arab. Rep. Ägypten am 1. 1. 1994 (in Arab.). Kairo.

CAPMAS (1994 e): Wirtschaftsstatistik 1991/92. Bd. 2 (in Arab.). Kairo.

CAPMAS (1995): Statistical Year Book 1992–1994. Cairo.

CAPMAS/UNICEF (1989): The Situation of Children in Upper Egypt. Prepared by Louise F. Allen. Cairo

Carré, O. (1974): Enseignement islamique et idéal socialiste. Analyse conceptuelle des manuels d'instructions musulmane en Egypte. Beirut.

Carter, B. L. (1986): The Copts in Egyptian Politics. London, Sydney, Dover, New Hampshire.

Casson, L. (1971): Ägypten. Die Pharaonenreiche. Aus dem Engl. übertragen von U. Gewecke. Hamburg.

Cherif Neumann, A. M. (1967): Tourist Centres in the Red Sea Region. Planning and development of new tourist agglomerations within the framework of the proposed tourist policy in Egypt. Diss. ETH. Zürich.

Chitham, E. J. (1986): The Coptic Community in Egypt. Spatial and Social Change. Centre for Middle Eastern and Islamic Studies. Occasional Papers Series, No. 32. Durham.

Clerget, M. (1934): Le Caire. Etude de géographie urbaine et d'histoire économique. 2 Bde. Le Caire.

Commander, S. (1987): The State and Agricultural Development in Egypt since 1973. London.

Commander, S. (1989): Egypt: Some Issues in Agricultural Sector Policy. In: Tripp, Ch.; Owen, R. (eds.): Egypt under Mubarak. London et al., S. 137–157.

Commander, S., und Hadhoud, A. A. (1986): From Labour Surplus to Labour Scarcity? The Agricultural Labour Market in Egypt. In: Development Policy Review 4 (2), S. 161–180.

Constantini, O. (1957): Ägyptens Wasserwirtschaft. In: Mitteilungen d. Geogr. Ges., Bd. 99, 1, S. 71–80. Wien.

Cramer, M. (1959): Das Christlich-Koptische-Ägypten – Einst und Heute. Eine Orientierung. Wiesbaden.

Creswell, K. A. C. (1952): The Muslim Architecture of Egypt. I. Ikshids and Fatimids: A.D. 939–1171. Oxford.

Cromer, Earl of (1908): Modern Egypt. London.

Dankemeyer, U. (Hrsg.) (1991): Reisebuch Ägypten. Hamburg.

Degens, E. T. (1962): Geochemische Untersuchungen von Wässern aus der ägyptischen Sahara. In: Geolog. Rundschau, Bd. 52, S. 625–639.

Dittmann, A. (1989): Cities and Markets in Egypt. Marketing Systems in Fayoum as a Case Study. In: BRISMES – Proceedings of the 1989 International Conference on Europe and the Middle East, S. 526–541. Durham.

Dittmann, A. (1990): Periodische Märkte in Ägypten. Wochenmärkte und ambulanter Einzelhandel in der Oase Faiyum. In: Geographische Rundschau 42, S. 143–150.

Dittmann, A., Ehlers, E., und Grafe, R. (1990): Traditionelle und moderne Stadt-Umland-Beziehungen im islamischen Orient: Das Beispiel Faiyum (Ägypten). In: Die Erde, Bd. 121 (2), S. 119–134.

Dittmann, A., Ehlers, E., und Grafe, R. (1991): Traditional and Modern City-Hinterland Relationships in the Islamic Middle East: The Example of Faiyum (Egypt). In: Applied Geography and Development, Vol. 38. Tübingen.

Early, Evelyn A. (1993): Baladi Women of Cairo. Playing with an Egg and a Stone. AUC. Cairo.

Ehlers, E. (1984): Ägypten. Zur Urbanisierung einer agraren Gesellschaft. In: Geographische Rundschau 36, H. 5, S. 220–228.

Eigner, D. (1984): Ländliche Architektur und Siedlungsformen im Ägypten der Gegenwart. Veröffentlichungen der Institute für Afrikanistik und Ägyptologie der Universität Wien, Nr. 30. Wien.

El Gowhary, Y. (1966 a): Geography and town planning (Beispiel: Mansura). In: Bulletin de la Soc. de Géogr. d'Egypte, Tome 39, S. 115–136.

El Gowhary, Y. (1966 b): Rise of urbanism in Lower Egypt. In: Geographick Casopis, Rocnik 18, S. 301–317. Bratislava.

El-Kammash, M. M. (1968): Economic Development and Planning in Egypt. Diss. 1965. New York.

El-Katsha, S. et al. (1989): Women, Water and Sanitation: Household Water Use in Two Egyptian Villages. Cairo Papers in Social Science, Vol. 12, Monograph 2. AUC. Cairo.

El-Katsha, S., und Watts, S. (1993): The Empowerment of Women: Water and Sanitation Initiatives in Rural Egypt. Cairo Papers in Social Science, Vol. 16, Monograph 2. AUC. Cairo.

El-Menshaui, M. (1974): Analyse und Entwicklungsmöglichkeiten von Bewässerungsbetrieben auf Neuland – untersucht am Beispiel des ABIS-Projektes/ Ägypten. WuS Diss. Stuttgart-Hohenheim.

El-Messiri, S. (1983): Tarahil Labourers in Egypt. In: Richards, A.; Martin, P. (eds.): Migration, Mechanization, and Agricultural Labour Markets in Egypt. S. 79–100. Boulder.

El Saadawi, N. (1991): Tschador. Frauen im Islam. Bremen.

El Saiyad, M. M. und Saudi, M. A. (1966): Der Sudan (in Arab.). Kairo.

El-Shagi, El-Sh. (1969): Neuordnung der Bodennutzung in Ägypten. Drei Fallstudien. In: IFO-Institut für Wirtschaftsforschung, Afrika-Studien Nr. 36. München.

El-Shagi, El-Sh. (1970): Die Wahl der Betriebsform für die neu kultivierte Fläche in Ägypten. In: Internationales Afrika-Forum, Jg. 6, 2. München.

El-Sokkari, M. A. (1984): Basic Needs, Inflation and the Poor of Egypt, 1970–1980. Cairo Papers in Social Science, Vol. 7, Monograph 2. AUC. Cairo.

El-Wakil, Y. A. (1967): Bilharziose in Ägypten. Unter besonderer Berücksichtigung des Standes in der Provinz El-Baheira. Med. Diss. Göttingen.

El-Wali, M. (1993): Die Bewohner der Hütten und der Squattersiedlungen (in Arab.). Kairo.

Ellis, W. S. (1972): Troubled capital of the Arab world: Cairo. In: The National Geographic Magazine, Vol. 141, 5, S. 639–667. Washington.

Eman, A. (1943): L'industrie du coton en Egypte. Kairo.

Ende, W. (1975): Arabische Nation und islamische Geschichte. Die Umayyaden im Urteil arabischer Autoren des 20. Jahrhunderts. Wiesbaden.

Esbeck-Platen, H.-H. v. (1962): Ingenieurgeologische Vorarbeiten für das Projekt des Nilstaudammes Sadd-el Ali (Ägypten). In: Geologische Mitteilungen, Bd. 3, 1. Festschrift Karl Rode, S. 43–66. Aachen.

Fahim, H. M. (1981): Dams, People and Development. The Aswan High Dam Case. New York, Oxford, Toronto, Sydney, Paris, Frankfurt.

Fahim, H. M. (1983): Egyptian Nubians. Resettlement and Years of Coping. Salt Lake City.

Fahmi, M. Z. (1963): Ground water in the Nile delta. In: Wiss. Ausschuß der dt. Afrika-Gesellschaft (Hrsg.): Wasserwirtschaft in Afrika, S. 28–45. Köln.

Fakhry, A. (1982): Siwa Oasis. Cairo.

Fakhry, A. (1983): Bahriyah and Farafra Oases. The Oases of Egypt, Vol. 2. AUC. Cairo.

Farag, M. (1980): Aluminium Industry in Egypt. Proceedings of the Symposium 18–19 Feb. 1980. AUC. Cairo.

Fathi, A. (1981): Ägypten – der Sadd el-Ali (in Arab.). In: Al-Ahram Iktisadi, 22. Juni 1981.

Fauzi, I. M. (1968): Das Genossenschaftswesen in der Vereinigten Arabischen Republik. In: Forschungsbericht des Forschungsinstitutes der Friedrich-Ebert-Stiftung (Bonn-Bad Godesberg). Hannover-Doehren.

Fentzloff, H. E. (1961): Die Naturgegebenheiten des Sadd-el-Ali-Projekts – Hochstaudamm Assuan, Ägypten. In: Die Erde, Jg. 92, S. 6–17. Berlin.

Fernea, E. W. (ed.) (1991): Women and the Family in the Middle East. New Voices of Change. UTP. Austin.

Fernea, R. A. (1973): Nubians in Egypt: peaceful people. Austin.

Fouad, N. A. (1973): Schreibe die Geschichte neu! (in Arab.). Kairo.

Gadalla, S. M. (1962): Land Reform in Relation to Social Development, Egypt. Columbia.

George, C. J. (1968): The role of the Sadd-el-Ali in the fisheries of the south-eastern Mediterranean. In: Careless Technology 1971. Proc. Conf. Ecol. Aspects International Development. Warrenton/Virginia.

Ghonaim, O. A. (1980a): Die Wirtschaftsgeographische Situation der Oase Siwa (Ägypten). Stuttgart.

Ghonaim, O. A. (1980b): Desertification in Siwa Oasis (Egypt). In: Meckelein, W. (ed.): Desertification in Extremely Arid Environments. Stuttgart.

Ghonem, M. M. (1993): Weizenversorgung und Ernährungssicherung in Ägypten. Aachen.

Gillespie, K. (1984): The Tripartite Relationship: Government, Foreign Investors, and Local Investors During Egypt's Economic Opening. New York.

Ginena, A.-M. (1971): Das Wachstum des Arbeitspotentials und der Arbeitsproduktivität, dargestellt am Beispiel der Arabischen Republik Ägypten. Diss. Fribourg/Schweiz. Köln.

Girgis, M. (1973): Determinanten der industriellen Entwicklung in Ägypten. In: Die Weltwirtschaft, 1, S. 113–140. Kiel.

Girgis, M. (1973): Labour Absorptive Capacity of Export Expansion and Import Substitution in Egypt 1954–1970. In: Institut für Weltwirtschaft. Kieler Arbeitspapiere, Nr. 1. Kiel.

Girgis, M. (1977)): Industrialisation and Trade Patterns in Egypt, Institut für Weltwirtschaft. Kiel.

Glagow, R. (1975): Einige Aspekte der gegenwärtigen politisch-ideologischen Diskussion in Ägypten. In: Orient, Jg. 16, 1, S. 41–66. Opladen.

GOAL (The General Organization of the Alexandria Library) (1992): The Revival of Alexandria. Alexandria.

Gottschalk, H. L. (1958): Al-Malik al-Kamil von Ägypten und seine Zeit. Eine Studie zur Geschichte Vorderasiens und Ägyptens in der ersten Hälfte des 7./13. Jahrhunderts. Wiesbaden.

Gouvernorat Alexandria (o. J.; 1984): Comprehensive Plan – Alexandria 2005 (in Arab.). Kairo.

Gouvernorat Beni Suef (1994): Regionale Ausstellung (in Arabisch). Beni Suef.

Grafe, R. (1994): Ländliche Entwicklung in Ägypten: Strukturen, Probleme und Perspektiven einer agraren Gesellschaft, dargestellt am Beispiel von drei Dörfern im Fayyum. Diss. Univ. Bonn.

Graves, W. (1975): New life for the troubled Suez Canal. In: National Geographic Magazine, Vol. 147, 6, S. 792–817.

Griffiths, J. F. (ed.) (1972): Climates of Africa. In: World Survey of Climatology, Vol. 10, S. 79–92. Amsterdam, London, New York.

Grzeskowiak, M.; Norouzi, D.; Robbe, M. (1976): Aufbruch am Nil. Politik und Ideologie in der ägyptischen Befreiungsbewegung unter Gamal Abdel Nasser. Berlin.

Habib-Hassan, F. M. (1967): Böden des ägyptischen Niltals und ihre Charakterisierung durch das Rißbild. Landw. Diss. Gießen.

Hagel, J. (1972): Geographische Aspekte der Umweltgestaltung (u. a. am Beispiel des Sadd-el-Ali). In: Geograph. Rundschau, Jg. 24, 1, S. 20–29. Braunschweig.

Haikal, M. H. (1992): Der Golfkrieg – Illusion von Macht und Sieg (in Arab.). Kairo.

Haikal, M. H. (1995): 1995 – Das Tor Ägyptens zum 21. Jahrhundert (in Arab.). Kairo.

Hamdan, G. (1959): Studies in Egyptian Urbanism. Cairo.

Hamdan, G. (1961): Evolution and irrigation agriculture in Egypt. In: UNESCO. Stamp, D. (ed.): Arid Land Research XVII. A history of land use in arid regions. Paris.

Hamdan, G. (1980; 1981; 1984 a; 1984 b): Die Identität Ägyptens (in Arab.), Bd. 1–4. Kairo.

Hamdy, M. (1963): Long term manpower planning research. A proposed occupation structure for the manpower for U.A.R. in 1985. In: The Institute of National Planning. Cairo.

Hamida, I. H. (1992): Overview of the Development and Utilization of Nubian Artesian Basin, Northeast Africa. Paper presented to the SSO-DRC Workshop on the Aquifers of Major Basins – November 1992, Cairo.

Hamra, A. (1984): Verkehrsplanung in Ägypten. In: Arbeitshefte des Instituts für Stadt- und Regionalplanung der TU Berlin. Berlin.

Handoussa, H.; Potter, G. (eds.) (1991): Employment and Structural Adjustment. Egypt in the 1990s. AUC. Cairo.
Hanna, F. S., und Beckmann, H. (1975): Clay minerals of some soils of the Nile Valley in Egypt. In: Geoderma, Vol. 14, 2, S. 159–170. Amsterdam.
Hanna, M. (1989): Die sieben Säulen der ägyptischen Identität (in Arab.). Kairo.
Hanna, N. S. (1982): Ghagar of Sett Guiranha. A Study of a Gypsy Community in Egypt. Cairo Papers in Social Science, Vol. 5, Monograph 1. AUC. Cairo.
Hansen, B., und Marzoug, G. A. (1966): Development and Economic Policy in the UAR (Egypt). Amsterdam.
Hansen, G., Otto, I., und Preisberg, R.-D. (1977): Wirtschaft, Gesellschaft und Politik Ägyptens. Eine bibliographische Einführung. In: Deutsches Orient-Institut (Hrsg.): Dokumentationsdienst Moderner Orient, Reihe A, No. 8. Hamburg.
Harbison, F., und Ibrahim, A. I. (1958): Human resources for Egyptian enterprise. New York, Toronto, London.
Harik, I. (1979): Distribution of Land, Employment and Income in Rural Egypt. – Cornell University Rural Development Committee (Center for International Studies), Special Series on Landlessness and Near-Landlessness No. 5. Ithaka.
Hartung, F. (1957): Das Wasser im alten und neuen Ägypten. In: Naturwiss. Rundschau, Jg. 10, S. 342–348. Stuttgart.
Hartung, F. (1979): 75 Jahre Nilstau bei Assuan. Entwicklung und Fehlentwicklung. Bericht Nr. 40 der Versuchsanstalt für Wasserbau. München.
Hartung, F. (1991): Der Hochstaudamm von Assuan. In: Praxis Geographie 7/8, S. 80–81.
Hashad, H. (1964): Das Problem des Bevölkerungswachstums Ägyptens. Diss. Innsbruck.
Haude, W. (1959 a): Die Verteilung der potentiellen Verdunstung in Ägypten. In: Erdkunde, Bd. 13, 3, S. 214–224. Bonn.
Haude, W. (1959 b): Verdunstung und Wasserbilanz im Flußgebiet des Nils. In: Geografiska Annaler, Jg. 41, 1, S. 49–66. Stockholm.
Haude, W. (1961): Die naturgegebene Wasserspende an Ägypten und den Nil. In: Die Erde, Jg. 92, S. 18–42. Berlin.
Hecht, G., und Kniesel, J. (1968): Die Oase Siwa (VAR) – Bemerkungen zur Geographie. In: Geograph. Berichte, Bd. 47, S. 93–104. Leipzig.
Hefny, W. (1963): Zur Bestimmung der Verdunstung und des Wasserhaushaltes in Trokkengebieten des Vorderen Orients zwischen Nil und Euphrat. In: Die Wasserwirtschaft, Jg. 53, 12, S. 427–438. Stuttgart.
Heinl, M., und Thorweihe, U. (1993): Groundwater Resources and Management in SW Egypt. In: Catena Supplement 26, S. 99–121.
Helck, W. (1974): Die altägyptischen Gaue. In: Beihefte zum Tübinger Atlas des Vorderen Orients, Reihe B, Geisteswissenschaften, Nr. 5. Wiesbaden.
Helck, W. (1977): Das vorislamische Ägypten. In: Schamp, H.: Ägypten, S. 100–121. Tübingen. Basel.
Herzog, R. (1957): Die Nubier. Untersuchungen und Beobachtungen zur Gruppengliederung, Gesellschaftsform und Wirtschaftsweise. In: Völkerkundliche Forschungen, Bd. 2. Berlin.
Hesse, E., und Horn, R. (1974): 100 Jahre Deutsche Schule in Kairo. In: Kochwasser,

Fr. H.; Roemer, H. R. (Hrsg.): Araber und Deutsche. Begegnungen in einem Jahrtausend, S. 436–456. Tübingen.

Hetzel, W. (1959): Die Gewinnung landwirtschaftlicher Nutzflächen in Ägypten. In: Erdkunde, Bd. 13, 4, S. 436–455. Bonn.

Hobbs, J. (1990): Bedouin Life in the Egyptian Wilderness. Cairo.

Hochholzer, H. (1967): Kairo. Geschichtliches Raumgefüge und Gegenwartsdynamik einer Weltstadt. In: Forschungen und Fortschritte, Jg. 41, 5, S. 137–140. Berlin.

Hochholzer, H. (1968): Grundzüge der Demographie und Sozialanthropologie der ägyptischen Bevölkerungen. In: Afrika heute, Jg. 1968, 22, S. 334–338. Bonn.

Höber-Kamel, G. (1995): Ägypten heute: Der nationale Tag der ägyptischen Frau. In: Kemet. Zeitschrift für Ägyptenfreunde. Jg. 4, H. 3, S. 57. Berlin.

Holmèn, H. (1991): Building Organizations for Rural Development. State and Cooperatives in Egypt. Lund.

Holzer, J. (1961): Die Elektrifizierung in Entwicklungsländern unter besonderer Berücksichtigung der Vereinigten Arabischen Republik/Ägyptische Region. Staatswiss. Diss. Erlangen.

Hopkins, N. S. (ed.) (1991): Informal Sector in Egypt. Cairo Papers in Social Science, Vol. 14, Monograph 4. AUC. Cairo.

Hopkins, N. S., und Ibrahim, S. E. (ed.) (1985): Arab Society. Social Science Perspectives. AUC. Cairo.

Hopwood, D. (1989): Egypt – Politics and Society 1945–1984. 2nd ed. London.

Hornung, E. (1965): Grundzüge der ägyptischen Geschichte. In: Grundzüge, Bd. 3. Darmstadt.

Hourani, A. (1962): Arabic Thought in the Liberal Age, 1898–1939. London.

Hurst, H. E. (1957): The Nile, a general account of the river and the utilization of its water. Revised ed. London.

Ibrahim, B. (1989): Urbanisierung und wirtschaftliche Probleme Ägyptens. geographie heute 72, S. 46–51.

Ibrahim, B., und Ibrahim, F. N. (1995): Islam – Weltreligion und politische Waffe. geographie heute 127, S. 40–45.

Ibrahim, B., und Ibrahim, Isis (1992): Die arabische Frau zwischen orientalisch-islamischer Tradition und Moderne. geograhie heute 103, S. 23–30.

Ibrahim, F. N. (1980): Der Hochstaudamm von Assuan – Ziele und Folgen. Diareihen Geographie mit Erläuterungstext. Klett-Verlag. Stuttgart.

Ibrahim, F. N. (1982 a): Ecological and Economic Problems of the Qattara-Depression Project Egypt. In: Geojournal 6.1, S. 88–89. Wiesbaden.

Ibrahim, F. N. (1982 b): Kairo. Städtische Siedlungsräume im Vergleich. In: Diercke Weltraumbildatlas, Textband, S. 270. Braunschweig.

Ibrahim, F. N. (1982 c): Lehrerbegleitheft zur Transparentmappe: Nil und Assuan-Hochstaudamm. Hagemann-Verlag, Düsseldorf.

Ibrahim, F. N. (1982 d): Nil und Assuan-Hochstaudamm, Eingriff in ein Flußsystem. Transparentmappe. Hagemann-Verlag, Düsseldorf.

Ibrahim, F. N. (1982 e): Nile Valley (El Minia Province). In: Mensching, H. (Hrsg.): Problems of the Management of Irrigated Land, S. 165–167. I.G.U., Hamburg.

Ibrahim, F. N. (1982 f): Sachinformationen zur Transparentmappe Nil und Assuan-Hochstaudamm. Hagemann-Verlag, Düsseldorf.

Ibrahim, F. N. (1982g): Social and Economic Geographical Analysis of the Egyptian Copts. In: Geojournal 6.1, S. 63–69.

Ibrahim, F. N. (1982h): The Aswan High Dam: Serious Human Interference with the Ecosystem. In: Development and Cooperation, No. 6, S. 12–15. Bonn.

Ibrahim, F. N. (1982i): The Ecological Problems of Irrigated Cultivation in Egypt. In: Mensching, H. (Hrsg.): Problems of the Management of Irrigated Land, S. 61–70. I.G.U. Hamburg.

Ibrahim, F. N. (1983a): Der Assuan-Staudamm – Vom Scheitern eines Großprojekts. In: Bild der Wissenschaft 4, S. 76–83. Stuttgart.

Ibrahim, F. N. (1983b): Die Kopten und ihre gegenwärtige Situation. In: Labib, S., et al., Die Kopten, S. 113–121. Hamburg.

Ibrahim, F. N. (1984a): The Environmental Problems of the Aswan High Dam. Proceedings of Shiga Conference 1984 on Conservation and Management of World Lake Environment, S. 119–121. Shiga, Japan.

Ibrahim, F. N. (1984b): Der Hochstaudamm von Assuan – eine ökologische Katastrophe? In: Geographische Rundschau 36, H. 5, S. 236–242. Braunschweig.

Ibrahim, F. N. (1984c): Der Wasserhaushalt des Nils nach dem Bau des Hochstaudamms von Assuan. In: Die Erde 115, S. 145–161.

Ibrahim, F. N. (1985a): 2 Karten: Flußoase Nil. Gezira-Bewässerungsgebiet. In: Westermann Atlas Heimat und Welt, S. 76. Braunschweig.

Ibrahim, F. N. (1985b): Erfolge und Fehleinschätzungen bei den Landgewinnungsmaßnahmen auf der Sinaihalbinsel und an der östlichen Mittelmeerküste Ägyptens. In: Erlanger Geographische Arbeiten, Sonderband 17, S. 163–177.

Ibrahim, F. N. (1986a): Der Assuan-Staudamm und seine Folgen. In: Kreditanstalt für Wiederaufbau (Hrsg.): Analysen, Meinungen, Perspektiven, S. 55–59. Frankfurt a. M.

Ibrahim, F. N. (1986b): Nubien – Ende einer Kultur im Stausee. Die Auswirkungen des Hochstaudammes von Assuan in ökologischer und ethnischer Sicht. In: Stüben, P. E. (Hrsg.): Ökozid 2: Nach uns die Sintflut, S. 99–118. Gießen.

Ibrahim, F. N. (1986c): Ressourcenknappheit und Bevölkerungsexplosion in Ägypten. In: Jäger, H. (Hrsg.): Beiträge zur Didaktik der Geographie, Bd. 9, S. 249–269. Frankfurt a. M.

Ibrahim, F. N. (1987): Recent Impact of Irrigated Cultivation on the Nile Delta. In: Béthemont, J.; Villain-Gandoss, Ch. (eds.), Les Deltas Mediterranéens, S. 347–363. Wien.

Ibrahim, F. N. (1989): Die wachsende Islamisierung in Ägypten und die Situation der Kopten. In: St. Markus, Okt.–Dez., S. 8–15. Kopt. Orth. Zentrum, Waldsolms/Kröffelbach/Ts.

Ibrahim, F. N. (1990a): 35 Jahre Kontroverse: Sadd el-Ali – der Hochstaudamm von Assuan. In: Praxis Geographie 9/90, S. 48–50 (Teil I) und 10/90, S. 54–56 (Teil II).

Ibrahim, F. N. (1990b): Das wunderbare Wirken des koptischen Papstes Kyrillos VI. Flacius-Verlag, Fürth.

Ibrahim, F. N. (1992a): Die arabische Welt in einer Identitätskrise. geographie heute 103, S. 4–10.

Ibrahim, F. N. (1992b): Hunger am Nil – Die Überlebensstrategien der Fellachen von Beni Khalil. In: Geographische Rundschau 44, 2, S. 94–97.

Ibrahim, F. N. (1992–1993): Vulnerable Groups Among the Fellahin – A Case Study of a Village in Middle Egypt. In: Bulletin of the International Committee of Urgent Anthropological and Ethnological Research of the IUAES. Nos. 34–35, S. 117–132. Wien.

Ibrahim, F. N. (1993 a): The Ecological Impact of Groundwater Use in the Arid Regions. OSS, BMZ, Bonn.

Ibrahim, F. N. (1993 b): Ägypten. Naturräumliche Voraussetzungen – Bevölkerungs- und Sozialstruktur – Wirtschaft. In: Staatslexikon, 7. Auflage, Bd. 7, S. 513–519. Herder-Verlag. Freiburg. Basel. Wien.

Ibrahim, F. N., Kishk, M. A., und El-Zanaty, M. S. (1993 a): Rural and Urban Poverty – Comparative Case Studies in Egypt. In: Bohle, H.-G., Downing, T. E., Field, J. O., und Ibrahim, F. N. (eds.): Coping with Vulnerability and Criticality. Freiburg Studies in Development Geography, S. 97–112. Breitenbach-Verlag, Saarbrücken.

Ibrahim, F. N., Labib, S., Khella, K., und Farag, Y. (1980): Die Kopten, Bd. 1, Hamburg.

Ibrahim, F. N., Labib, S., Khella, K., und Farag, Y. (1981): Die Kopten, Bd. 2, Hamburg.

Ibrahim, F. N., Labib, S., Khella, K., und Farag, Y. (1983): Die Kopten, Bd. 3, Hamburg.

Ibrahim, F. N., Marcos, N. K., und Al Sanady, M. (1993 b): The Poor and the Extremely Poor – A Case Study of the Egyptian Fellahin. Freiburg Studies in Development Geography, S. 71–86. Breitenbach-Verlag, Saarbrücken.

Ibrahim, F. N., und Mensching, H. (1976): Desertification im zentraltunesischen Steppengebiet. Nachrichten der Akademie der Wissenschaften, II. Math.-Phys. Klasse 8, S. 99–118. Göttingen.

Ibrahim, S. E., Keyder, C., und Öncü, A. (eds.) (1994): Developmentalism and Beyond. Society and Politics in Egypt and Turkey. AUC. Cairo.

International Migration Project (1978): Country Case Study: Arab Republic of Egypt. (Co-Directors and Principal Researchers: Birks, J. S,; Sinclair, C. A.). Durham.

Ismail, M. M. (1988): Das ökonomische Problem Ägyptens (in Arab.). Alexandria.

Issa, H. M. (1970): Capitalisme et sociétés anonymes en Egypte. Paris.

Jany, E., und Kanter, H. (1972): Einige Bemerkungen über Krankheiten (in der Sahara). In: Schiffers, H. (Hrsg.): Die Sahara und ihre Randgebiete, Bd. II (Humangeographie), S. 457–462. München.

Jobbins, J. (1993): The Red Sea Coasts of Egypt. Sinai and the Mainland. AUC. Cairo.

Jobbins, J., und Megalli, M. (1993): The Egyptian Mediterranean. AUC. Cairo.

Jomard, E. F. (1821–1829): Le Caire. La Description de l'Egypte. Vol. 18, S. 113–535. Paris (in Arab., übersetzt von A. F. Sayid). Kairo 1988.

Kamel, A. (Hrsg.): Kemet – das Schwarze Land: Ägypten. Zeitschrift für Ägyptenfreunde (Vierteljahreszeitschrift). Berlin.

Kamel, I. A. (1970): The impact of Nasser's regime on labour relations in Egypt. Diss. Univers. of Michigan. Michigan.

Kassas, M. (1971): Pflanzenleben in der Östlichen Sahara. In: Schiffers, H. (Hrsg.): Die Sahara und ihre Randgebiete, S. 477–497. München.

Kassas, M., und Zahran, M. A. (1965): Studies on the ecology of the Red Sea coastal land, II. The district from El-Galala El-Qibilya to Hurghada. In: Bull. de la Soc. de Géogr. d'Egypte, Tome 38, S. 155–194. Le Caire.

Kassas, M. (1980): Environmental Aspects of Water Resources Development. In:

Biswas, A. K., et al.: Water Management for Arid Lands in Developing Countries, S. 67–77. Oxford.

Kassem, N. (1987): Die Entwicklung der ägyptischen Industrie von der Zeit von Mohammed Ali bis zu der Zeit von Abdel-Nasser (in Arab.). Kairo.

Kelley, A. C., Khalifa, A. M., und Khorazaty, M. N. (1982): Population and Development in Rural Egypt. Duke Press Policy Series, Studies in Social and Economic Development No. 5. Durham.

Kerr, M. H., und Yassin, El S. (ed.) (1982): Rich and Poor States in the Middle East. Egypt and the New Arab Order. AUC. Cairo, Boulder/Colorado.

Khafagi, F. (1984): Women and Labour Migration: One Village in Egypt. MERIP Reports No. 124, S. 17–21.

Khalifa, A. M. (1973): The Population of the Arab Republic of Egypt. Inst. of Statistical Studies and Research, Cairo Univ. Cairo.

Kirsch, O., und Wörz, J. (1984): Genossenschaftliche Produktionsförderung in Ägypten. Forschungsstelle für internationale Agrarentwicklung. Heidelberg.

Kishar, H. A. (1975): Die Auswirkungen des Assuan-Hochstaudammes auf die ägyptische Landwirtschaft. Wirtschaftswiss. Diss. Innsbruck.

Kishk, M. A. (1985): Desert Encroachment in Egypt's Nile Valley. In: El-Suwaify, S. A., et al. (ed.): Soil Erosion and Conservation. Soil Erosion Society of America, S. 15–23.

Kishk, M. A. (1986): Land Degradation in the Nile Valley. In: Ambio, 15.4, S. 226–230.

Kishk, M. A. (1993): Combating Desertification, is it always possible? The Case of Small Egyptian Farmers. In: GeoJournal 31.1, S. 77–84.

Knaupe, H., und Wurzel, U. G. (1995): Aufbruch in der Wüste. Die Neuen Städte Ägyptens. Leipziger Beiträge zur Orientforschung Bd. 5. Frankfurt a. M., Berlin, Bern, New York, Paris, Wien.

Knetsch, G. (1957): Eine Struktur-Skizze Ägyptens und einiger seiner Nachbargebiete. In: Geologisches Jahrbuch, Bd. 74, S. 75–86. Hannover.

Knetsch, G., und Yallouze, M. (1955): Remarks on the origin of the Egyptian oasis-depression. In: Bull. de la Soc. de Géogr. d'Egypte, Tome 28, S. 21–33. Le Caire.

Knetsch, G., Shata, A., Degens, E., Münnich, K. O., Vogel, J. C., und Shazly, M. M. (1962): Untersuchungen an Grundwässern der Ost-Sahara. In: Geologische Rundschau, Bd. 52, S. 587–610.

Knörnschild, L. (1993): Zur Geschichte der Nilwassernutzung in der ägyptischen Landwirtschaft von den Anfängen bis zur Gegenwart. Leipziger Beiträge zur Orientforschung Bd. 1. Frankfurt a. M., Berlin, Bern, New York, Paris, Wien.

Köhler, W. (1975): Die Wiedereröffnung des Suez-Kanals. Politische, wirtschaftliche und strategische Aspekte. Institut für Allgemeine Überseeforschung. Hamburg.

Kolbe; H. (1957): Zur Geologie der Eisenerzvorkommen Ägyptens. In: Geologisches Jahrbuch, Bd. 74, S. 611–628.

Konzelmann, G. (1975): Suez: der Kanal im Streit der Strategen, Diplomaten, Ingenieure. München.

Kovda, V. A. (1958): Salinity problems of irrigated soils in Egypt. In: Studies on the Soils of Egypt. Publications de l'Inst. du Desert d'Egypte, No. 11, S. 3–60.

Kramer, Th. W. (1977): Neuere Geschichte Ägyptens. In: Schamp, H. (Hrsg.): Ägypten, S. 170–222. Tübingen.

Krause, R. F. (1985): Untersuchungen zur Bazarstruktur von Kairo. Marburger Geogr. Schriften 99.

Kreditanstalt für Wiederaufbau (KfW) (1986): Der Assuan-Staudamm und seine Folgen. In: Analysen, Meinungen, Perspektiven. Frankfurt a. M.

Kühnel, E. (1963): Islamische Kleinkunst. In: Bibliothek für Kunst- und Antiquitätenfreunde XXV. Braunschweig.

Labib, S. Y. (1965): Handelsgeschichte Ägyptens im Spätmittelalter (1171–1517). In: Beihefte der Vierteljahrschrift für Sozial- und Wirtschaftsgeschichte, Nr. 46. Wiesbaden.

Lake Nasser Development Centre (1974): Fisheries of Lake Nasser. Aswan.

Lane, E. W. (1908): Manners and Customs of the Modern Egyptians. Written in Egypt During the Years 1833–1835. 3rd ed. 1989, London.

Lapidus, I. M. (1967): Muslim cities in the later Middle Ages. Cambridge, Mass.

Lapidus, I. M. (1972): The conversion of Egypt to Islam. In: Israel Oriental Studies, Bd. 2, S. 248–262. Jerusalem.

Lebon, J. H. G. (1970): The islamic city in the Near East. A comparative study of Cairo, Alexandria and Istanbul. In: Town Planning Review, Vol. 41, 2, S. 179–194. Liverpool.

Lichtenstadter, I. (1948): The new woman in modern Egypt: observations and impressions. In: Muslim World, Vol. 38, S. 36–71. Hartford.

Lippman, Th. W. (1989): Egypt after Nasser. Sadat, Peace and the Mirage of Prosperity. New York.

Lloyd, J. W. (1992): Deep Aquifers and the Impact of their Exploitation. In: Jordan's Water Resources and their Future Potential, Friedrich Ebert Stiftung, S. 49–66. Amman.

Lobban, R. A. (ed.) (1983): Urban Research Strategies for Egypt. Cairo Papers in Social Science, Vol. 6, Monograph 2. AUC. Cairo.

Loersch, H. v. (1966): Ernährung und Bevölkerung in der Entwicklung der ägyptischen Wirtschaft. Eine Untersuchung gegenwärtiger Bedingungen des wirtschaftlichen Wachstums Ägyptens. Staatswiss. Diss. München.

Luger, P., Hendriks, F., Kallenbach, H., Klitzsch, E., und Wycisk, P. (1990): Im Geländewagen durch 600 Millionen Jahre Erdgeschichte. In: Die Geowissenschaften, Nr. 5, 8. Jg., S. 121–129.

Lynch, P. D., und Fahmy, Hoda (1984): Craftswomen in Kerdassa, Egypt. Household production and reproduction. Geneva.

Macleod, A. E. (1991): Accommodating Protest: Working Women, the New Veiling, and Change in Cairo. AUC. Cairo.

Mabro, R. (1974): The Egyptian economy 1952–1972. Oxford.

Mabro, R., und Radwan, S. (1976): The industrialization of Egypt 1939–1973. Policy and performance. Oxford.

Marei, S. (1960): U.A.R. Agriculture enters a new age. An interpretative survey. Ministry of Agriculture and Agrarian Reform. Cairo.

Marei, S. (1970): Die ägyptische Landwirtschaft (in Arab.). Ministerium für Landwirtschaft und Agrarreform. Kairo.

Marthelot, P. (1969): Dimensions nouvelles d'une métropole: Le Caire. In: Revue Géographique de l'Est, Tome 9, 3–4, S. 379–390. Nancy.

Marthelot, P. (1969): Le Caire, nouvelle métropole. In: Annales d'Islamologie, Tome 8, S. 189–221. Paris.

Marthelot, P. (1970): Le Caire, nouvelle métropole. In: Acta Geographica, 3. Serie, 1. Paris.

Marthelot, P. (1974): Recherche d'identité et mutation urbaine: L'example du Caire. In: Revue de l'Occident Musulman et de la Méditerranée, Tome 18, 2, S. 111–118. Aix-en-Provence.

Martonne, E. de (1948): Reconnaissance géographique au Sinai. In: Bull. de la Soc. Royale de Géogr. d'Egypte, Tome 22, 3/4, S. 105–136. Le Caire.

Mayfield, J. B. (1971): Rural politics in Nasser's Egypt. A quest for legitimacy. Foreword by George Lenczowski. Austin, London.

Mehanna, S., Huntington, R., und Antonious, R. (1984): Irrigation and Society in Rural Egypt. Cairo Papers in Social Science, Vol. 7, Monograph 4. AUC. Cairo.

Meinardus, O. (1961): The monastery of St. Paul in the Eastern Desert. In: Bull. de la Soc. de Géogr. d'Egypte, Tome 34, S. 81–110. Le Caire.

Meinardus, O. (1962): The Coptic Monuments in the Nile Valley between Sôhag and Aswân. In: Bull. de la Soc. de Géogr. d'Egypte, Tome 35, S. 177–216. Le Caire.

Meinardus, O. F. A. (1969): The Coptic Church in Egypt. In: Arberry, A. J. (ed.): Religion in the Middle East, Vol. I. Cambridge.

Meinardus, O. F. A. (1970): Christian Egypt: Faith and Life. Cairo.

Meinardus, O. F. A. (1977): Christian Egypt: Ancient and Modern. AUP. Cairo.

Messiha, S. A. (1983): Export of Egyptian School Teachers. 2nd ed. Cairo Papers in Social Science, Vol. 3, Monograph 4. AUC. Cairo.

Meyer, G. (1978): Erschließung und Entwicklung der ägyptischen Neulandgebiete. In: Erdkunde 32 (3), S. 212–227.

Meyer, G. (1979): Auswirkungen des Projektes „Neues Tal" auf die Entwicklung der ägyptischen Oasen. In: Geographische Zeitschrift 67, S. 240–262.

Meyer, G. (1980): Die Zuwanderung aus den ägyptischen Oasen nach Kairo. In: Der Islam 57, S. 36–50.

Meyer, G. (1984): Ländliche Lebens- und Wirtschaftsformen Syriens im Wandel. Sozialgeographische Studien zur Entwicklung im bäuerlichen und nomadischen Lebensraum. Erlanger Geogr. Arbeiten, Sonderband 16. Erlangen.

Meyer, G. (1987a): Abfall-Recycling als wirtschaftliche Existenzmöglichkeit im informellen Sektor – das Beispiel der Müllsammler in Kairo. In: Die Erde, Bd. 118, S. 65–76.

Meyer, G. (1987b): Manufacturing in Old Quarters of Central Cairo. In: Material on City Centers in the Arab World, S. 75–90. Tours.

Meyer, G. (1988a): Sozioökonomische Strukturen und Verflechtungen der Kleinindustrie in Kairo. In: Würzburger Geographische Arbeiten, Nr. 70, S. 213–225. Würzburg.

Meyer, G. (1988b): Wirtschaftsgeographische Probleme der Industrieansiedlung in den neuen Entwicklungsstädten der ägyptischen Metropole. In: Die Erde, Bd. 42, S. 284–294.

Meyer, G. (1989): Kairo. Entwicklungsprobleme einer Metropole der Dritten Welt. Problemräume der Welt, Bd. 11. Köln.

Migahid, A. M. (1966): Ecology of Egyptian Desert Plants. In: Das Wasser in den ariden Gebieten der alten Welt. In: Nova Acta Leopoldina. N.F. Bd. 31, No. 176, S. 179–187. Leipzig.

Mikhael, M. H. (1986): The Urban Settlements in Beni Suef Governorate. Unveröffentlichte Diss. Cairo University (in Arab.). Kairo.

Ministry of Agriculture and Land Reclamation (1989): Agricultural Economics (in Arab.). Kairo.

Ministry of Agriculture and Land Reclamation (1991): Agrarökonomie (in Arab.). Kairo.

Ministry of Agriculture and Land Reclamation (1992): Entwicklungsstrategie für die Landwirtschaft Ägyptens in den 90er Jahren (in Arab.). Kairo.

Mitchel, R. P. (1969): The Society of the Muslim Brothers. New York.

Mohamed, E. A.-A. (1989): Entwurf einer Entwicklungsstrategie für das Niltal Ägyptens, dargestellt am Beispiel der Provinz Assiut. Diss. TU. Berlin.

Mohie el-Din, A. (1982): Income Distribution and Basic Needs in Urban Egypt. Cairo Papers in Social Science. Vol. 4, Monograph 3. AUC. Cairo.

Morsy, H. R. (1963): Die ägyptische Presse. Struktur und Entwicklung der ägyptischen Presse der Gegenwart. Hannover.

Müller, C. D. G. (1969): Grundzüge des christlich-islamischen Ägypten von der Ptolemäerzeit bis zur Gegenwart. In: Grundzüge, Bd. 11. Darmstadt.

Müller, H.-W. (1970): Ägyptische Kunst. Frankfurt a. M.

Müller-Mahn, H.-D. (1989): Die Aulad 'Ali zwischen Stamm und Staat. Entwicklung und sozialer Wandel bei den Beduinen im nordwestlichen Ägypten. Abhandlungen – Anthropogeographie – Institut für Geographische Wissenschaften, Bd. 46. FU. Berlin.

Müller-Mahn, H.-D. (1991): Entwicklungsprojekte mit Nomaden in Nordafrika. In: Scholz, F. (Hrsg.): Nomaden – Mobile Tierhaltung, S. 371–398. Berlin.

Muralt, J. von (1964): Entwicklung und Struktur des Genossenschaftswesens in Ägypten unter besonderer Berücksichtigung der landwirtschaftlichen Genossenschaften. In: Veröffentlichungen des Instituts für Genossenschaftswesen an der Universität Marburg, Bd. 30. Diss. Marburg. Düsseldorf.

Muselhi, F. M. (1988): Die Entwicklung der ägyptischen Hauptstadt und Groß-Kairos (in Arab.). Kairo.

Nada, A. H. (1991): Impact of Temporary International Migration on Rural Egypt. Cairo Papers in Social Science. Vol. 14, Monograph 3. AUC. Cairo.

Nagi, M. H. (1971): Labor force and employment in Egypt: a demographic and socioeconomic analysis. In: Praeger Special Studies in International Economics and Development. New York, Washington, London.

National Council for Production and Economic Affairs (1976): The High Dam and its Effects (in Engl. und Arab.). Cairo.

Nielsen, E. (1973): Coastal erosion in the Nile delta. In: UNESCO: Nature and Resources, Vol. 9, 1, S. 14–18. Paris.

Niemeyer, W. (1936): Ägypten zur Zeit der Mamluken. Eine kultur-landeskundliche Skizze. Berlin.

Niemz, G. (1986): 25 Jahre Projekt „Neues Tal", Erfolge und Mißerfolge bei dem wichtigsten Erschließungsprojekt in der ägyptischen Wüste. In: Jäger, H. (ed.): Afrika im Spiegel neuer Forschung, S. 223–248. Frankfurt a. M.

Niethammer, G. (1971): Die Fauna der Sahara. In: Schiffers, H. (Hrsg.), Afrika-Studien Nr. 60: Die Sahara und ihre Randgebiete, Bd. I, S. 499–587. München.

Oldham, L., El Hadidi, H., und Tamaa, H. (1987): Informal Communities in Cairo: The Basis of a Typology. Cairo Papers in Social Science, Vol. 10, Monograph 4. AUC. Cairo.

Omran, A. R. (ed.) (1973): Egypt: Population Problems and Prospects. Univ. of North Carolina, Carolina Population Center. Chapel Hill.

Otto, E. (1966): Ägypten. Der Weg des Pharaonenreiches. In: Urban-Bücher, Nr. 4. Stuttgart.

Oweiss, I. M. (ed.) (1990): The Political Economy of Contemporary Egypt. Center for Contemporary Arab Studies, Georgetown University. Washington, D.C.

Parker, J., und Coyle, J. (1981): Urbanisation and Agricultural Policy in Egypt. Washington.

Passarge, S. (1940): Die Urlandschaft Ägyptens und die Lokalisierung der Wiege der altägyptischen Kultur. In: Dt. Akademie der Naturforscher (Hrsg.): Nova Acta Leopoldina. N. F., Bd. 9, Nr. 58. Halle/Saale.

Pfannenstiel, M. (1953): Das Quartär der Levante. Teil II. Die Entstehung der ägyptischen Oasendepression. Akademie d. Wiss. u. d. Lit. Abhandl. d. math.-naturw. Kl., Nr. 7. Wiesbaden.

Platt, K. B. (1970): Land Reform in the United Arab Republic. In: Agency for International Development. Spring Review of Land Reform, Vol. 8, S. 1–68.

Poncet, E. (1970): Notes sur l'évolution récente de l'agglomération du Caire. In: Annales de Géographie, Jg. 79, No. 431, 1, S. 78–111. Paris.

Posselt, A. (1954): Aufstand oder Reformation in Ägypten? Tatbestände und Strömungen, welche die jüngsten Ereignisse erklären. In: Österreichisches Forschungsinstitut für Wirtschaft und Politik. Berichte und Informationen, Jg. 9, Heft 403, S. 231–234. Wien.

Prehn, M. (1990): Die Relativierung des Fortschritts – dargestellt am Fallbeispiel der Oase Fayum, Ägypten. In: Mitteilungen der Geographischen Gesellschaft in München 75, S. 61–95.

Pudney, J. (1955): Alles inbegriffen. Die Geschichte des Hauses Cook. Stuttgart.

Radwan, S. (1977): Agrarian Reform and Rural Poverty: Egypt 1952–1975. International Labor Office. Geneva.

Radwan, S., und Lee, E. (1986): Agrarian Change in Egypt – An Anatomy of Rural Poverty. London.

Rady, H. M. (1968): Rentabilität von Bewässerungsvorhaben. Landw. Diss. Stuttgart-Hohenheim.

Ravaisse, P. (1886/90): Essai sur l'histoire et sur la topographie du Caire d'après Maqrizi. In: Mémoires de la Mission Archéol. Française au Caire, Tome I, 1886, S. 409–481 et Tome III, 4/1890, S. 33–115.

Raymond, A. (1973 und 1974): Artisans et commerçants au Caire au XVIII siècle. 2 Bde. Institut Français de Damas. Damaskus.

Raymond, A. (1975): La population du Caire de Maqrizi à la Description de l'Égypte. BEO No. 28.

Reh, H. (1965): Geologie, Lagerstätten und Bergwirtschaft der Vereinigten Arabischen Republik. In: Zeitschrift für angewandte Geologie, Bd. 11, S. 608–613.

Rejwan, N. (1974): Nasserist Ideology. Its Exponents and Critics. New York, Toronto, Jerusalem.

Richards, A. (1982): Egypt's Agricultural Development, 1800–1980: Technical and Social change. Boulder, Col.

Richards, A., und Martin, Ph. L. (eds.) (1983): Migration, Mechanization and Agricultural Labor Markets in Egypt. Boulder/Col. Cairo.

Richards, A., und Martin, Ph. (1985): Rural Wages and Agricultural Policy – The Case of Egypt. In: Third World Planning Review 7, S. 45–59.

Richards, A., und Waterbury, J. (1991): A political economy of the middle east: state, class, and economic development. AUC. Cairo.

Richardson, D., und O'Brien, K. (1993): Egypt. London.

Richter, H. (1957): Einige Fragen der Landgewinnung in Ägypten. In: Geographische Berichte, Bd. 2, 3, Nr. 6, S. 191–206. Leipzig.

Rida, I. T. (1961): Untersuchungen über den Stadtkern von Kairo. Diss. ETH. Zürich.

Ritter, W. (1965): Das Neue Tal Ägyptens. In: Bustan, Jg. 6, 2, S. 3–10. Wien.

Ritter, W. (1966): Die Fremdenverkehrsgeographie Ägyptens. In: Zeitschrift für Wirtschaftsgeographie, Jg. 10, 2, S. 44–52. Hagen.

Ritter, W. (1974): Recreation and tourism in the Islamic Countries. In: Recreatievoorzieningen, Heft 6, S. 241–245. Breda.

Ritter, W. (1977): Der Fremdenverkehr. In: Schamp, H.: Ägypten. Tübingen, Basel, S. 646–653.

Rivlin, H. A. B. (1961): The agricultural policy of Muhammad Ali in Egypt. In: Harvard Middle Eastern Studies, No. 4. Cambridge, Mass.

Riyad, H., et al. (1987): Alexandria. Alexandria.

Rubin, G. (1990): Islamic Fundamentalism in Egypt's Politics. London.

Rugh, A. (1984): Family in Contemporary Egypt. Syracuse.

Russel, D. (1962): Medieval Cairo and the Monasteries of the Wadi Natrun – a historical guide. London.

Rzôska, J. (ed.) (1976): The Nile, biology of an ancient river. In: Junk, W. (publ.): Monographiae biologicae, Vol. 29. The Hague.

Saab, G. S. (1967): The Egyptian Agrarian Reform 1952–1962. In: Middle Eastern Monographs, No. 8. London, New York, Toronto.

Saad, R. (1988): Social History of an Agrarian Reform Community in Egypt. Cairo Papers in Social Science, Vol. 11, Monograph 4. AUC. Cairo.

Sadowski, Y. M. (1991): Political Vegetables? Businessman and Bureaucrat in the Development of Egyptian Agriculture. Washington, D.C.

Safran, N. (1961): Egypt in Search of Political Community. Analysis of the Political Evolution of Egypt, 1804–1952. Cambridge, Mass.

Said, G. (1959): Some Problems of Industrialization in Egypt. In: L'Egypte Contemporaine, Tome 50, S. 29–104. Le Caire.

Said, R. (1981): The Geological Evolution of the River Nile. New York.

Said, R. (1993): The River Nile. Oxford, New York, Seoul, Tokyo.

Said, R. (ed.) (1990): The Geology of Egypt. Rotterdam and Brookfield.

Saleh, S. A. W. (1983): The Brain Drain in Egypt. 2nd ed. Cairo Papers in Social Science, Vol. 2, Monograph 5. AUC. Cairo.

Salem-Murdock, M. (1984): Nubian Farmers and Arab Herders in Irrigated Agricul-

ture in the Sudan: From Domestic to Commodity Production. In: University Microfilms International Ann Arbor, 3592. Michigan, USA.
Samaha, M. A. H. (1980): The Egyptian Master Water Plan. In: Biswas, A. K., et al. (eds.): Water Management for Arid Lands in Developing Countries. Water Development, Supply and Management, Vol. 13, S. 29–45. Oxford, Frankfurt a. M.
Saunders, L. W., und Mehanna, S. (1986): Village Entrepreneurs: An Egyptian Case. In: Ethnology 25 (1), S. 75–88.
Schamah, M. (1968): Die Stellung der Frau im sunnitischen Islam unter besonderer Berücksichtigung Ägyptens. Phil. Diss. FU. Berlin.
Schamp, H. (1951): Das Hochgebirge des südlichen Sinai und die Frage nach seiner diluvialen Vereisung. In: Die Erde, Jg. 83, 1951/52, S. 18–25. Berlin.
Schamp, H. (1951): Die Bergwirtschaft Ägyptens. In: Glückauf, Jg. 87, 33/34, S. 799–803. Essen.
Schamp, H. (1959): Der Nil und seine wasserwirtschaftlichen Probleme. In: Geograph. Rundschau, Jg. 11,12, S. 465–472. Braunschweig.
Schamp, H. (1965): Die Umsiedlung der Nubier in Oberägypten. Eine sozialgeographische Studie. In: Tagungsbericht und Wissenschaftl. Abhandlungen des 35. Deutschen Geographentages Bochum, S. 283–292. Wiesbaden.
Schamp, H. (1966): Der Hohe Damm von Assuan und das Gabgaba-Projekt. In: Geograph. Rundschau, Jg. 18, 12, S. 468–474. Braunschweig.
Schamp, H. (1967): Kharga. Von der Oasis magna zum Neuen Tal. In: Die Erde, Jg. 98, 3, S. 173–202. Berlin.
Schamp, H. (1972): Sozialismus und Bodenreform in Ägypten. In: Deutscher Geographentag Erlangen-Nürnberg 1971. Verhandlungen des Deutschen Geographentages, Bd. 38, S. 278–288. Wiesbaden.
Schamp, H. (1977a): Ägypten. Tübingen und Basel.
Schamp, H. (1977b): Das Land am Nil im wirtschaftlichen und sozialen Umbruch. 4., überarb. Auflage. Frankfurt a. M., Berlin, München.
Schamp, H. (1983): Sadd El-Ali, der Hochstaudamm von Assuan. In: Geowissenschaften in unserer Zeit, 1.2, S. 51–85. Weinheim.
Scheffler, R. (1990): Entwicklungsprobleme der Region Groß-Kairo. In: Geographische Berichte, Nr. 4, S. 252–265.
Schendel, U. (1967): Vegetationswasserverbrauch und -wasserbedarf. In: Institut für Wasserwirtschaft und Meliorationswesen. Kiel.
Schmidt, B. C. (1980): Wirtschaftswachstum und Diversifizierung der Produktionsstruktur von Entwicklungsländern. Das Beispiel Ägypten und Iran. IFO-Institut für Wirtschaftsforschung. München.
Schmidt, N. (1989): Sinai und Rotes Meer. Richtig reisen, 2. Aufl. Köln.
Schmitthenner, H. (1931): Die Stufenlandschaft am Nil und in der Libyschen Wüste. In: Geographische Zeitschrift, Jg. 37, S. 526–540. Leipzig/Berlin.
Scholz, F. (Hrsg.) (1991): Nomaden – Mobile Tierhaltung. Berlin.
Schoske, S., Kreissel, B., und Germer, R. (1992): „Anch“ Blumen für das Leben – Pflanzen im alten Ägypten. München.
Schulze, R. (1981): Die Rebellion der ägyptischen Fallahin 1919: Zum Konflikt zwischen der agrarisch-orientalischen Gesellschaft und dem kolonialen Staat in Ägypten 1820–1919. Berlin.

Schwarz, R. (1992): Ägypten. Anders reisen. Reinbek.

Sell, R. R. (1987): Gone for Good? Egyptian Migration Processes in the Arab World. Cairo Papers in Social Science, Vol. 10, Monograph 2. AUC. Cairo.

Serag, M. A. (1980): Erschließung der Nordwestküste Ägyptens für den internationalen Badetourismus. Diss. Stuttgart.

Setzer, H. W. (1957): A review of Libyan mammals. In: Journal of Egypt. In: Public health association, Vol. 32, 2, S. 41–82.

Shafia, H. (1968): Gegenwartsprobleme der Bilharziose in Ägypten. Möglichkeiten einer Sanierung. Med. Diss. Hamburg.

Shafshak, S. El-D. (1975): Fruchtfolgen und Fruchtfolgenprobleme in der VAR. Lösung des Problems der Besitzzersplitterung im ägyptischen Dorf durch die Zusammenfassung des Anbaus. In: Wissenschaftliche Zeitschriften der Universität Halle, Math.-Nat. R., Bd. 24, 1, S. 91–102. Halle.

Shalash, S. (1977): Hydrology of Lake Nasser in twelve wateryears 1964/76. In: Research Inst. of the Side Effects of the Sadd el Ali, Report No. 21. Cairo.

Shata, A. (1956): Structural development of the Sinai Peninsula – Egypt. In: Bull. de l'Inst. du Desert d'Egypte, Tome 6, S. 117–157. Heliopolis.

Shata, A. (1961): Remarks on the regional geologic structure of the ground water reservoirs at El Kharga and El Dakhla oases (Western desert, Egypt, U.A.R.). In: Bull. de la Soc. de Géogr. d'Egypte, Tome 34, S. 151–166. Le Caire.

Shata, A., und El-Fayoumi, I. F. (1967): Geomorphological and morpho-pedological aspects of the region west of the Nile Delta with special reference to Wadi El-Natrun area. In: Bull. de l'Inst. du Desert d'Egypte, Tome 17, 1. Le Caire.

Shata, A., Pavlov, M., und Saad, K. (1962): Preliminary report on the geology, hydrogeology and ground water hydrology of Wadi El-Natrun and adjacent area. In: General desert development organization. Cairo.

Sherbiny, N. A., Cole, D. P., und Girgis, N. M. (1992): Investors and Workers in the Western Desert of Egypt: An Exploratory Survey. Cairo Papers in Social Science, Vol. 15, Monograph 3. AUC. Cairo.

Shibl, Y. (1971): The Aswan High Dam. Beirut.

Shorter, F. (1989): Cairo's Leap Forward. People, Households, and Dwelling Space. Cairo Papers in Social Science, Vol. 12, Monograph 1. AUC. Cairo.

Siebeck, R. (1956): Trachomverbreitung in Afrika 1927–1952. In: Welt-Seuchen-Atlas, Teil II. Hamburg.

Simaika, Y. M. (1962): Alternative Uses of Limited Water Supplies in the Egyptian Region of the U.A.R. In: UNESCO Arid Zone Research Series, No. 18. Paris.

Simons, P. (1968): Die Entwicklung des Anbaus und die Verbreitung der Nutzpflanzen in der ägyptischen Nilstromoase von 1800 bis zur Gegenwart. In: Kölner Geographische Arbeiten, Heft 20. Wiesbaden.

Simons, P. (1973): Die Nilwüste. In: Schiffers, H. (Bearb.): Regionalgeographie (Die Landschaften), Bd. 3: Die Sahara und ihre Randgebiete. Darstellung eines Naturgroßraumes. München.

Simons, P. (1977): Die Landwirtschaft. In: Schamp, H. (Hrsg.): Ägypten, S. 569–598. Tübingen.

Smith, N. (1978): Mensch und Wasser: Bewässerung, Wasserversorgung von den Pharaonen bis Assuan. München.

Smith, S. C. (1986): General Impact of High Aswan Dam. In: ASCE, Journal of water resources planning and management, Vol. 112, No. 4.

Sokkar, G. (1984): Demokratie und Wohlstand in Ägypten – eine Utopie? Diss. Univ. Mannheim.

Soliman, K. H. (1972): The climate of the United Arab Republic. In: Griffiths, J. F. (ed.): Climates of Africa. World Survey of Climatology, Vol. 10, S. 79–92. Amsterdam, London, New York.

Springborg, R. (1982): Patrimonialism and Policy Making in Egypt: Nasser and Sadat and the Tenure Policy for Reclaimed Lands. In: Middle Eastern Studies 15, S. 49–69.

Springborg, R. (1982): Family, Power and Politics in Egypt. Philadelphia.

Springborg, R. (1989): The Political Economy of Mubarak's Egypt. Boulder.

Springborg, R. (1990): Agrarian Bourgeoisie, Semiproletarians, and the Egyptian State. Lessons for Liberalization. In: International Journal of Middle East Studies 22 (4), S. 447–472.

Staatliche Zentralverwaltung für Statistik (1959): Statistisches Jahrbuch der DDR 1958. Berlin.

Staatliche Zentralverwaltung für Statistik (1964): Statistisches Jahrbuch der DDR 1964. Berlin.

Standl, H. (1988/1989): Wirtschafts- und sozialgeographische Untersuchungen zur Entwicklung und Struktur der touristischen Dienstleistungsunternehmen in Luxor/ Ägypten. Mitteilungen der Fränkischen Geographischen Gesellschaft, Bd. 35/36, S. 203–271.

Stanford, J. S. (1962): The Financial and Administrative Organization and Development of Ottoman Egypt 1517–1798. Princeton.

Statistisches Bundesamt (1960): Statistisches Jahrbuch für die BRD 1960. Wiesbaden.

Statistisches Bundesamt Wiesbaden (1988): Statistik des Auslandes. Länderbericht Ägypten 1988. Stuttgart und Mainz.

Statistisches Bundesamt (1992): Statistisches Jahrbuch für die BRD 1992. Wiesbaden.

Statistisches Bundesamt Wiesbaden (1993): Statistik des Auslandes. Länderbericht Ägypten 1993. Stuttgart und Mainz.

Stauth, G. (1983): Die Fellachen im Nildelta: Zur Struktur des Konflikts zwischen Subsistenz- und Warenproduktion im ländlichen Ägypten. Wiesbaden.

Steppart, F. (1966): Tradition und Säkularismus im modernen ägyptischen Schulwesen bis 1952. Ein Beitrag zur Geistes- und Sozialgeschichte des islamischen Orients. In: Beiruter Texte und Studien, Nr. 3. Hab.-Schrift FU. Berlin.

Sterling, C. (1971): The Aswan disaster. In: National Parks and Conservation Magazine, No. 41, S. 10–13.

Stewart, D. (1981): Great Cairo. Mother of the World. AUC. Cairo (1st ed. 1968).

Strelocke, H. (1976): Ägypten. Geschichte, Kunst und Kultur im Niltal: Vom Reich der Pharaonen bis zur Gegenwart. Köln.

Sullivan, E. L. (ed.) (1984): Impact of Development Assistance on Egypt. Cairo Papers in Social Science. Vol. 7, Monograph 3. AUC. Cairo.

Sullivan, E. L., Yassin, el S., Leila, A., und Palmer, M. (1990): Social Background and Bureaucratic Behavior in Egypt. Cairo Papers in Social Science. Vol. 13, Monograph 3. AUC. Cairo.

Tadros, H. R. (1984): Social Security and the Family in Egypt. Cairo Papers in Social Science. Vol 7, Monograph 1. AUC. Cairo.

Tadros, H. R., Feteeha, M., und Hibbard, A. (1990): Squatter Markets in Cairo. Cairo Papers in Social Science. Vol. 13, Monograph 1. AUC. Cairo.

Tadros, T. M. (1956): An ecological survey of the demi-arid coastal strip of the Western Desert of Egypt. In: Bull. de l'Inst. du Desert, Tome 4, 2. Heliopolis.

Technau, G. (1974 a): Bilharziose – ein lösbares Problem. In: Die Naturwissenschaften, Jg. 61, 3, S. 111–116. Berlin, Heidelberg, New York.

Technau, G. (1974 b): Bilharziosebekämpfung in Fayyum. In: Kochwasser, H. v. Fr., und Roemer, H. R. (Hrsg.): Araber und Deutsche. Begegnungen in einem Jahrtausend, S. 391–394. Tübingen.

Thompson, H. M. (ed.) (1983): Studies in Egyptian Political Economy. Cairo Papers in Social Science. Vol. 2, Monograph 3. 2nd ed. AUC. Cairo.

Thorweihe, U. (1990): Nubian Aquifer System. In: Said, R. (ed.): The Geology of Egypt. Rotterdam und Brookfield, S. 601–611.

Tignor, R. L. (1977): Bank Misr and Foreign Capitalism. In: Internat. Journal of Middle East Studies, Vol. 8, 2. London.

Timm, K. (1976): Frau und Familie im neuen Ägypten. In: Timm, K.; Aalami, Sch.: Die muslimische Frau zwischen Tradition und Fortschritt. Frauenfrage und Familienentwicklung in Ägypten und Iran. Veröffentlichungen d. Museums f. Völkerkunde zu Leipzig, Heft 29, S. 7–207. Berlin.

Tondok, W. und S. (1994): Ägypten individuell. München.

Toth, J. F. (1980): Class Development in Rural Egypt. In: Hopkins, T. K.; Wallerstein, I. (eds.): Processes of the World-System. Beverly Hills, London.

Treuheit, W. (1971): Sozialismus in Entwicklungsländern. Indonesien, Burma, Ägypten, Tansania, Westafrika. In: Sammlung Junge Wissenschaft. Köln.

Ule, W. (1969): Der arabische Sozialismus und der zeitgenössische Islam. Dargestellt am Beispiel Ägyptens und des Iraks. In: Schriften des Deutschen Orient-Instituts. Materialien und Dokumente. Opladen.

Valaoras, V. G., Maghoub, N., und Farag, M. (1972): Population analysis of Egypt, 1935–1970. Cairo demographic center. Cairo.

van Nieuwenhuijze, C. A. O., et al. (1985): The Poor Man's Model of Development. Development Potential at Low Levels of Living in Egypt. Leiden.

Vielhaber, A. (1979): Tourismus in Ägypten. Studienkreis für Tourismus. Starnberg.

Villa Hügel e. V. (1963): Koptische Kunst. Christentum am Nil. Katalog einer Ausstellung (mit zahlreichen Aufsätzen zur Geschichte und Kunst der Kopten): 3. Mai bis 15. August 1963 in Villa Hügel. Essen.

Vivian, C. (1990): Islands of the Blest. A Guide to the Oases and Western Desert of Egypt. Cairo.

Voigt, M. (1967): Grundzüge des Handels und der Handelspolitik des deutschen Imperialismus gegenüber Ägypten (VAR) vom Beginn des 20. Jahrhunderts bis zur Gegenwart. In: Jahrbuch für Wirtschaftsgeschichte Berlin (Ost), S. 187–234. Berlin.

Volkoff, O. V. (1984): 1000 Jahre Kairo – Die Geschehnisse einer verzauberten Stadt. Mainz.

Wakin, E. (1963): A Lonely Minority: The Modern Story of Egypt's Copts. New York.

Wald, P. (1982): Kairo. Richtig reisen. DuMont. Köln.

Walters, C. C. (1974): Monastic Archaeology in Egypt. Warminster.

Waterbury, J. (1973a): Cairo, third world metropolis, Pt. II: Transportation. In: AUFS, Fieldstaff Reports, Northeast Africa series: Africa. Vol. 18, 7. Hanover, New Hampshire, New York.

Waterbury, J. (1973b): Cairo, third world metropolis, Pt. III: Housing and shelter. In: AUFS, Fieldstaff Reports, Northeast Africa Series: Africa. Vol. 18, 8. Hanover, New Hampshire, New York.

Waterbury, J. (1973c): Egyptian Elite Perceptions of the Population Problem. In: AUFS, Fieldstaff Reports, Northeast Africa Series, Vol. 18, 3. Hanover, New Hampshire.

Waterbury, J. (1973d): The balance of people, land and water in modern Egypt. In: Fieldstaff Reports, Northeast Africa Series, Vol. 19, 1. Hanover, New Hampshire.

Waterbury, J. (1974): Aish: Egypt's Growing Food Crisis. In: AUFS, Fieldstaff Reports, Northeast Africa Series, Vol. 19, 3. Hanover, New Hampshire.

Waterbury, J. (1975a): Chickens and eggs: Egypt's population explosion revisited. In: AUFS, Fieldstaff reports, Northeast Africa Series, Vol. 20, 1. Hanover, New Hampshire, New York.

Waterbury, J. (1975a): The Opening. Part I: Egypt's Economic New Look. In: AUFS, Fieldstaff Reports, Northeast Africa Series, Vol. 20, 2. Hanover, New Hampshire.

Waterbury, J. (1975b): The Opening. Part II: Luring Foreign Capital. In: AUFS, Fieldstaff Reports, Northeast Africa Series, Vol. 20, 2. Hanover, New Hampshire.

Waterbury, J. (1979): Hydropolitics of the Nile. Syracuse, New York.

Waterbury, J. (1984): The Egypt of Nasser and Sadat. The Political Economy of Two Regimes (2nd printing, with corrections). Princeton.

Watson, H. (1992): Women in the City of the Dead. London.

Weheba, A. F. (1960): An outline of the economic geography of Egypt during the Middle Age (640–1517 A.D.). In: Bull. de la Soc. de Géogr. d'Egypte, Tome 33, S. 219–240. Le Caire.

Weiss, D. (1964): Wirtschaftliche Entwicklungsplanung in der Vereinigten Arabischen Republik. Analyse und Kritik der ägyptischen Wachstumspolitik. Köln, Opladen.

Wendorf, F., und Schild, R., with sections by Issawi, B. (1976): Prehistory of the Nile Valley. In: Studies in Archaeology. New York, San Francisco, London.

Wessel, K. (1963): Koptische Kunst. Recklinghausen.

White, H. G. E. (1935): The monasteries of the Wadi en Natrun. New York.

Wickering, D. (1991): Experience and Expression: Life among Bedouin Women in South Sinai. Cairo Papers in Social Science. Vol. 14, Monograph 2. AUC. Cairo.

Wiercinski, A. (1958): Introductory remarks concerning the anthropology of Ancient Egypt. In: Bull. de la Soc. de Géogr. d'Egypte, Tome 31, S. 73–84. Le Caire.

Wiet, G. (1964): Cairo. City of art and commerce. Norman, Oklahoma.

Wilber, D. (1969): Public Health and Welfare. In: Wilber, D.: United Arab Republic – Egypt. New Haven.

Willcocks, W. (1913): Egyptian Irrigation. 3rd edition, 2 volumes. London.

Wilms, A. (1985): zabalin. Die Müllmenschen von Mokkatam, Cairo. Bremen.

Wilson, R. (1975): Rural Employment and Land Tenure. An Egyptian Case Study. Durham.

Wilson, R. (1983): An Evaluation of Egypt's Attempts at Export Diversification. Centre for Middle Eastern and Islamic Studies. Economic Research Paper No 11. Durham.

Winkler, H. A. (1936): Ägyptische Volkskunde. Stuttgart.

Wirth, E., und Mensching, H. (1989): Nordafrika und Vorderasien. Frankfurt a.M.

Wörz, J. G. F. (1965): Die praktischen Ergebnisse der genossenschaftlichen Produktionsförderung in Ägypten und ihre Bedeutung für die landwirtschaftliche Entwicklungshilfe. Selbstverl. der Forschungsstelle für Agrarstruktur und Agrargenossenschaften der Entwicklungsländer. Heidelberg.

Wörz, J. G. F. (1966): Genossenschaftliche Produktionsförderung in der ägyptischen Landwirtschaft. In: Zeitschrift für ausländische Landwirtschaft, Jg. 5, 2, S. 133–142.

Wörz, J. G. F. (1967): Die genossenschaftliche Produktionsförderung in Ägypten als Folgeerscheinung der Agrarreform und als neues Element der genossenschaftlichen Entwicklung. In: Wissenschaftliche Schriftenreihe des Bundesministeriums für wirtschaftliche Zusammenarbeit, Bd. 12. Stuttgart.

Wolf, P. (1987): Melioration von Salz- und Alkaliböden. In: Der Tropenlandwirt. Kassel.

Wolf, W. (1962): Kulturgeschichte des alten Ägypten. In: Kröners Taschenausgabe, Bd. 321. Stuttgart.

Wrage, W. (1965): Die sterbende Fellachenkultur Nubiens. In: Geographische Rundschau, Jg. 17, 8/1965, S. 317–322. Braunschweig.

Wüst, H. S. (1983): Assuan-Staudamm. In: Umschau, H. 25/26, S. 764–768.

Yates, W. H. (1843): The modern history and condition of Egypt. Its climate, diseases and capabilities exhibited in a personal narrative of travels. London.

Zaalouk, M. (1989): Power, Class and Foreign Capital in Egypt. The Rise of the New Bourgeoisie. London and Atlantic Highlands/New Jersey.

Zahran, M. A., und Willis, A. J. (1992): The Vegetation of Egypt. Cambridge.

Zaied, M. K. S. (1968): Der Assuan Hochdamm (Sadd-el-Ali) und seine wirtschaftliche Bedeutung für Ägypten (Landwirtschaft, Industrie, Elektrizität etc.). Rechts- und staatswiss. Diss. 1968. Graz.

Zaki, M. K. (1971): Nomadentum und Stammesbewußtsein in der Geschichte Ägyptens des 19. und 20. Jahrhunderts. In: Internationales Afrika Forum, Jg. 7, 2/1971, S. 114–120. München.

Zaki, R. (1993): Schreiende Probleme (in Arab.). Kairo.

Zaloscer, H. (1974): Die Kunst im christlichen Ägypten. Wien, München.

Zein al Din, S. (1983): Exportstrategien für Ägypten. Bochum.

Zimmermann, J. J. (1984): Neue Städte in Ägypten. In: Geographische Rundschau 36, H. 5, S. 230–235.

Zimmermann, Sonja D. (1982 a): The Women of Kafr al Bahr. Research Center Women and Development, University of Leiden. Leiden.

Zimmermann, Sonja D. (1982 b): The Cheese-Makers of Kafr al Bahr: The Role of Egyptian Women in Animal Husbandry and Dairy Production. Research Center Women and Development, University of Leiden. Leiden.

Ziock, H. (1976): Ägypten. Reiseführer und Länderkunde. Tübingen.

Ägyptische Zeitungen und Zeitschriften (Ausgaben verschiedener Jahre)

Akhbar el-Yom (in Arab.)
Al-Ahram (in Arab.)
Al-Ahram Iktisadi (in Arab.)
Al-Mussawar (in Arab.)
Egypt Today (in Engl.)
El-Wekalah (in Engl.)
Oktober (in Arab.)

REGISTER

BILDTAFELN

Bild 1: Stark gefaltetes metamorphes Kristallingestein des Grundgebirges der Östlichen Wüste am Roten Meer.

Bild 2: Hamada-Wüstenform in der Westlichen (Libyschen) Wüste.

Bild 3: Die Entwässerung ist in Ed-Dakhla ebenso wie in den anderen Oasen schwierig, da sie in Depressionen liegen.

Bild 4: Traditionelles Wasserverteilungssystem in der Oase El-Qasr, Westliche Wüste.

Bild 5: Eine Vielzahl neuer Brücken und Hochstraßen hat in den letzten Jahren wesentlich zur Lösung der Verkehrsprobleme Kairos beigetragen.

Bild 6: Das Kairoer Café El-Fischawi im Khan el-Khalili ist bei Einheimischen und bei ausländischen Touristen in gleicher Weise beliebt.

Bild 7: In dieser Glasbläserei in der Altstadt von Kairo findet Recycling von Altglas statt. Der Absatz der Produkte erfolgt in erster Linie an Touristen.

Bild 8: Eine Müllsammlersiedlung am Nordrand der Stadt Kairo. Müllsortierung und -verbrennung, Schweinehaltung und Wohnen erfolgen auf engstem Raum nebeneinander.

Bild 5: Eine Vielzahl neuer Brücken und Hochstraßen hat in den letzten Jahren wesentlich zur Lösung der Verkehrsprobleme Kairos beigetragen.

Bild 6: Das Kairoer Café El-Fischawi im Khan el-Khalili ist bei Einheimischen und bei ausländischen Touristen in gleicher Weise beliebt.

Bild 7: In dieser Glasbläserei in der Altstadt von Kairo findet Recycling von Altglas statt. Der Absatz der Produkte erfolgt in erster Linie an Touristen.

Bild 8: Eine Müllsammlersiedlung am Nordrand der Stadt Kairo. Müllsortierung und -verbrennung, Schweinehaltung und Wohnen erfolgen auf engstem Raum nebeneinander.

Bild 9: Viele der Neuen Städte in Ägypten, hier Madinet es-Sadat, sind bislang Geisterstädte, denn meist fehlt es an der nötigen Infrastruktur oder auch an Arbeitsplätzen.

Bild 10: Der Golf von Aqaba ist als Urlaubsziel nicht nur bei ausländischen Touristen, sondern auch bei Ägyptern der höheren Einkommensklasse beliebt.

Bild 11: Die Wüstenklöster, wie hier das Anba-Pola-(Paulus-)Kloster im Roten-Meer-Gebirge, sind häufig besuchte Wallfahrtsorte für die christlichen Kopten.

Bild 12: Der Osthafen von Alexandria, hier mit den malerischen Fischerbooten und der Festung Qayet Bay, war Kernstück der antiken Stadt.